幕末的思考

野口良平

みすず書房

幕末的思考　目次

第二部　**内戦**

第三部　**公私**

装丁　馬仕睿

はじめに

最初に、この本の概略についてのべておくことにする。

この本でとりあげるのは、一九世紀中葉のアヘン戦争前後から二〇世紀中葉の一五年戦争に至る時期に日本列島に展開することになった、一つの精神史的系譜である。

日本列島に近代をもたらす大きな契機となった過程——すなわち欧米列強による開国強要を受けて、列強による植民地支配の危機を脱し、列強に拮抗しうる力を育成するという目標のもと、士農工商の序列に基づく封建制度、鎖国体制からなる幕藩体制を解体、再編し、中央集権的な政府を確立したうえで、四民平等と富国強兵を驚くべき速度で推進した変革あるいは革命の過程——は、ふつう「明治維新」と呼ばれている。

だが、それほどに重大な過程を指すと目されているにもかかわらず、「明治維新」という呼称は、日本列島の人びとのなかで、共通の像を結び、定着しているとはいえない。そのことはこの呼称が、列島の人びとのなかでは、自分たちの社会の成立を支える経験とのつながりにおいて理解されているわけではないことを示している。そうした経験自体が存在しないわけではないにもかかわらずである。

列島に近代をもたらした経験への感度、言い換えれば、彼我の対等性への要求に支えられた時期呼称は、「明治維新」よりもむしろ「幕末」である。「幕末」という語を、一個の歴史感覚の表現として使いはじめたのは、外圧と内戦を経た明治の変革で、敗者の側に置かれざるをえなかった人びとだっただろう。この言葉は、列島の人びとが、自らの置かれた状況とのあいだで行った、試行錯誤に基づく相互交渉の過程、気配、息づかい、痕跡を、より鮮やかな仕方で喚起しうる。

明治の変革は、まぎれもなくその相互交渉の所産だったのだが、同時に、「幕末」に伴う語感を抑圧し、隠蔽する過程でもあった。前者の点のみを見るならば、幕末と明治は確かにつながっている。だが後者のほうにも注意して見れば、両者のあいだには不連続性、間隙が存在する。列島に生きる人びとは、そのいずれをも身体のどこかで感知しつづけてきたのではなかっただろうか。

幕末と明治のあいだの不連続性、間隙を、生物の進化に関する言葉に借りて、この本では「ミッシングリンク（失われた環）」と呼んでいる。「ミッシングリンク」は、連続性が期待される事象において、不連続性が看取される事態を指して用いられる語であるが、幕末期の経験に関わるミッシングリンクの存在を感知し、これを埋めようと試みた人びとの系譜が、ここではたどり直されている。そのことは、列島に生き、幕末から戦後を経て、戦後以後の現在に至りつつ、社会の成立の基盤となる共通のものさし――ルール感覚――を確かめ合い、育て合う方法をまだ十分には手にしていない私たちが、世界と自分をつなぐための回路を構想しなおす際の、一つの手がかりになるのではないか。それが、この試論を支えている基本的な問題関心である。

この本では、「明治維新」という言葉の使用をあえて原則として禁じ手にしたうえで、幕末以降の列島精神史に生成したミッシングリンク（断層）を三段構えのものとして提示する、ということを行っている。第一に、外圧（黒船）に伴い生じた攘夷と開国の、第二に、内戦（錦旗）に伴い生じた勝者と敗者の、さらに第三に、明治国家の確立に伴い生じた私情と公教（市民宗教としての近代天皇制）、ひいては幕末と明治そのもののミッシングリンクである。

幕末期の経験は、列島の人びとのあいだに、共通感覚、ルール感覚の原基ともいうべきものを育んだ。それは、同様の状況に置かれた人間であれば誰であれ同様の仕方で抵抗せざるをえないという、普遍的な感度であり自覚だった。それは、断層の生成とともに一度は破られる。だがその時、断層のなかに分け入って思考の基盤を探り直そうとする試みも、再起動せざるをえない。

幕末期の列島に生起していた事態を、イングランドの哲学者ホッブズのいう自然状態の開示として見るならば、その試みは、社会契約の道への歩みだしとしてとらえることができるだろう。三つのミッシングリンクに対応する三部構成をもつこの本では、渡辺崋山、高野長英、吉田松陰、中岡慎太郎、坂本龍馬、福沢諭吉、中江兆民、北村透谷、夏目漱石、朝河貫一、中里介山らの試みが、そのようなものとして発掘され、光をあてられている。

それは列島の人びとが、帝国主義的圧力と人権思想という二面性を帯びた列強に開国を強要されるという、未曾有の状況に向き合うなかから徒手空拳で編み出した地生えの思想であり、抵抗の系譜だった。この思考の系譜を、ここでは「幕末的思考」と呼んでおくことにする。

列島における幕末期の経験は、私たちのこの社会にどのような得失をもたらし、現在に至っているのか。それは転換期のただなかにあり、思考の岩床を探りつづけている二一世紀の地球上の人びと――私たち人類にとってどのような意味をもちうるものなのか。この文字通りの試論が、そのような問いに取り組むささやかな一助となることを願っている。

第一部

外圧

第一章　背景史——最初のミッシングリンク

［アヘン戦争／黒船来航と佐久間象山／渡辺崋山と高野長英］

1

日本列島における幕末期の経験は、危機意識を伴った、ある理不尽さの感受を契機としてはじまっている。

ここにいう「理不尽」とは、無理に開国を強要される側に生じる、普遍的な広がりをもつある感覚のことをさしている。幕末期は、西欧列強によるこの強要にいかに抗し、かついかに植民地支配を退けることができるかという対外的課題と、既存の支配体制の弱体化とともに顕在化してきた諸問題にいかに取り組むことができるかという列島内部の課題とが、二重の形をとりながらしだいに列島の人びとに共有され、支配層と非支配層とを問わず、新しい秩序の模索が活発化するに至る時期にあたっている。

こうした模索の先駆形ともいうべき動きが現れるようになったのは、一八世紀の末のことである。列島社会の内部では、天明の飢饉と凶作をきっかけに未曾有の一揆や打ちこわしが激発し、支配層の存立を脅かす一方で、列島をうかがう大国ロシアからのはたらきかけも活発化し、内外の危機に対する支配層側の対処策として、松平定信（一七五九―一八二九）主導による寛政の改革が行われ、諸家中においても藩政改革が推進される。

一九世紀に入ると、西欧列強内部でオランダおよび革命後のフランスの台頭を抑えて主導権を握った英国による市場拡大の動きがインド、清国をとらえ、さらにその先端部を列島におよぼすようになる。ナポレオン戦争における英国・オランダ間の覇権争いを背景とし、オランダ船の拿捕を名目に英国軍艦が突如長崎に入港したフェートン号事件（一八〇八年）は、その露頭ともいうべき出来事だった。これらの動きを受けた徳川政権は、自らの権力は朝廷より委任されたものだとする大政委任論、鎖国は自らの支配を支えつづけてきた根拠だとする鎖国祖法観の提示を通じて、自己の正統性の弥縫的強化に努めつつ、一八二五年（文政八）には異国船無二念打払令を発布する。

一八三七年（天保八）、今度は米国の商船モリソン号が日本人漂流民を乗せて来航し、通商を求めたが、幕府はこれに砲撃を加え、退去させる。この態度を批判した渡辺崋山（一七九三—一八四一）、高野長英（一八〇四—五〇）らの蘭学者には、「蛮社の獄」による弾圧が加えられたが、それでことがすむわけではないという支配層の認識は、水戸徳川家当主・斉昭（一八〇〇—六〇）が、早急の幕政改革を訴えた『戊戌封事《ぼじゅつ》』（一八三八年）のなかで用いた、「内憂外患」という言葉によく示されている。

とはいえ、列島の人びとによる新しい秩序への模索を始動させる決定的な契機となったのは、一八四〇年から四二年にかけて英国と清国のあいだで戦われ、清国が開国と自由貿易を余儀なくされるに至った、アヘン戦争である。この出来事についての情報は、当時の列島にいち早く伝播し、圧倒的な生産力と軍事力を背景にした西欧列強による植民地化の危機が間近にまで迫っている事態を、列島の支配層と知識人たちに告げ知らせた。

この点に関して重要だったのは、列島の人びとがこれまで疑う必要を認めなかった東アジア中心の国際秩序（=華夷秩序）の綻びが明らかになったことであり、またこの危機的事態を一般の人びとに隠しつづけることはもはや困難であることが、支配層の内部にも感知されるようになったことである。

この事態は、それを感知した人びとに対し、何よりも第一に、先の理不尽さの感情を呼び起こすことになる。アヘン戦争が告げているのは、仁義が支配するはずの東アジア中心の国際秩序が、それとは異質の原理に立つヨーロッパ中心の国際秩序に敗北し、不当にも屈辱的な条約を強制された事実である。しかも日本列島は、新たに姿を見せたその未知の秩序の前に、むき出しの状態で投げ込まれることになったのである。

少なくとも西欧列強に対してこれまで何の迷惑もかけてこなかったし、また非もなかったはずの自分たちが、彼等の一方的で理不尽な要求に屈してしまってよいのだろうか。いや、そんなはずはない。――この感情は、「生を此国に受け候ものは貴賤尊卑を限らず、如何様とも憂念仕《つかまつる》べき義と存じ奉り候」（主君である老中真田幸貫《ゆきつら》に宛てた佐久間象山による一八四二年の上書）という事態がついに出来したという感受と結びつきながら、幕末期の人びとの世界理解のあり方の基底部を形づくることになる。(1)

アヘン戦争が呼び起こした第二の反応は、彼我の物理的な力の落差に由来する恐怖と不安――危機意識――と、彼我の差の背景をなす諸条件への関心である。清の敗北は、道義的憤慨のみでは済まない事態を物語っている。列強による世界侵蝕が不当であることは確かだが、清が敗北した理由が探られなければならないこともまた明らかである。この認識は、仙台出身の漢学者斎藤竹堂（一八一五―五二）がアヘン戦争の全貌を伝えようとした著書『鴉片始末』（一八四四年執筆）において端的な形で示されている。

このなかで斎藤は、「[注・列強英国が] 抗顔強請、唯己の利を貪るのみにして、他人の生死利害を顧みざるは、是れ何ぞ礼義廉恥を知らざるの甚だしきや。[…] 而れども [注・清が] 一敗振はず、日に以て委茶《いだ》し、事勢顚倒して、彼此局を変じ、無礼無義の醜虜を以て、堂堂たる人義の仁義の大邦を挫衄《ざじく》するに至る、是れ亦何ぞや」と問い、「常に中夏を以て自ら居り、海外の諸国を侮視すること、犬彘《けんてい》猫鼠、冥頑不霊の物の如くし、其の機智の敏、器械の精、或は中夏の未だ曾て識らざる所に出づるもの有るを知らずして、之を防ぐの術を茫乎として講ぜず、口を開けば輒《すなわ》ち、曰く夷、曰く蛮と」と、清の姿勢の不備を的確に指摘したうえで、

　鴉片の事、曲は英に在り、直は清に在り。而るに今反つて之を変じて、清は驕盈疎傲《きょうえいそごう》に失して、英は発憤思報の志有り。即ち一戦して砲礮《ほうほう》僅に発すれば、漢軍皆辟易して、無人の地を行くが如し[2]。

と論じている。斎藤によれば、アヘン戦争において本来義のある側だった清国が、不義を行った英国に敗れたのは、清国が自ら中華を誇り、海外諸国をあなどり、西洋世界で起こっていることに目もくれなかったからである。そして清国の運命は、華夷秩序の雛型をつくりつつ対外関係を律しようとしてきたこの列島にとって、他人事ではありえない。

　斎藤の指摘には、「虚をつかれた」という感情が示されているが、この感情は「人を動かすのは欲望と恐怖である」というホッブズ的な洞察をも喚起しつつ、理不尽の感覚と危機意識からなる二層の反応体を、この列島に形成させることになる。

2

アヘン戦争後の日本列島に現れることになった二層の反応の等価物は、アヘン戦争に半世紀近く先立って、ほかならぬ西欧世界の内部においても姿を見せている。一七九五年、イマヌエル・カント（一七二四―一八〇四）は、その著作『永遠平和のために』において、西欧列強の海外侵略を批判しつつ、次のように述べている。

開化された民族、とくにヨーロッパ大陸で商業を営む諸国の歓待に欠けた態度を考えていただきたい。これらの諸国がほかの大陸やほかの諸国を訪問する際に、きわめて不正な態度を示すことは忌わしいほどであり、彼らにとって訪問とは征服を意味するのである。これらの諸国がアメリカ、黒人の諸国、香料諸島、喜望峰を発見したとき、これらの土地はだれのものでもないとされ、そこに住む住民はまったく無視されたのだった。東インド（ヒンドゥスタン）においては、商業のための支店を設置するという口実で外国から軍隊を導入し、この軍隊の力で住民を圧迫し、現地のさまざまな国家を扇動して戦争を広めさせ、飢餓や叛乱や裏切など、人類を苦しめるあらゆる種類の悪の嘆きをもたらしたのだった。

このくだりにカントは、清国、そして徳川政権の対外政策を擁護する次の一節をつけ加えている。

中国と日本は、外国からの客を一度はうけいれてみた。しかし後に中国は来航は認めても入国は認めなくなった。日本は来航すら、ヨーロッパのオランダに認めるだけで、来航したオランダ人をまるで捕虜のように扱って、自国の民の共同体から切り離したのだが、これは賢明なことだったのである。(3)

徳川政権が基本とした対外政策は、対馬口（李氏朝鮮）、薩摩口（琉球）、松前口（アイヌ）、長崎口（オランダと清国ほか）という四つの窓口への外交制限と、海外渡航と海外からの入国の禁止による情報統制である。この政策は、大航海時代以降のヨーロッパ文明、ことにスペインとポルトガルのもたらしたカトリック文化と軍事力への警戒と、関ヶ原の合戦（一六〇〇年）と豊臣氏滅亡（一六一五年）以降に要請された、列島内の勢力均衡と安定化――内戦の収束と防止――という目的を主眼とするものだった。

ところで、この政策が、カトリックとプロテスタントの宗教対立を契機として一六一八年に勃発し、やがてヨーロッパ全土に拡大し、荒廃をもたらした三〇年戦争とほぼ時期を同じくしていることは、興味深い事実であるといわなければならない。

三〇年戦争は、その悲惨を目のあたりにしたオランダの法学者グロティウス（一五八三―一六四五）に、一六二五年、『戦争と平和の法』を執筆させる。そこで提示されたのは、中世的なローマ教皇の権威の失墜、宗教改革とともに生じたキリスト教内部の分裂、絶対王権の地方国家同士の対立という事態を経て構想された、相互に対立する共同体間の利害調整を行う政治の領域と、共同体の結束の核となる宗教の領域の分離の原則を核として戦争の悲惨をやわらげようとする、主権国家と国際法の考え方である。

この戦争はまた、イングランドの哲学者トマス・ホッブズ（一五八八―一六七九）がその著書『リヴァイアサン――教会および市民のコモンウェルスの内容、形態、そして権力』（一六五一年）で説いた考え方、すなわち「万人の万人に対する戦い」である自然状態を脱するために、相反する利害と信条を抱えて争う各人が、相互の対立をいったん棚上げしてより強大な権力を創出し、これに同等に従う約束を一切の権力支配の正当性の源泉と見る社会契約説の成立にも、その機運を与えることになる。

徳川政権が採択した諸政策は、東アジア中心の国際秩序に準拠したうえで、政治と宗教の分離という原則を下地に置く外交を展開し、ヨーロッパに起因する宗教戦争の飛び火と、西欧の諸勢力と諸大名の提携による内戦再発を防ごうとした点に関する限り、国際法秩序にも相通じる一面さえもっていたといえる。カントによる肯定的評価は、この一面に関して与えられたものだったといえよう。[4]

一八世紀末から一九世紀にかけて日本列島をうかがうようになっていたヨーロッパ世界は、一六世紀の「南蛮」と呼ばれた時期のそれとは異質なあり方を示すに至っていた。第一に、「社会契約」のアイディアの考案によって、戦争、不安定、不平等という自然状態の克服に必要な理路を手にしていた。万人が共有しうる意志のみを権力の正当性の源泉とみなすこのアイディアは、非ヨーロッパ世界にも福音をもたらしうる原理の普遍性をもっていた。第二に、科学技術と資本主義経済の発展が、世界の空間と時間の均質化を促進した。そのことは、社会契約に必要な現実的条件を確保させる一方で、ヨーロッパの対外侵略を可能にする現実的条件をも用意した。その結果ヨーロッパは、カントの洞察が示唆したように、人権思想と植民地主義の亀裂を抱える、双頭蛇のような様態を示すことになったのである。

「西欧世界の東漸」という世界史的動向は、「国内体制の革新の側面と、国際政策での非道というべきパワー・ポリティックスの強化、というパラドキシカル（逆説的）な二面」（市井三郎[5]）を顕在化させていた。それが、幕末期の日本がぶつかることになった「西欧近代」だったのだが、その当の相手がこのような矛盾や亀裂を抱えていたことを理解することは、当時の列島の人びとにとっては至難の業だったはずである。彼らには、物事の理解に要する時間が十分に与えられていたわけではなかったからである。

日本列島で繰り広げられてきた精神史・文化史の最も重要な部分は、中国（シナ）、ヨーロッパ、米国といった強大文明の辺境に位置し、その影響下に置かれながら、それに対して生じる自らの反応への内省を通じて培われてきた。遣唐使の廃止を契機にして育った平安期の文化、対外交通貿易の極端な制限と、その結果起こった孤立状態から育った江戸期の文化は、強大文明によって同時的にもたらされるもろもろの刺激を意図的に遅らせる回路の導入によって成熟をとげた点に、その共通した特徴をもっている。この回路は、象徴的にいえば、優位に立った中央文明の価値観を体現する太夫（ツッコミ）と、劣位に置かれた地方文化の価値観を体現する才蔵（ボケ）の間に展開される対話芸としての万歳（漫才）をも成立させ、その後の日本の精神史・文化史の基本的構図をつくる。(6)

一八四〇年のアヘン戦争と、その一三年後、一八五三年（嘉永六）のペリー来航は、日本列島の辺境性という地理的条件に根ざして育まれていた遅滞反応の回路に、甚大な打撃を与えた。西欧近代による外圧が、それまでの外圧とは異なる性格をもつことへの注目は、一八二五年（文政八）に書かれ、尊皇攘夷思想のバイブルと目された水戸徳川家家臣・会沢正志斎（一七八二—一八六三）の著書『新論』にも、「蒙古襲来」との比較という形ですでに現れている。会沢はいう。「夫れ古者《いにしえ》［…］その寇賊をなせしものは女真・蒙古なり。而して狂瀾怒濤に阻まれて、卒《つい》に深患をなす能はざりき。この時に当り、神州は四面皆海にして、号して天険となせり」。しかし今や「西夷は巨艦大舶に駕《が》し、電奔すること数万里、駛《り》すること風飆《ふうひょう》のごとく、大洋を視て坦路となし、数万里の外も直ちに隣境となす。［注・日本は］四面皆海なれば、すなはち備へざるところなし。向《さき》に所謂天険なりしものは、すなはち今の所謂賊衝なり［…］深患をなす所以のものは、また女真・蒙古の比にあらざるや、知るべきのみ。彊を保ち辺を安んずる者、豈《あ》に古今の形勢の変を審らかにして、これに応ずる所以の術を求めざるを得んや」。(7)

会沢にとっては、一三世紀における「蒙古襲来」と、近代西欧による外圧の性質の違いは、攘夷思想と開国思想の違いよりもさらに大きな意味をもつものだった。それゆえに、三七年後の一八六二年（文久二）に執筆した『時務策』において、次のような考え方に基づいた開国論を主張するに至ったとしても、決して不思議ではない。——文永の蒙古襲来の際には、蒙古がその強大を誇って来寇しただけであって、深刻なものとはいえなかったので、一時的に対抗しただけで済んだ。しかし現在は、海外諸国が平和的に通好するなかで、日本だけが孤立して鎖国をつづける場合には、諸国の兵を一国で引受けるほかないことになり、国力も耐えがたいこととなる。時勢の動きを無視し、寛永以前の政令をも考えず、それ以後の状況の変化を察しないようでは、適切な認識とはいえないのである——。

ペリー来航以後になると、列強による植民地支配の可能性の存在は、誰の目にも否定しがたくなり、列強に対峙しうる統一政体の形成が喫緊の課題として意識されはじめる。情勢の急迫は、西欧世界が数世紀をかけて行ってきたことを、わずか一世代で速成学習しなければならないという信念とともに、その帰結としての歪みをも列島にもたらすことになる。

とはいえ、そのような状況認識が、人びとのあいだで同時的に共有されたわけではなかった。幕末期の状況認識には、佐藤誠三郎の言葉を用いれば、「地位と経歴と居住地域により、さまざまなタイムラグが」あり、このずれが「西洋列強への抵抗という共通の基本目標を達成する方法をめぐる対立を激化させずにはおかなかった」(8)。こうした亀裂と矛盾の存在は、後発近代社会としての日本が、近代ど真ん中の西欧とぶつからざるをえなかったことの、避けがたい帰結だった。

「速度こそは近代日本の政治・社会形態を決定した要因である」と、カナダの歴史家E・H・ノーマンは、『日本における近代国家の成立』（一九四〇年）のなかで述べている。日本が欧米列強に開国を迫られた当時には、列強間の勢力争い、清国やインドへの英国の没頭のように、欧米による日本の植民地支配を困難にする諸条件が存在し、ノーマンによれば、この時間的余裕という貴重なチャンスを活かせるかどうかが、列島の直面していた課題の実現にとっての試金石というべきものだった。

日本は近代国家の樹立、（有利な国際的勢力均衡によっても、また中国を障壁としても、永久に引き延ばしておくことのできない）侵略の危険を受けとめるための最新式国防軍の建設、武装兵力の基礎となる工業の創始、工業的近代国家にふさわしい教育制度の形成を同時に成しとげなければならなかったが、その速度のゆえに、これらの重大な変革は民主主義的代議制度を通じて人民大衆の手によってではなく、少数の専制官僚によって達成されたのである。(9)

このノーマンの主張には、その当否はさておき、後発近代社会としての日本の達成を評価しうる尺度が示されている。同時にそれは、そこで失われたもの、捨てられたものを測るものさしでもあるのだが。

3

一八五二年（嘉永五）、ミラード・フィルモア大統領による国書を携えた米国使節マシュー・カルブレイス・ペリー（一七九四―一八五八）が、軍艦四隻を率いてヴァージニア州ノーフォークを出航、マデイラ諸島、ケープタウン、モーリシャス、セイロン、シンガポール、マカオ、香港、上海、琉球を経て、翌五三年七月（嘉永六年六月）に浦賀に来航し、武力を背景に日本に開国を迫った。その一か月半後には、ニコライ一世より開国交渉の命を受けたロシア使節エフィム・ヴァーシリエヴィチ・プチャーチン（一八〇三―八三）が、同じく四隻の軍艦とともに長崎に来航している。ペリーはその先手を打ったのである。

アヘン戦争以後、西欧諸国による東南アジア、東アジア（とりわけ清国）への市場拡大の動きと植民地獲得競争は激しさを増していた。そうした状況にあって、一九世紀前半より資本主義を急速に発展させていた新興国米国は、一八四四年（弘化元）の米清修好通商条約（望厦条約）締結を契機に東アジア進出の手がかりを得て、英国との覇権争いに打って出るとともに、対日関係の樹立への関心を高めた。

米国が日本への開国要求を急いだ背景には、中国市場進出促進のための太平洋横断汽船航路開設への要求と、一八四〇年代から五〇年代にかけての太平洋上の米国捕鯨業の発展に伴う、捕鯨基地および漂流民の安全確保への要求とがあった。それに加えて、米墨戦争（一八四六―四八年）でメキシコに勝利し、カリフォルニアなど西海岸の広大な領地を割譲させたことは、そうした機運をさらに高めるとともに、戦争初期に発注し不要となった蒸気軍艦の配備先を必要とさせた。

米墨戦争においてメキシコ湾包囲戦で勇功をなしたのち、ミラード・フィルモア大統領によって東インド艦隊司令長官および遣日特使に任命されたペリーは、浦賀入港に先立ち那覇に寄港、太平洋航路の中継点として小笠原、琉球を強引に確保したうえで、強固な使命感と高圧姿勢をもって日本との交渉に臨んだ。米国政府がペリーに宛てた訓令は、通商条約締結を目的にした日本入国、薪水糧食の補給港の確保、太平洋横断汽船航路に必要な貯炭所の設置、米国遭難船員の生命と財産の確保の四項目からなっていたが、訓令実行を確実にするためにペリーは、江戸湾入港の前日日本政府に宛てた書簡で、和親の儀が承知されないならば、大軍船を率いて渡来するだろう、と恫喝した。

ペリー艦隊来航の予告情報は、すでに一八五二年（嘉永五）の「別段風説書」（アヘン戦争以後、長崎出島のオランダ商館長による従来の「オランダ風説書」に加え、バタヴィア植民地政庁が喫緊の海外情勢を幕府に伝えていた文書）によりもたらされていたが、幕府による対応は、実際にはその前から進められていた。

一八四六年（弘化三）、英国船に後続する形でフランス艦隊が琉球に上陸し、開港通商の返答を迫っていた時点で、若き老中阿部正弘（一八一九―五七）は、薩摩藩主・島津斉興の世子で海外情勢の動向を適確に把握していた島津斉彬《なりあきら》（一八〇九―五八）と連携し、極秘裏に琉球での対西欧交易を推進して時間をかせぐ一方で、同様の要求が日本政府につきつけられた際の準備をもはじめていた。その際阿部は、老中による独裁的権限の行使を抑え、幕府諸有司に主要問題についての意見を求めていたが、ペリー来航という非常事態を迎えるにおよび、従来の秘密主義の枠を大胆に撤廃し、「三百諸侯」と呼ばれた全大名に忌憚なき所見の披露を求めた。そしてそのことを通じて、幕府支配の弱体化というリスクを承知のうえで、この共同の危機に対し、朝廷、諸有司、諸家中を含めた可能な限り広範の有志による政治的関与を可能にする制度の整備に着手した。盟友島津斉彬に加えて、対外強硬論を背景に政治参加への強い志向を持していた徳川斉昭や越前福井の大名松平慶永《よしなが》（春嶽、一八二八―九〇）とも提携しつつ、斬新な人材登用と幕政改革を進めた阿部の試みは、日本列島が内外に対して抱える難題に共同で取り組みうるような統治主体の確立に帰結すべき性格をもつものだった。

ペリー来航に象徴されるような、武力を背景にした列強による開国要求のもたらした影響が、当時の列島の人びとにとってどれだけ甚大なものであり、また現在もそうありつづけているかには、はかりしれないものがある。「癸丑《きちゅう》（嘉永六年）以来」という言葉が「王政復古の大号令」で採用されたこと、幕末についての歴史記述の多くが依然としてペリー来航から説きおこされる定型を踏襲しつづけていることなどは、その一つの現れにすぎない。

たとえば岸田秀は、R・D・レインの著作『引き裂かれた自己』を引照しつつ、ペリー来航がもたらした従来の状況との落差への屈辱が、外界への適応に従おうとする「外的自己」と、外的自己が行うことへの関与を拒む「内的自己」に列島の人びとを分裂させたと指摘しているが、この岸田の論は、ペリー来航後の日本列島に「攘夷か開国か」という二項対立的問いが産出され、拡散した理由についての一つの明快な説明にもなっている。(10) 幕末精神史は、攘夷論と開国論の対立とその根拠を解き明かそうとする戦いのなかに、第一の収束点をもっているのである。

4

ペリー来航の衝撃がもたらした副産物はそれにとどまらなかった。すなわち、アヘン戦争前後の状況との連続性の隠蔽である。言い換えればペリー来航は、アヘン戦争前後の状況のみを知る渡辺崋山、高野長英らと、アヘン戦争、ペリー来航をともに経験した佐久間象山(一八一一—六四)らとの精神史的関係、すなわちその連続の相と不連続の相の絡み合いを見えにくくさせる契機にもなったのである。幕末期における第一のミッシングリンクが形成されたのは、このような場所においてである。

崋山、長英、象山の生年は、それぞれ一七九三年、一八〇四年、一八一一年であり、世代差が大きいとはいえない。にもかかわらず、崋山、長英の二人と象山とのあいだには、一括りにするのを困難にする何かが——幕末の開国思想家として一括されるにもかかわらず——明瞭に存在している。すなわち、佐藤昌介の言葉を借りるなら、崋山や長英と象山とでは「思想の筋」が「違っている」のである。(11)

崋山や長英の世界認識には、一人の個人(知識人・人民)を主体にすえるがゆえの肌理《きめ》の細かさが存在したのだが、象山になると、危機意識に圧される形で国家主体と個人の同一化という単純化、簡明化が起こり、その肌理が一時的に姿を消すことになる。

本来、鎖国思想から開国思想への転換が実現するとすれば、そこには一つの思考が媒介していなければならないはずである。象山の思考は、転換の一つの結果（＝開国の思考）ではあるが、その過程を物語るもの（＝開国への思考）ではない。それに対して崋山や長英の存在は、爬虫類と鳥類の対照が「始祖鳥」を想定させるのにも似て、それなしには転換が存在しえないはずの思考領域の存在を示唆しているのである。

象山の思想の特質は、朱子学への強い傾倒が示す戦闘的な保守性と、対外的な危機意識と西洋諸国への対抗意識に支えられた新知識摂取の意欲の結びつきにあった。象山が真田幸貫宛上書に記した「この国に生まれた者が身分を問わず心配しなければならない事態がついに出来した」という感情は、国際政治を支配するのは「徳義」よりも「力」であり、無力な者による徳義の主張は無効であるという、パワー・ポリティックスへの強い信従へと結びつけられていく。

開国要求への即答を幕府が避けたことを受けて一度は香港に退いたペリーは、約束の一年後よりも早い半年後に再度浦賀に来航し、さらなる圧力を幕府に加えた。武力衝突を回避するために幕府は、一か月後、神奈川で一二か条からなる日米和親条約（神奈川条約）を締結。日米間の通交、下田・箱館の開港、難破船乗組員の救助、燃料・食糧の供給、片務的最恵国待遇の承認、下田駐在領事の許可などを定めた。これに準じた内容の条約は、イギリス（同年）、ロシア（五五年）、フランス（五六年）とも結ばれる。

一八五四年四月（嘉永七年三月）、日米和親条約締結を終えて下田に停泊していたペリー艦隊の旗艦ポーハタン号に二人の青年が厳罰を覚悟で乗り込み、乗船を拒否されたのち自首して縛につくという事件が起こる。青年は、吉田松陰（寅次郎、一八三〇―五九）とその同志金子重之輔（一八三五―五五）で、象山もまた門弟の松陰に連座して投獄され、七か月後に郷里松代に送還、以後八年間の蟄居を余儀なくされることになる。

松代に戻された象山は、獄中で得た腹案をもとに覚書『省諐録《せいけんろく》』をひそかに執筆したが、そこで象山は、「君子の五つの楽しみ」のなかに、孔子や孟子が知らなかった自然科学の理を知ること、「東洋道徳、西洋芸術」を究めることで人びとに恩恵を施し、国恩に報いることを挙げている。「東洋道徳、西洋芸術」という表現には、華夷秩序の敗北をしるしづけたアヘン戦争の後に日本列島が際会する危機に、人間社会の秩序と天地自然の秩序の同一視に基づく朱子学的世界像の再認識と、ヨーロッパの産業革命と軍事的発展を支える科学技術の学習により相対そうとするモチーフが端的に表現されているが、その趣意がさらに明確化されているのは、『省諐録』の以下のくだりである。

「力を同じくすれば徳を度《はか》り、徳を同じくすれば義を量《はか》る」。文王の美を称すといへども、また、「大国はその力を畏れ、小国はその徳に懐《なつ》く」といふに過ぎず。その力なくして能くその国を保つものは、古より今に至るまで、吾いまだこれを見ざるなり。誰か王者は力を尚《たっと》ばずといふか。(12)

力が同等であってこそ徳で優劣をはかり、力も徳も同等であってこそ義で優劣をはかるという。相手の力を恐れるのが大国であり、徳になつくのは小国にすぎない。古今、力なく国を保った前例はきかない。王者が力を尊ばずしてどうするのか。そう語る象山はここで、列強が進めつつある対外膨張と植民地支配は、抵抗できない自然の理のごときものであるという判断を述べているのである。

5

佐久間象山が『省諐録』を認めながら再起を心に期していた時期には、渡辺崋山も高野長英もすでに世を去っていたが、象山と崋山・長英のあいだには、象山にとってはおそらく意想外だった場所で、架空対話の領域が切り開かれていた。その主題は、列強の膨張と支配が「自然の理」といえるかどうか、言い換えれば、弱肉強食を理不尽とする感覚と、弱肉強食の法則に呑みこまれることへの危機意識のいずれをも手放すことのない世界像が、いかにして可能かということだった。

渡辺崋山が生まれたのは、商品経済の発達とともに封建制度が衰退の兆候を現し、徳川家も諸大名も財政難に苦しんでいた一八世紀末の、三河田原の一万石の小大名三宅家家臣の家だった。崋山の世界像の基底は、幕府林家の塾頭で『言志四録』の著者佐藤一斎（一七七二—一八五九）、林家考証学派の松崎慊堂《こうどう》（一七七一—一八四四）への師事が示すように、儒学によって培われたが、海に面した田原藩の海防掛と、凶作と飢饉に苦しむ領内の民政に携わる家老を兼ねる職責上の理由と、ヨーロッパの絵画、さらにはその背後にある学問や社会への関心を通じて、蘭学にも親炙した。崋山の語学的支えとなったのは、翻訳掛として藩に雇用された高野長英と小関三英（一七八七—一八三九）であり、江戸に参府したオランダ商館長ニーマンとの問答を通じて執筆された『鴃舌或問《げきぜつわくもん》』、モリソン号事件への幕府の拙速な対応を批判した『慎機論』（いずれも一八三八年）、ヨーロッパ諸国の現状報告『外国事情書』（一八三九年）などの著述は、崋山の探求の里程標である。

ニーマンとの問答によって崋山は、ヨーロッパ最初の市民社会を成立させたオランダの気風にふれた。崋山は、身分や家柄にとらわれない人材の登用、教育の充実、学問の公共性と公開性の尊重という点に関して、ヨーロッパ諸国の制度が日本よりもすぐれていることを直観し、「窮理」の精神と「万事議論」の慣行が文明の隆盛を支えていることを理解した。しかし同時に、ヨーロッパの対外的態度が侵略と自己拡張を基調とし、目的のためには手段を選ばず、競合する敵国との合従連衡をも厭わない「権略の政」に貫かれている点をも直視し、「古ノ夷狄ハ古ノ夷狄、今ノ夷狄ハ今ノ夷狄ニテ、古ノ夷狄ヲ以テ今ノ夷狄ハ制シ難ク存ジ奉リ候」と述べて、関心と警戒を幕政担当者に求めた（『外国事情書』）。

では、「窮理」と「権略」はどう関わるのか。崋山は、封建制度や鎖国制度のもたらす理不尽を軽減する手がかりをヨーロッパに見出しながら、その当のヨーロッパによる植民地化への危機意識とのあいだに引き裂かれ、動揺とためらいを経験していた。崋山の心身は、西洋近代の矛盾と日本近世の矛盾を、その死に至るまで二重に担わされつづけたのである。

崋山のヨーロッパ理解を助けていた高野長英は、藩政責任者だった崋山よりも、さらに国政から遠い場所にいた。仙台伊達家の一門で水沢領主留守家の家臣の家に生まれた長英は、一七歳の時に父の反対を押しきって江戸出府、二二歳で長崎に留学し、オランダ商館付ドイツ人医師で博物学者のフィリップ・フランツ・フォン・シーボルト（一七九六―一八六六）が開いていた鳴滝塾で蘭学と医学を学んだ。シーボルトが帰国直前、国外持ち出しが禁じられていた日本地図などの所持品携行が発覚して再入国を禁じられ、関係者が処罰された「シーボルト事件」で危うく難を逃れた長英は、郷里からの帰郷の求めを逡巡ののちに拒み、家督と武士の身分を捨て、自分の道を開いた。

長英の主な関心の対象は、生計の糧としての医学や飢饉対策に関するもので、経世的関心を主とする崋山とはその点でも異なっていた。政治に関して崋山が長英に相談する機会はあまりなかったようである。崋山が当初師事していた儒学者二人は、いずれも大学頭林述斎（一七六八―一八四一）の高弟だったが、述斎の四男（三男とも）鳥居耀蔵（一七九六―一八七三）は、崋山の影響で林家関係に洋学傾倒者が現れたことを憎悪していた。一八三七年のモリソン号事件と、江戸湾防備をめぐる翌三八年の江川英龍（一八〇一―五五）との衝突を機に、崋山らの影響力が幕閣におよぶことを恐れた鳥居は、無人島渡航計画、大塩平八郎の乱への関与という罪科を捏造し、崋山や長英を逮捕した。

一八四一年（天保一二）に三河田原の蟄居先で自殺した崋山は、アヘン戦争についての所見を直接述べはしなかったが、『外国事情書』で説いた西欧の植民地主義への注意と警戒が一つの予見だったといえる。一方、伝馬町の牢を放火脱獄して各地を転々とした長英は、潜伏先の江戸で執筆した『知彼一《かれをしるのいち》助《じょ》』（一八四七年）に、英国、フランスに加えて米国についての情報を記して、アヘン戦争以後の危機対処への参考資料を残した。この論文で長英は、コロンブスによるアメリカ「発見」は西欧人による外地収奪の嚆矢であり、容易に海外に利益を求めることで彼らは独立自治の気風を喪失したのだとする考えを紹介している。

さらに二年後――江戸で幕吏に追いつめられ非業の死をとげる前年――潜伏先の伊予宇和島で長英は、四人の学級のために書いた「学則」のなかで、西洋の学科として「シルラベ（綴字論）」「ガランマチカ（文法論）」「セイタキス（意味論）」に加えて「ロジック（論理学）」をあげ、「挙げて神魂智慮の諸用に属す、これ自ら活発且敏疾にして、而して諸書に臨み其の説の当否を弁じ、其の理の真偽を定め、且結文の法を立るの科なり。此れを第一等の科とするなり」と記した。西洋文明や洋学の得失を考究する領域が権利問題として確保されるべきだという信念を、長英は門下生にも語っていたという。そのような――崋山と長英が信じようとしていた――弱者本位の主体的選択性は、黒船来航が彼我の力の差の感受をもたらすと、列島の人びとにとっては、信じたくとも信じがたいものとして感じられるようになる。

長英の死の六年後の一八五六年（安政三）七月一〇日、長崎で海軍伝習に参加していた年下の義兄勝麟太郎（海舟、一八二三―九九）に宛てた手紙で、佐久間象山はこう述べている。

洋学盛に行はれ候とても、本邦の風俗に碍《さわ》るまじき事は、漢学の例にてよく分り候事と存ぜられ候。且洋学に資し候所は、もと政教の論に之無く、唯技術器械の智巧を極め候所を採用し、彼れの侮を受け候はぬ為の備を成し候迄に候へば、其益する所ありて損する所なき事、益々明なる事と存じ奉り候。(13)

ヨーロッパへの象山の関心は、もっぱら「技術器械」に関するものであり、崋山や長英がそれに加えて注目していた社会制度や、それを支える原理原則に向けられるものではなかった。そのことは、理不尽の感覚の切除、あるいは少なくとも逓減を意味していたといえる。同年一二月二一日に知友村田氏寿《うじひさ》（巳三郎、一八二一―九九）に宛てた書簡のなかで横井小楠（一八〇九―六九）は、「東洋道徳」に本来含まれている原則性――小楠にとっては堯・舜の政治に体現されるものだった――を捨象する象山を「邪教に落ちた」と評したが、この評は、力には力をと説く象山流の新種の現実主義が、列島にとっては苦渋の、しかし一つの選択にほかならなかったことを示唆している。(14)

崋山・長英と象山の対照は、鎖国思想から開国思想への転換にひそむミッシングリンクを埋めるものが、「弱肉強食の状況のなかで、強者に対する弱者の抵抗とはいかなるものでありうるか」という問いにほかならないことを物語っている。その問いに対して幕末の列島は、一つの答えを、「攘夷と開国の関係の再定義」という形で探っていくことになるのである。

第二章　状況を担う人

［吉田松陰／二つの問答／統整的理念と構成的理念］

1

ペリー艦隊遠征の主要な眼目は、強大な軍事力を西欧世界に対しても、また日本を含む非西欧世界に対しても誇示しつつ、新興勢力としての米国が対日交渉の主導権をいち早く獲得し、東アジアにおける英国の優位に挑戦する根拠地を築くことだった。

列島到着に先立ちペリーは、「これまで同じ使命を帯びて日本を訪問した人々とはまったく反対の方針」をとり、「文明国がほかの文明国に対して当然とるべき礼儀にかなった行動を、権利として要求し、好意に訴えない」という方針を定めていたが[15]、このことは、列島に存在するのは清国にも劣らない中華の国（神州）であるという列島版華夷秩序ともいうべき世界像を海外諸国（夷狄）が受け入れて、礼節に則り管理交易に従事する場合にのみ制限的国交を認めるという、徳川政権による——武家や公家、豪農・豪商など列島支配層の多くに自明視されていた——一七世紀以来の慣習的外交原則を、米国政府が明確かつ断固たる姿勢で拒否することを意味していた。

米国による砲艦外交と和親条約締結の強行は、一八世紀末頃に端緒をもち、アヘン戦争を重要な契機として列島内に広がっていた理不尽の感覚と危機意識に、従来とは異なる様相の亀裂を経験させることになる。そうした状況にあって、自身に強いられた亀裂を深く生きながら突破口を探りつづけた人びとの一人に、吉田松陰がいた。

松陰の亀裂について考察した岸田秀は述べている。強大な力を背景に秩序を押しつけてくる他者（集団）と、それに抵抗する自己（集団）の対立が生じると、その対立はやがてその自己（集団）の内部に移し変えられて、屈従する主体（外的自己）と反抗する主体（内的自己）に分裂し、二重構造をもつに至るが、その結果「外的自己」から分離された「内的自己」の立場を、日本近代において最も純粋な立場で代表する思想家が松陰である、と。

中華思想に固執し、列強の技術を軽蔑していた清国が半植民地にされ、近代化に後れをとったのに対して、それに「恥も外聞もなく」飛びついた日本は、アジアでいち早く近代化に成功する。しかしそのことは、抵抗を試みたのちに敗北したインド、清国とは対照的に、「集団のアイデンティティの側面」、「精神的側面」を侵され、独立を失う代価を伴っていた。松陰における憂国の情と幕府批判は、屈従する「外的自己」に対する「内的自己」による批判の現れだったが、同時にそれは、現実感覚を喪失し、幻想の純粋さを追求する暴発に帰結するものだった。松陰の言行がそうした形をとらざるをえなかったことのなかには、一五年戦争への突入と敗戦を経て、現在に至るまで列島の精神的・知的営為につきまとう病理がすでに示唆されている。その意味で松陰の問題には現代性がある（「吉田松陰と日本近代」）。

この岸田の論は、歴史学者・田中彰が踏査を試みた、明治以降の松陰解釈史に観察される興味深い特質への連想をも誘う。松陰解釈の最初の画期は、徳富猪一郎（蘇峰、一八六三―一九五七）が『吉田松陰』（民友社、初版一八九三年）で行った「革命家としての松陰」像の提示である。その蘇峰が、日露戦争後の一九〇八年に刊行された同書改訂版では、「革命家」の文字を削除して「改革者」に置き換え、帝国主義の先駆者としての側面に強調点を移すが、その軌跡に対応するかのように大正期には、デモクラシーと国体論の双方から松陰像の積極的提示が行われる。また一五年戦争期に、皇国主義のイデオローグたちと、その批判者として出発した丸山眞男（一九一四—九六）のようなリベラル派知識人の両者に注目されているのも、興味深い事実である。[16]

なぜこうしたことが起こりうるのか。松陰像の振り幅の大きさは、決して偶然の所産ではなく、状況のなかで松陰自身が示したあり方自体の対応物である。岸田の指摘は、困難な状況に由来する列島の自己分裂が松陰においても深く生きられていた事態を示唆しているが、松陰が示した軌跡は同時に、岸田の指摘をも超えて、列島の人びとが余儀なくされた自己分裂の克服への希求が、松陰においてどれほど切実なものであったかを物語っている。

2

松陰は「徹底的に状況的な存在」であり、「状況の中に置いて彼を見るのでなければ彼の歴史的意味も彼の示した或る種の普遍的な精神的意味も決して分らない」と、藤田省三は述べているが[17]、吉田松陰の生涯は、自らを拘束し、かつ同時代の列島の人びとが直面している状況の引き受けと、その突破口の模索に費やされたものだった。

松陰が生を享けたのは、天保元年（一八三〇）八月、長州萩城下松本村に居住し、毛利家より家禄二六石を預かる下級武士・杉百合之助の次男としてである。三方を海に囲まれた長州は、東の水戸や西の薩摩と同様、対外的危機意識を涵養せざるをえない条件に置かれていた。加えて松陰の生まれた翌年、長州全域で一揆が起き、体制改革は不可避との判断が支配層に生じる。徳川斉昭が「外患内憂」と呼んだ状況を全身で感じつつ、松陰は成長する。

　五歳の時に病身の叔父吉田大助の養子となり、その死後吉田家を相続する。家禄五七石の吉田家は、山鹿流兵学師範として代々毛利家に仕えていた。松陰は、内外に危機を抱えた毛利家を兵学者として支える使命への自覚を早くから余儀なくされるとともに、自己に課せられるその要請に忠実に応えた。一一歳の時、毛利家当主慶親（のちの敬親）の前で山鹿素行の『武教全書』戦法編を講義し、その才を慶親に認められた経験は、強い栄誉の感覚とともに、主君への私的感情に満ちた忠誠心を少年の心に植えつけた。だが同年、アヘン戦争勃発。山鹿流兵学のみでは立ち向かえない事態に松陰は際会する。

　嘉永三年（一八五〇）八月、主家の許しを得て九州の平戸、長崎に遊学。その一部始終を記す『西遊日記』の序文には、「心はもと活く。活くる者には必ず機あり、機なる者は触るるに従ひて発し、感ずるに遭ひて動く。発動の機は周遊の益なり」と書く。長崎でオランダ船や西洋砲術を見学し、西洋文明の脅威についての実物教訓を得るとともに、彼我の関係とは何か、そこでの「我」とは何かという問いに目覚めた松陰は、平戸での訪問先の松浦家家老・葉山佐内邸で、その蔵書に読みふけった。

　知行の不可分性を説く王陽明『伝習録』に熱中した松陰は、その一方で、英国によるアヘン密輸の取締りを強行し、大臣を解任された林則徐（一七八五―一八五〇）の友人・魏源（一七九四―一八五七）の著作『聖武記附録』に打ち込む。『西遊日記』九月一七日の項には、「徒に中華を侈張するを知り、未だ寰《かん》瀛《えい》の大を観ず（根拠もなく自国の力に慢心し、世界の海の広さをまだ知らない）」という清国批判や、「外夷を制馭する者は、必ず先ず夷情を洞《し》る（外敵を防ぐ者は外敵の事情を探る）」べきだとする主張への賛意が記

されている。(18)

アヘン戦争の情報は松陰に、華夷秩序と儒教道徳の無力さへの顧慮をもたらした。ホッブズのいう「万人の万人に対する戦い」としての自然状態の下で、華夷秩序と儒教道徳という防波堤なしに列強の圧力に相対しうる根拠があるとすれば、それは何か。そのXの探求が松陰の問題になった。

翌嘉永四年(一八五一)、主君に随行して江戸に留学した松陰は、安積艮斎《あさかごんさい》より儒学、山鹿素水より兵学、佐久間象山より洋学を同時に学ぶ。難関打開という目的の前では学問流派の違いは問題ではない。学問の本義は実践にあり、実践の主体はつねに独立不羈でなければならないというのが、松陰の信念だった。その年の一二月、友人宮部鼎蔵(一八二〇―六四)、江帾五郎(那珂通高、一八二七―七九)との先約を重んじて主家の許しを得ぬままに東北遊歴に赴いた松陰は、江戸長州屋敷に一つの詩を残している。

一別胡越《こえつ》の如く、再逢已《すで》に期するなし。
頭を挙げて宇宙を観れば、大道到る処に随ふ。
明月は今古《きんこ》なく、白日は華夷を同じうす。
高山と景行と、仰行豈に復た疑はんや。
不忠不孝の事、誰れか肯《あえ》て甘んじて之れを為さん。
一諾忽《ゆるが》せにすべからず、流落何ぞ辞するに足らん。
たとひ一時の負を為すとも、報国なほ為すに堪ふ。

紀行文『東北遊日記』に掲げられたこの詩には、「中華を誇る世界」と「夷狄視される世界」の別を超える普遍的原理の存在について得た松陰の独創的直観が表現されている[19]。

北辺への視察旅行の途次の水戸で、さきに平戸で感銘を受けていた『新論』の著者会沢正志斎を松陰は訪ねた。会沢は、目下の「内憂外患」に相対するには民心統一と富国強兵が不可欠とし、それを可能にする制度上の根拠を「国体」に、また統一の核を、将軍家ではなく、五〇〇年以上にわたり現実の政治権力から疎外されていた天皇に認め、列強に対抗しうる政治体制の幕政改革による確立を目論んだ。

列島全体の危機を受けて、武家支配よりもはるかに長い持続を誇る独立不羈の列島共同体の存在を想定し、君臣の義と華夷の序を説き直すその主張は、禽獣に等しい不義の夷狄という列強観とともに、同時代の有志者の世界像と自己像に多大な影響を与えた。松陰は親友来原良蔵（一八二九―六二）に宛てた書簡において、「皇国の皇国たる所以を知らざれば、何を以て天地に立たん」という会沢の発言への感嘆を書き記しているが（「来原良三に復する書」[20]）、その会沢の著作の構図を、平戸以来の感化にもかかわらず、「白日は華夷を同じうす（太陽が照らす土地に文明と野蛮の違いはない）」という松陰の直観は、はみ出してしまっている。

亡命の罪により萩に戻され、士籍を剝奪されつつも寛典に浴し、江戸に再遊学した松陰は、そこでペリー艦隊来航の報に接し、浦賀に急ぐ。攘夷戦を覚悟した松陰は、浪人の身をおして「将及私言」などの意見書を藩に提出し、意見聴取と直言奨励、人材登用、防備充実、西洋兵学導入を主張するが、翌安政元年（一八五四）再来航したペリーとのあいだに徳川政権が和親条約を締結するや、攘夷戦の時機は失われたと判断して、藩を超えた同志との横議連携を図りつつ、次策を探る。

三月二七日、金子重之輔とともに、開港直後の下田でペリー艦隊乗り込みを敢行した松陰は、主席通訳サミュエル・ウェルズ・ウィリアムズに対し、決行に先立ち浜で米国人船員に手渡していた漢文の

「投夷書」の内容通りに、国禁侵犯にあたる海外密航と

「五大洲周遊」の志を伝えた。

　下田に赴く途中松陰は、松代藩軍議役として横浜の宿営に詰めていた象山と会い、「投夷書」の添削を依頼している。この時、二人がどのような会話を行ったのかは定かではないが、自身の企図を象山に伝える意図が松陰にあったことは確かなようである。象山は、天保一二年（一八四一）、嵐に遭って漂流したすえに米国の捕鯨船ジョン・ハウランド号に救助され、米国で教育を受けた後に帰国した土佐中浜の漁師万次郎（一八二七―九八）が、その知識と経験を買われ、咎めも受けず、賜姓のうえ公儀直参に取り立てられていたことを知っていた。漂流を装った海外渡航は、たとえ国禁侵犯にあたるとしても、最終的には公儀の意向に沿うはずであるという希望的観測を伴う深謀を、象山はすでに松陰に伝えていた。

　だが松陰と金子は、和親条約への抵触を理由に乗船を許されず、結局下田奉行所に自首して獄に下る。江戸への護送中の泉岳寺で赤穂義士の故事に託して詠まれた松陰の和歌は、密航教唆の罪を得た後に象山が記した「東洋道徳、西洋芸術」という言葉と、鮮やかな対照をなしている。「かくすればかくなるものと知りつつもやむにやまれぬ大和魂」（安政元年一二月八日の日付を記した兄杉梅太郎との往復書状への裏書）。この対照は二つのことを示唆している。第一に、象山には信じられていたかに見える朱子学的世界像（東洋道徳）がもはや防波堤たりえないという判断こそが、松陰に「大和魂」を思い描かせているのではないかということ、また第二に、象山には信じがたかったように見える普遍的原理を信じようとする意志がもし松陰に存在しなかったとすれば、「やむにやまれぬ」という表現が現れることもなかったのではないかということである。松陰は、壮大な失敗を経たのちに、「大和魂」（固有性）と「白日」（普遍性）という、通常はつながりにくい二つの項をつなぐブラックボックス（思考回路）を徒手空拳で獲得しているのである。

3

国禁を犯した松陰に対する幕府の処分は意外にも寛大で、国許での蟄居というものだった。一つには、ペリーからの要望があったともいわれている。ペリーは松陰を条約への米国の態度を試すべく幕府が派遣した間諜ではないかとも疑っていたが、下獄した松陰の姿に接した随行員の話を聞き、その判断の誤りを悟っていた。

だが、老中筆頭の宰相阿部正弘による最終的決断の存在は大きかった。阿部は、尚歯会への参加経験もある有能な外務吏僚の川路聖謨《としあきら》（一八〇一—六八）を通じて、象山の才能をよく承知していた。象山とその弟子たちを救済することで、自身が進めつつあった幕政改革に役立てることを、ペリーの要望を受けた阿部ならば当然顧慮したことだろう。

徳川政権の存立基盤の弱体化のみならず、欧米列強と列島全体の力の差を熟知していた阿部は、対外交渉を最大限遅らせながら時間を稼ぎつつ、列島の喫緊の課題を統一国家への移行と見て、それに必要な力を養うという方針のもと、大胆な人材登用、反射炉建設、諸大名への大船製造認可、海軍伝習所と洋学所（のち蕃書調所）の創設、行政改革、留学生海外派遣案などの改革を推進した。

その阿部も、和親条約の実施と、列島にとっての本格的開国を意味する通商条約締結を使命として米国駐日総領事タウンゼント・ハリス（一八〇四—七八）が下田に着任した翌年、病に倒れて他界。すると守旧勢力が台頭し、徳川政府の対外方針にも変調が兆す。米国、ロシア、英国、オランダの四か国に対外関係を限定する方針から、欧米諸国が前提とする世界秩序への編入攻勢に従う方針への転換である。

安政の大獄で江戸に檻送されるまでの約四年半、松陰がその最晩年の日々を萩の野山獄、さらに幽囚先の実家杉家で過ごすことになったのは、この時期のことである。

ハリスが来日した安政三年（一八五六）、松陰は二つの重要な論戦的問答を行っている。一つは勤王僧黙霖を相手に、もう一つは萩の藩校明倫館学頭を務めた朱子学者・山県太華とのあいだに繰り広げられたものである。

第一の相手で聾唖の身の僧黙霖（一八二四―九七）は、諸国を遍歴しつつ、筆談を通じて徹底した王政復古思想を説きつづけていたが、野山獄で松陰が記した下田踏海の記録『幽囚録』を読んだことを契機に、文通の形で一年にわたって松陰との問答を行った[21]。

論争を挑んだのは黙霖からだった。黙霖は、『幽囚録』に現れた松陰の憂国の念に強い感銘を受けていたが、松陰の発想に随伴する水戸学流の尊王敬幕思想に対しては、激しい抵抗感を抱いていた。民を安んじる道である「王道」を尊ぶ尊王は、武力的支配としての「覇道」とは両立しえないと考えたからである。黙霖に、その意味での王政復古思想の根拠を示唆したのは、謀反の罪に問われて死罪になった江戸中期の思想家、山県大弐（一七二五―六七）の著作『柳子新論』（一七五九年脱稿）だった。

大弐の思想は、江戸中期にすでに顕在化しつつあった幕藩体制の矛盾――その端的な現れが、二十数万人が参加したといわれる江戸期最大の一揆「明和の大一揆」だった――の感知によって形成されたものだったが、その主張の核心を、大弐、黙霖、松陰の思想的連関に注目した市井三郎は次の二点に集約している。第一に、武士が政治権力を握るということ自体をよくないことと考え、したがって鎌倉幕府以来のすべての幕府体制を否認したうえで、当時の徳川幕府をなぜ倒さなければならないのかという根拠を『孟子』の放伐論（徳を失い悪政を行う君主は討伐・放逐してもよいとする主張）に求め、それをより明確に人民主義的な革命理論にしていたこと。また第二に、幕藩体制のかわりに出現させるべき政治形態として、封建割拠ではなくて、天皇のもとに全国民的統一があった古代王朝時代を理想化して考えながら、その理想化に際しても、宗教的神秘化ではなく、「合理的理念化」とでもいうべきやり方をとっていたこと(22)。

大弐によれば、社会成立以前の自然状態においては、貴賤の差別がない平等性と引き換えに、殺奪自由、弱肉強食の状態が支配している。そこに「傑然たる者」が現れると、あるべき「礼」の樹立と、あるべき政治的支配の確立が可能になる。天皇による政治体制にもし存在理由があるとすれば、その点にのみ由来する。孟子が説いたように、国家統治者の存在理由は民を安んずるという天命を果たすことにあり、その資格を失えば、他の人間による武力討伐、すなわち放伐も肯定されるべきである。

幕府公認の朱子学も、またそれとは一線を画する面をもつ水戸学も、放伐論に対しては微妙な態度を保っていた。興味深いことに、経世済民の徹底を説く荻生徂徠(一六六六―一七二八)とその学派は放伐論の肯定に積極性を示したが、その眼目は、戦国期に現出した自然状態の収束に寄与した徳川政権の正統性の主張にこそあった。それに対して大弐が放伐論を説いたのは、まさしくその正統性に根本的な疑義を投げかけるためだった(23)。

「それ文以て常を守り、武以て変に処するは、古今の通途にして天下の達道なり。如今、官に文武の別なければ、則ち変に処する者を以て常を守る、固よりその所に非ざるなり。[…] 計吏宰官の類の如き、終身武事に与《あずか》らざる者に至るも、また皆兵士を以て自任し、一に苛刻の政を致す(24)」。「政の関東に移るや、鄙人その威を奮い、陪臣その権を専らにし、爾来五百有余年なり。人ただ武を尚《たっと》ぶを知り、文を尚ぶを知らず。文を尚ばざるの弊、礼楽並び壊れ、[…] 武を尚ぶの弊、刑罰孤り行はれ、民はその苛刻に勝《た》へず(25)」。

『柳子新論』に示されているのは、弱肉強食の支配から「礼」の支配への不断の移行を衆意の合致するところとみなす、地球の裏側の同時代人ジャン゠ジャック・ルソー（一七一二―七八）の社会契約論にも似た一つの斬新な社会観である。

この大弐の主張を根拠に、黙霖は野山獄から出た松陰に討幕論を説いた。これに対し松陰は、黙霖の言葉に動揺しながらも、自らが関与してきた旧式の価値観を突き詰め、条理を尽くして黙霖に抗った。自分は毛利家に忠誠を誓う臣であり、毛利家は天子に忠誠を誓う臣である。自分の方法は黙霖が拠り所とする「筆誅」ではなく、誠意をもって相手を動かす「感悟」や「規諫《きかん》」である（安政三年八月一八日）。この時期の松陰は、阿部正弘を首班とする徳川政権が、徳川斉昭、松平春嶽などと提携し、朝廷本位の政治体制を再編する方向に期待をつないでいた。一方黙霖は、武士ではない一僧侶としての視点から、松陰のいう「感悟」や「規諫」を疑っていた。

だが黙霖との問答は、松陰の何かを変えた。松陰の残した『野山獄読書記』と『丙辰日記』によれば、九月四日と一〇月七日・九日の二度にわたり、松陰は『柳子新論』を読んでいる。松陰は、自らの根拠とする理不尽の感覚——もしくはその等価物としての攘夷思想——が、幕藩体制の安定を前提としていたことに思い至る。その前提は崩壊しつつある。異国の侵攻に対する憤激自体に価値を認めてきた自分の発想は本末転倒だった。もし憤激というなら、誰による、誰のための憤激かの方がさらに大事なのではないか（「又讀む七則」[26]）。この時期より松陰は、『新論』ではまだ自明の理とされていた貴賤尊卑の別の枠を超える秩序原理の可能性に思いを致しはじめるのである[27]。

4

「終に降参」とのちに松陰が書く黙霖との問答が、理不尽の感覚に関わるものだったとすれば、もう一つの問答は、危機意識とその行方に関わるものだった。その相手山県太華（一七八一―一八六六）との応酬が生じたきっかけは、野山獄で同囚の人びとと行った『孟子』講読経験に基づく講義録『講孟劄《こうもうさつ》記《き》』（のち『講孟余話』）への批評を、かつて明倫館で学び、兵学教授も務めた松陰が、師筋の太華に乞うたことだった。この書物は、列島の状況と獄中という二重の不如意な条件を踏まえて『孟子』を学びほぐそうとする、創造的読書の試みだった。

「講孟劄記評語」と題する反応において太華が激しく反発したのは、『孟子』「尽心下篇」三六章への松陰の読みに対してだった。この章は、親孝行で知られる曾晳《そうせき》の子息曾子《そうし》が、亡父の好んだ棗《なつめ》を見ると父が思い出されて食べるに忍びなかったという逸話についての、公孫丑《こうそんちゅう》と孟子の対話を扱っている。人びとの好む膾炙《かいしゃ》（なますやあぶり肉）は食するのに、棗を口にしなかった曾子の態度をどう理解すればよいか。この問いには実は、深い思想的な含蓄があると松陰は見る。孟子の答えは「膾炙は同じくする所なり。羊棗《ようそう》は独りする所なり」（傍点野口）。普通「道」は天下公共のものとみなされているが、これは孟子のいう「同」である。それに対し「国体」は、ある国が歴史的条件のもとに育んできた固有の性質を指し、孟子の「独」にあたる。列島とシナとでは、君臣の義のありようにもおのずから差異が存在する。「道」とは本来、人が試行錯誤で何かを探ろうとする軌跡の総体である。である以上、「国体」もまた一つの「道」であるという解釈を孟子のテキストは開いていると見るべきである（「道は総名なり。故に大小精粗、皆是を道と云ふ。然れば国体も亦道なり」[28]）。

これに対する太華の反論はこうだった。本来「道」とは天地を貫く唯一の理なのであって、彼我の差異が見出されるべきものではない。シナであれ列島であれ、人の道は万国同一のはずである。確かに、地球上のさまざまな土地に風土や国勢の違いは存在するが、それは程度の差にすぎず、それを拡大解釈し、列島での営為を過大評価するのは妥当でない。そもそも会沢正志斎が『新論』で説く「国体」なる概念自体、シナの文献には見当たらないものであり、「我が国は太陽の出づる所」などという記述は、太陽が地球を回りながら万国を等しく照らしている事実に鑑み、公論としての資格を欠いている。(29)

この一見穏当で抗しがたくも見える論に対して、だが松陰は一歩も譲らない。

大抵五大洲公共の道あり、各一洲公共の道あり、皇国・漢土・諸属国〔朝鮮、安南、琉球、台湾の類〕公共の道あり、六十六国公共の道あり、皆所謂同なり。其の独に至りては、一家の道、隣家に異なり、一村一郡の道、隣村隣郡に異なり、一国の道、隣国に異なる者あり。故に一家にては庭訓《ていくん》を守り、一村一郡にては村郡の古風を存し、一国に居りては国法を奉じ、皇国に居りては皇国の体を仰ぐ。然る後、漢土聖人の道をも学ぶべし。天竺釋氏《てんじくしゃくし》〔注・インドの釈迦〕の教をも問うべし〔訓と云ひ、風と云ひ、法と云ひ、体と云ふ、合せて是を云へば道なり〕。皇国の事〔注・わが国のことを学ぶべきこと〕は云ふ迄もなきことなり。(30)

太華と松陰の分岐点は、普遍か固有かではなく、普遍とは何かという問いへの答え方の対立である。太華も松陰も、人が生きるうえで普遍的なものの想定が不可避とする点では一致しているが、太華が朱子学的世界像に依拠しつつ、「同」（普遍）をもっぱらア・プリオリなものとみなすのに対し、松陰はそれをア・ポステリオリなもの、一つ一つの場所、一人一人の人間に固有の条件や経験（独）に支えられる何かとして考えようとしている。「同」とは、華夷秩序が前提とするような上部機関的支配者ではない。それは、「独」が他の「独」との相互主観的な関係において思い描くような「下からの」普遍性であり、そこでの「独」とは、この列島の目下の危機に対する抵抗の根拠である。[31] そう述べる松陰の念頭には、獄死した同志金子や、野山獄でともに過ごし、学びあった一一人の同囚、看守たちとの関わりが置かれていたのかもしれない。

松陰は、黙霖と太華との問答を通じて、攘夷の正当性を支える理不尽の感覚と、開国の正当性を支える危機意識の亀裂を、崩壊しつつある旧体制に依拠しつつ克服することの困難を自覚するに至る。二人の叔父の跡を引き継いだ私塾松下村塾で、二年半にわたって塾生たちとのあいだに繰り広げられた問答も、この自覚を根拠とするものであり、そこで自覚された困難への抗いが、松陰最後の仕事になった。

5

最後となった抗いに際して松陰の従った方法はやはり、「忠誠」というすでに古びつつあった価値観の徹底だった。精神史家の橋川文三は、この時期に生じた松陰の転換を、「もっとも熱烈純真な忠誠心が、その限界状況において、ついに封建体制を超える新たな視座に転位した典型例」と述べているが、[32] この指摘を踏まえていえば、松陰における忠誠の徹底がもたらした果実は、一つの世界像から別の世界像への転換というよりは、二つの世界像を往還しうる自己の生成ともいうべきものだった。

古びつつある価値観の徹底の果てに往還的な自己が生成する事例は、『旧約聖書』に叙述される預言者たちの言動にも見出すことができる。イスラエルでヤーウェを信仰した預言者たちは、国内の階級対立と対外的緊張から目をそらさなかった。彼らは、そのような苛酷な状況を再定義し、その変革に能動的に関与する根拠の存在を、神にとらえられるという経験を通じて直観し、すべての国がヤーウェの言葉に従うようになれば国家間戦争は行われなくなるだろうというような、同時代の強国から見れば時代遅れにしか見えない預言を掲げて、状況との往還をつづけた。

しかし、旧約の預言者以上に松陰の身近に存在していたのは、幕末新宗教の創唱者たちだった。備中の自作農赤沢文治（一八一四―八三）が、相次ぐ子供たちと両親の死、飼牛の死の後に大患を発したのが、松陰が野山獄にあった安政二年（一八五五）であり、その文治が神懸りを経て立教し、金光教の開祖（金光大神）となったのが安政六年（一八五九）一〇月二〇日、松陰処刑の一週間前である。両者のあいだには、列強の侵攻と旧体制の崩壊による前途への不安という状況を共有し、担う者同士の共時的連関を想定しえよう。

黙霖との問答の直後の安政三年（一八五六）九月、松陰が自身の教育理念を記した「松下村塾記」という一文には、人における「君臣の義（天皇と将軍の君臣関係）」、国における「華夷の弁（自国と他国の区別）」という最重要規範が今では見失われているというだけではなく、その事実が問題にされること自体がなくなっているという二重の状況認識が表現されているが、そのことは松陰が、目下の危機の核心が制度の問題よりも、その一歩前の思考の問題にあるという理解に至ったことを示唆している。もし松陰が、内憂外患の状況に「君臣の義」と「華夷の弁」を対置する水戸学的、もしくは国学的世界像のみに安んじえていたとしたら、規範喪失状況を前提に人と国のあり方を問おうとする、村塾における松陰と塾生たちの活動自体が存在しなかったことだろう。

安政五年（一八五八）四月二三日、通商条約調印問題と将軍継嗣問題という当面の非常事態を背景に、徳川政権の最高臨時職である大老に井伊直弼（一八一五―六〇）が就任した。不遇の部屋住み時代、アヘン戦争で清国が敗れた時期に後の側近長野主膳（一八一五―六二）を師として国学に傾倒した経験をもつ井伊は、実は「君臣の義」と「華夷の弁」の信奉者だった。阿部正弘の死後、堀田正睦（一八一〇―六四）を首班とする徳川政府内部では、ハリスの要求容認の意向が強まっていたが、大老に就いた井伊の思惑は、四か国限定外交の堅持――青山忠正によればこの方針を「鎖国」と呼ぶ政治上の用語がこの時期より一般化するという――にあり、将軍継嗣問題を強引に落着させ、徳川斉昭や松平春嶽など阿部の改革路線に連なる勢力を失墜させる一方で、ハリスへの回答の引き延ばしを試みていた。そこに、清国が英仏連合軍に敗北し、天津条約を結ばされたというアロー号事件の報が届く。この機をとらえてハリスは、条約調印のこれ以上の延期は勢いに乗った英仏による武力介入を招き、より屈辱的な条約締結に帰結するだろうと攻勢をかけた。心情的鎖国論者の井伊も、現場でハリスとの交渉にあたっていた全権岩瀬忠震《ただなり》（一八一八―六一）らによる即時締結論に押し切られる形となり、六月一九日、天皇の許可を得ぬままに日米修好通商条約が調印された。

この知らせを入手した松陰は、ついに七月一三日、建白書「大義を論ず」を執筆して、パワー・ポリティックスの文法を駆使したハリスの要求に屈して独断で違勅条約を結んだ「征夷（徳川将軍）」への武力討伐を――将軍が悔悟する場合は毛利侯に公武合体の斡旋を願うという条件をつけつつも――主張した。「規諫」の方法の限界を悟らざるをえなかったのである。松陰は、通商条約の締結すなわち開国自体に反対していたのではなかった。航海と通商は国家の大計である（「大策一道」）。松陰が抗議を試みたのは、開国が天皇の意志――松陰の願望においては衆意と同じであるべきものだった――によって自発的に遂行されるのではなく、強制に屈する形でなし崩し的に行われた事実に対してだった。松陰は、徳川政権における外的自己（堀田正睦らの開国派）と内的自己（井伊直弼らの鎖国派）の分裂を看取してさえいたかもしれない。松陰にとっての問題は、鎖国か開国かの二者選択にはなく、開国の主体は誰かということだったのだから。

松陰は討幕を藩是とするために塾生中心の軍事演習を実施し、公卿大原重徳《しげとみ》（一八〇一―七九）への長州下向を督促したが、条約調印の事情説明と、徳川の無断調印を咎める水戸藩への降勅に関わる人脈弾圧のため上洛していた老中間部《まなべ》詮勝《あきかつ》（一八〇四―八四）の要撃を計画し、藩要路にあった前田孫右衛門（一八一八―六五）に武器貸出を要求し、同じく周布政之助（一八二三―六四）にも届出をするにおよび、その周布の配慮で厳囚処置がとられ、一二月、野山獄に投じられた。すると翌安政六年（一八五九）、参勤交代で江戸に向かう毛利侯の駕籠を大原重徳が伏見で待ち受け、ともに入京して勤王討幕の儀を行うという伏見要駕策を獄中から指示するも、事敗れる。そのことは、この策の意義に懐疑を強めた多くの塾生たちを松陰から離反させた。

松陰の思考はさらなる徹底に向かった。萩に入っていた友人北山安世（佐久間象山の甥）に野山獄から宛てた四月七日付の手紙で松陰は、一度列強の圧力に屈してしまえばいつまでも同じことが繰り返されることになると、幕府と天皇、諸侯の無力を慨嘆したうえで、「独立不羈三千年来の大日本、一朝人の羈縛を受くること、血性ある者視るに忍びんや。那波列翁《ナポレオン》を起してフレーヘードを唱へねば腹悶医《いや》し難し」と書く。「ナポレオン」も「フレーヘード（オランダ語の「自由」）」も、松陰にとっては史実や字義の詮索を超えた、状況の突破口の象徴だった。[33]

同月頃、伏見要駕策に連座して岩倉獄に下っていた塾生野村和作（靖、一八四二―一九〇九）に宛てた手紙には、「義卿（松陰のこと）、義ヲ知ル、時之人ヲ待ツニ非ズ。草莽崛起、豈他人之力を仮ランヤ」という言葉が記され、当代の主君への私的な忠誠を貫通する、状況そのものへの忠誠——その対象を松陰に示唆したのは「神勅」だった——と、そうした忠誠を担いうる一人の「草莽」（在野の有志者）としての強烈な自負が述べられている。そしてその境位はその直後に、松陰をしてこういわしめるに至る。「恐れ乍ら天朝も幕府・吾が藩も入らぬ、只六尺の微軀が入用（本当に大事なことをはじめるにはこの身一つあれば十分）」。松陰は野村の危惧を慮って、「されど義卿豈義ニ負クの人ナラン哉。御安心々々々（自分は忠義を忘れているわけではないのでご安心を）」と付言することも忘れてはいないのだが、この書翰が示唆しているのは、松陰が、いかなるイデオロギーよりも危機意識と理不尽の感覚を優先せざるをえなかった一人の人間——幕末的人間——にほかならなかったということである。[34]

六月、水戸藩への降勅に関与した嫌疑で幕命により江戸に送られてきた松陰は、訊問の場を「感悟」と「規諫」の機会ととらえ、自己の所信を述べるために、幕吏がまだ探知していなかった間部要撃計画を進んで自白し、一〇月二七日、死罪とされた。この年の一月一一日——亡友金子重之輔の命日だった——宛先不詳の手紙において松陰は、同志たちと自分との分岐点にふれて、「其の分れる所は僕は忠義をする積り、諸友は功業をなす積り」と書いていた。「忠義」と「功業」の区分は松陰にとってきわめて重要なものだったが、その区分の根拠が解き明かされているわけではない。ただそこに「去り乍ら人々各長ずる所あり、諸友を不可とするには非ず」と書き添えられているように、「功業」を理念離れと同じこととみなしていなかったことは確かなようである。

カントは理念を、実現されるべきものとして示される「構成的理念」と、実現可能性を離れても目指しうる方向性を示す「統整的理念」とに区分したが、[35]松陰の区分はおそらく、カントの区分に呼応する内実をもっている。同志たちに松陰が遺した『留魂録』に掲げられた辞世は、「身はたとひ武蔵の野辺に朽ちぬとも留めおかまし大和魂」だったが、その呼応の想定なしにこの歌を理解することはできない。

第三章　変成する世界像

［攘夷の再定義（横井小楠）／開国の再定義（遣米使節）／攘夷決行］

1

列島における十分な合意形成を経ぬままに、安政五年（一八五八）、徳川政権が五か国との間に不平等条約締結を強行した事実は、ペリー来航以後の数年間に列島に沸騰した攘夷論と開国論の対立に、別の局面をもたらした。条約締結という既成事実に対する態度のあり方が鋭く問われはじめるのである。そのなかで、真の問題は攘夷か開国かの二者択一ではなく、攘夷と開国のあるべき関係の構想なのではないかという感覚が、徐々に姿を見せはじめるようになる。

列強の圧力下に徳川政権がなし崩し的決断を迫られる状況に際会し、列強との主体的関係の再構築を説き、開国主体の原理的条件を問うた吉田松陰は、そのような感覚における先駆者的存在だった。松陰によれば、開国主体と目されるべき存在は、列島の共同の命運に関与し、これを引き受ける「草莽」であり、その不定形の広がりの性質は、おのずから既存の地位や身分の枠を超えていくはずのものだった。

この感覚の萌芽はすでに、支配層における危機意識（「内憂外患」）の産物である、「尊王攘夷」という合言葉の出現のうちにも含まれていたといえる。「尊王攘夷」が水戸学の文脈で用いられた嚆矢は、徳川斉昭が『弘道館記』（一八三八年）で述べた「我東照宮、撥亂反正、尊王攘夷」という文章だったが、そこで提示されていたのは、あくまでも徳川家こそが「尊王攘夷」行為の率先者でなければならないという信念だった。

ところが、その後斉昭の側近藤田東湖（一八〇六―五五）が同書に寄せた注釈書『弘道館記述義』（一八四七年脱稿）では「堂堂たる神州は、天日之嗣、世《よよ》神器を奉じ、万方《ばんぽう》に君臨し、上下・内外の分は、なほ天地の易《か》ふべからざるがごとし。然らばすなはち尊王攘夷は、実に志士・仁人の、尽忠・報国の大義なり」というように、徳川家や諸大名による統治区分を超えた列島共同体のイメージがすでに姿を現している。[36] さらに安政条約締結後になると、列島の人びと一般の意識から長く遠い場所にあった天皇の存在が――安政の大地震で不慮の死をとげた藤田の意図をも超えて――、現政権への批判と変革に向けられた支配層と被支配層を横断するネットワークの構築を支持する根拠として、新たな相のもとに思い描かれるようになる。その明確な指標の一つは、理論的要請だった「尊王（尊皇）」とは異なり、実践的要請を意味する「勤王（勤皇）」という合言葉の出現だろう。言い換えれば、支配層本位だった内憂外患の意識が、被支配層を含めた列島共同体の総体における共通感覚の座にすえ直されていくのである。

井伊直弼により処罰された吉田松陰は、自らの実践が死罪に相当するとは、判決直前まで想像していなかったようである。江戸伝馬町入牢の際に尋問者が松陰に述べたのは、「卑賤の身にして国家の大事を議すること不届きなり」ということであり、死刑当日に述べられた判決理由は、蟄居中の身でありながら梅田雲浜と面会したのは不届きである、というものだった。死を覚悟しつつその前日に擱筆した『留魂録』には、最初の尋問への感想として、「幕府の三尺《さんせき》、布衣《ほい》、國を憂ふることを許さず（幕府の法では、一般の人びとが国事を憂えることを許していない）」という慨嘆の言葉が書き遺されている。

安政の大獄は、攘夷論者の徳川斉昭と、条約締結に尽力した積極的開国論者の岩瀬忠震ら両者への永蟄居処分が示すように、攘夷論と開国論の対立とは異なる理由に基づくものだった。それは、旧体制の擁護者を任じていた当事者自らが、列島の政権担当者としての限界を内外に明らかにするに至ったという点で、その井伊の標的だった水戸派鎖国攘夷論者、幕政改革派、さらには松陰の影響圏にある草莽たちをはじめとする、旧体制内外のもろもろの新勢力による活動に機運を与える帰結をもたらした。

2

通商条約の締結という列島の全住民に関わる重大な決断を、人びとの合意を経ずに行ったのみならず、条約締結のなし崩し追認を各層に要求する徳川政権のあり方への不信感と抵抗は、攘夷論、開国論のそれぞれの立場から現れ、試みられた。それは（一）攘夷、（二）開国、（三）攘夷と開国の関係という、三つの事柄の再定義への試みとして展開した。

列島の開国は列強による一方的侵略の産物でしかなかったという考え方は、抵抗の不在——既成事実への屈服とその正当化に由来するフィクションである。列強は、自身が英国から独立を勝ち取った経緯をもつと同時に、他国における植民地支配の経験に乏しく、砲艦外交実施への躊躇が弱かった新興近代化国の米国は別にして、スペインに対するメキシコの独立革命（一八一〇—二一）、ペルーの独立戦争（一八一一—二四）、英国に対する清国のアヘン戦争、インド大反乱（一八五七—五九）のような強固な抵抗を地球上の各地で経験していたため、日本列島への蚕食を試みる際には、同様の抵抗が生じることへの警戒心を抱くべき理由をもっていた。ハリスの外交姿勢に狡猾な恫喝を見てとっていた吉田松陰の直観には、世界史的な背景が伴われていたといえる。

既成事実の正当化への抵抗はまず、攘夷の概念の再定義の形をとった。「攘夷」とはもともと、華夷秩序の枠組みに基づいて、礼節を弁えない夷狄は撃払われるべきだとする信念をさす言葉だったが、ペリー来航から通商条約締結に至る経過のなかで、字義通りの攘夷実行の困難が意識されるようになってからは、「攘夷」の意味用法にも変質が生じるようになる。

非礼な夷狄は問答無用で撃払うという意味での攘夷を、市井三郎は「信仰的攘夷」と名づけ、自身の行為の帰結を問い、その後の経験による自己修正に開かれた「自覚的攘夷」と区別している(37)。この指摘を踏まえれば、理不尽の感情を母胎に成立した「攘夷」は、いわば絶対正義のイデオロギーの部分と理念の部分とに分岐することになる。前者は、水戸脱藩浪士らによる井伊暗殺以後に列島全体を巻き込んだ合言葉として影響を発揮する。後者はさらに、「構成的理念」の部分と「統整的理念」の部分（カント）に分岐したうえで、前者の側面においてはその具体的帰結もしくは行動計画が、後者の側面においてはその普遍的広がりが顧慮されるまでに至る。「草莽」の象徴的存在というべき土佐脱藩浪士・坂本龍馬（一八三五―六七）と中岡慎太郎（一八三八―六七）は、この両者の媒介を試みた存在だった。

字義通りの実行の困難にもかかわらず、一八六〇年代初頭に「攘夷」の熱狂的使用への道が開かれたことには、主に三つの背景があった。その第一は、開国直後の徳川政権による外国貿易の利益独占と、条約締結の拙速さが引き金となった物価の騰貴や産業の混乱である。江戸日本橋の豪商の婿養子で攘夷倒幕を唱え、坂下門外の変（公武合体に尽力した老中安藤信正暗殺未遂事件）に関与した朱子学者・大橋訥庵（一八一六―六二）は、文久元年（一八六一）に朝廷に提出した攘夷の勅命を求める建白書のなかで、通商条約締結のもたらした負の側面に言及している。そのなかで大橋は、貿易開始後に列島を見舞った疲弊の事実を「夷狄」に示しつつ、もしこのまま貿易が増大すれば国の命脈が絶たれるゆえんを説き、貿易を謝絶する必要を述べているが、この主張は、「攘夷」の概念が内包する理の一面を示している。

その第二は、同年におけるロシアによる六か月におよぶ対馬占領が呼び起こした植民地化への危機意識である。ロシアが対馬を退去したのは、東アジアにおける勢力均衡維持のために軍艦を出動させた英国の行動の結果だったが、この出来事は、列強同士の相互牽制の事実と、攘夷の概念が外的脅威に対する共同防衛能力の育成に結びつけられる必要を人びとに実物教訓した。

第三の背景は、徳川政権の弱体化の明確な徴候としての井伊暗殺が、人びとの政治参加への意欲を刺激したことである。内外の理不尽に対する抵抗の象徴、そして現状打開の突破口としての「攘夷」は、各層の人びとを横断的に結びつけるうえで、かけがえのない力を発揮した。桜田門外の浪士たちが従っていたのは、徳川政権への敵対ではなく、尊王攘夷の線への政道の回復こそを本意とするという水戸学的論理だったが、その行為は彼らの意図を超えて徳川政権の威力を著しく低減させ、既存の身分や地位を超えた人びとの活動に刺激を与えるにも至った。

万延元年（一八六〇）、松平春嶽に招聘されて政治顧問として越前福井に赴いた肥後熊本藩士・横井小楠は、「富国」「強兵」「士道」の三論からなる『国是三論』を述べたが（筆記中根雪江）、そこで小楠は、大橋訥庵と同様に開港の負の側面に言及しつつ、同時に鎖国の害と交易の利に説きおよんだ。

もともと小楠は、訥庵同様に朱子学と水戸学に傾倒する攘夷論者だったが、一八三九―四〇年における江戸遊学中、ケンペルの著作『鎖国論』――『廻国奇観』第二巻最終章を志筑忠雄が享和元年（一八〇一）に訳したもので、「鎖国」という用語の嚆矢になった――を読んだことで、攘夷論を人類史的文脈から再考する視野を育てるきっかけを得た。

ドイツ北部の町エルゴーに生まれ、三〇年戦争による傷痕と魔女狩りの嵐のなかで成長したエンゲルベルト・ケンペル（一六五一―一七一六）は、スウェーデン遺外使節の書記官に選ばれ、諸国を歴訪するなかで、一六九〇年から九二年にかけて日本に滞在した。ケンペルは、徳川政権による対外関係の厳しい制限は列島の安全と平和の維持に必要と見て賛意を示したが、それは自身の生い立ちに背景をもつ判断だった。『永遠平和のために』において同様の洞察を示したカントは、ケンペルの読者だったと推定されている。(38) カントと小楠は、ケンペルという一条の糸によって結びつけられていることになる。

ペリー来航の翌年に小楠は、プチャーチンとの交渉にあたる知己の川路聖謨に、対外政策の根本原則を述べた『夷虜応接大意』を示した。これによれば、有道の国には通信を許し、無道の国にはこれを拒絶する、この二つが「天地仁義の大道を貫く条理」である。徳川政権の従来の対外政策はこの条理に従ってきたものであり、これを単純に「鎖国」と見る米国政府の認識は誤っている。大事なことは、内外に対してこの信義が貫かれることである。そして、砲艦外交に訴える米国は「無道の国」である以上、通信は拒絶されるべきというのが小楠の判断だった。「有道」「無道」という小楠の尺度は、「攘夷」の概念が普遍妥当性をもつ可能性の探求であるとともに、渡辺崋山や高野長英の系譜に立ちながら、彼我に等しく適用しうる主体的判断に権利を与えようとするものでもあった。

安政条約締結後の小楠は、基本線ではこの「有道」「無道」論に依拠しつつも、条約締結という既成事実の見返しに向けて、自らの思考の再編成に取り組んでいく。その最初の試みが『国是三論』だった。ここで小楠は、幕府が徳川一家のみに、また諸大名がその家と領地のみに顧慮を向ける状況をさして「鎖国」と呼んでいる。ケンペルの定義を裏返したのである。通商交易とは、本来天地間の固有の定理であり、民を養うためのものである。現在の政治に必要なのは、条約締結を契機として、条約締結という既成事実を相対化しうる根拠を天地の理法に認め、交易により民を養い、富国の道を整えることである。そう考えてみると、「無道の国」と見える米国にさえ、初代大統領ワシントン以来の基本方針には美質を認めることができる。すなわち地球上から戦争をなくすこと、世界万国から智識を集めて政治を豊かにすること、君臣の義、世襲とは無関係にすぐれた人物が公共和平のための政治を行うことの三つである。小楠によれば、古代中国の堯・舜の政治に理想を見ることで、海外の列強にも国内の「鎖国」にも抵抗しうる広い視野の獲得が可能になるという。小楠は華夷秩序の観念とそれに由来する攘夷論を、人びとの共通感覚に根拠をもつよう、いわば「脱構築」されるべきと考えるに至ったようである。(39)

3

再定義が余儀なくされたという点では、「開国」の概念も「攘夷」と同様だった。「開国（開港）」の概念を誰よりも鋭く問われることになったのは、条約の締結主体だった当の徳川政権である。この問いをめぐって露呈した政権内部の分裂を象徴していたのが、元来が鎖国論者の大老井伊直弼と、積極的開国論者の岩瀬忠震ら海防掛の現場吏僚の対立だった。

当時外国奉行の配下で翻訳方を務めていた福地源一郎（桜痴、一八四一—一九〇六）によって「識見卓絶して才機奇警、実に政治家たるの資格を備えたる人なり」（『幕末政治家』）と評された岩瀬は、交易を通じて軍備を増強し、儒教的華夷秩序の徹底を図ることこそが列強の圧力に抗する道であるという独自の構想をもつ外交官であり——幕府の儒官林述斎の孫だった——、阿部正弘による登用後、徳川外交を開港・通商の線に果敢に導く役割を担った。条約独断調印への非難に対する反論のなかで岩瀬は、「幕府より社稷《しやしよく》が重い」と述べている。この場合の「社稷」とは、生成途上の「日本国」という意味だろう。岩瀬には、たとえ違勅であるにせよ、条約調印を機会として幕政改革を遂行し、列島の共同防衛を可能にする政治体制を実現する目論見があった。そしてそれは、阿部の遺志にも合致していた[40]。

老中安藤信正（一八一九―七一）による処罰緩和政策にもかかわらず、蟄居処分が解けなかった岩瀬は、一八六二年に不遇の死を迎えるが、彼は一つの置き土産を「日本国」に残していた。条約の批准書を米国で交換するという提案である。蟄居中の岩瀬は参加できなかったが、安政七年（一八六〇）一月、正使を新見正興《しんみまさおき》（一八二二―六九）、副使を村垣範正（一八一三―八〇）、監察を小栗忠順《ただまさ》（一八二七―六八）とする七七名の遣米使節がポーハタン号で品川を出航した。正使一行には護衛の名目で日本の軍艦咸臨丸が随行し、軍艦奉行・木村喜毅《よしたけ》（芥舟《かいしゆう》 一八三〇―一九〇一）、艦長勝麟太郎（海舟）、通訳中浜万次郎、木村の従者福沢諭吉（一八三五―一九〇一）ら九十数名がこれに乗り込んだ。同乗したジョン・ブルック大尉ら一一人の米国人の助力を得つつ北太平洋を横断し、サンフランシスコに到着した咸臨丸の一行は、「日本人」の概念を国際的環境のなかで実感しうる条件に置かれた最初の人びとだった。

遣米使節たちが書き残している旅の印象は、彼らの「開国」概念がやはり――守旧派と改革派に――分裂していた状況をよく伝えている。村垣範正は、免職された岩瀬に代わり外国奉行となった経歴が示すように、積極的開国論者ではなかった。カリフォルニアからニューヨークに向かう航海途中、病死した二名の水夫が水葬された。洋楽（国歌）が奏でられ、コモドール（司令）以下士官一同が敬礼で見送るなか、帆木綿に包まれた遺体が海に投じられる。村垣はこの情景が理解できず、また理解する情熱ももたなかった。「水夫如きものにもコモドールまで出て送りしを見て我国人はあやしみけるは彼は礼儀もなく上下の別もなく唯真実を表して治むる国なればかくせしこととみゆ[41]」。ワシントン到着後、米国議会を二階の「桟敷」で傍聴した村垣は、衆議の模様をこう記す。「例のもも引掛筒袖にて大音に罵るさま副統領の高き所に居る体抔《など》我日本橋の魚市のさまによく似たりとひそかに語合たり[42]」（以上『遺米使日記』より）。米国は非礼で卑しむべき「夷狄」だというのが村垣の実感だった。

新見の従者として使節に加わった仙台藩士・玉蟲（玉虫）左太夫（一八二三―六九）による記録は、村垣とは対照的な公正さを示している。サンフランシスコ滞船時に玉蟲は、船将《キャプテン》と水夫との上下隔てのない親密な感情の交流に強い印象を受けた。「わが国にては礼法厳にして、総主などには容易に拝謁するをえず。あたかも鬼神のごとし、これに准じて少しく位ある者は、大いに威焰をはり下を蔑視し、情交かえって薄く、凶事ありといえども、悲嘆の色を見ず。大いに彼と異なる。このごとくにては、万一緩急の節にいたり、誰か力を尽すべきや。これ昇平長くつづきたる弊ならん。慨嘆なり。しからば礼法厳にして情交薄からんよりは、礼法薄くも情交厚きをとらんか。予あえて夷俗をとうとむにあらず。当今の事情を考え自ずから知らるべし」（『航米日録』）。また、村垣同様に米国議会を訪れた際の印象は、こう記されている。議会の右三層には議事堂がある。長さ三〇間ばかり、横二〇間ばかり。中央が低くなり初層から三層に達している。議事の際には中央の低いところに官吏、書記官などが列席し、その議題に関係する者のすべてが各階に列し、高い場所から低い場所を臨んでいる。「ゆえに官吏、公私分明に見え、衆をして怨を抱かしめざるなり」。後年奥羽越列藩同盟の軍務統取となった玉蟲が、公議所設立に尽力し、内戦の回避を海外の世論に訴えようとした背景には、この時の見聞があった[43]。

使節一行が訪米した万延元年（一八六〇）は、米国大統領選挙の年であり、現大統領ジェイムズ・ブキャナンの後任をめぐる、民主党の現副大統領ジョン・ブレッキンリッジと共和党のエイブラハム・リンカーン（一八〇九―六五）の激しい選挙戦の最中だった（同年一一月リンカーンが大統領に就任、翌年四月南北戦争勃発）。福沢諭吉がある人に、「ワシントンの子孫はどうなっているのか」という質問を発したのはその折であり、その福沢にとって、紀州派と一橋派とで争われた将軍継嗣問題は記憶に新しいはずだった。するとその相手は、ワシントンの子孫には女がいるはずで、誰かの内室にでもなっているようだ、とだけ答えた。福沢は、いかにも冷淡だと感じた。「是れは不思議だ。勿論私も亜米利加は共和国、大統領は四年交代と云うことは百も承知のことながら、華盛頓《ワシントン》の子孫と云えば大変な者に違いないと思うたのは、此方の脳中には源頼朝、徳川家康と云うような考があって、ソレから割出して聞た所が、今の通りの答に驚いて、是れは不思議だと思うたことは今でも能く覚えて居る」（『福翁自伝』[44]）。

六六歳の福沢による回想は、さらにこうつけ加えている。「理学上の事に就ては少しも肝を潰すと言うことがなかったが、一方の社会上の事に就ては全く方角が付かなかった」。この回顧は、二六歳の福沢にとっての開国が、科学技術の進歩以上に、社会改革の展望に関わる経験として把握されていたことを示唆している。「封建社会は親の敵」と見ていた福沢諭吉、諸藩の枠を超えた列島共有の海軍創設に尽力し、雄藩連合による共和政治の構想に与した勝海舟、それに徳川家への権力集中による郡県制を構想した小栗忠順の三人は、封建社会に代わる新しい社会の構想を刺激する契機として開国を再定義しようとする志向性において、思索の場を共有していた。

とはいえ、開国再定義の必要をこの三人以上に劇的な形で体現していたのは、一一年にわたる漂流・渡米経験をもつ三三歳の通訳中浜万次郎だった。ペリー来航に際して公儀直参に登用され、安政四年（一八五七）には幕府軍艦教授所教授にまで任じられていた万次郎だったが、咸臨丸への乗船については勘定奉行らの評議の席で異議が出た。米国側に有利な通訳、スパイ行為への懸念がもたれたのである。英語と米国事情、それに船のことに通じる万次郎の乗船が決まったのは、出発の二週間前のことだった。

晴天はそのうち五、六日だったという三七日間の航海は、一つの認識を旅にもたらした。日本の士官と水夫たちは、米国人乗組員への反発を隠そうとはしなかったが、暴風と大波を契機に彼らの技量とはたらきを認めざるをえなくなった。その際万次郎は通訳として、木村司令官とブルック大尉、日米乗組員同士のコミュニケーションを支える役割を発揮した。嵐で遅れた予定を取り戻すため――ひどい船酔いのせいもあったかもしれないが――万次郎を事実上の艦長に任命し、船の操縦を任せた勝艦長は、カリフォルニアの陸地が見えた時、「君の卓越した航海術には実に感服したり」と万次郎に述べたという。(45) 米国海軍の指揮と操縦のもと、正副使の乗り込んだポーハタン号におけるのとは異なる開国イメージの生成をうかがうことができる。

4

攘夷の再定義と開国の再定義は、どこでどう出会うことができるのか。この問いの意味が鋭い形で現れるようになったのは、文久年間（一八六一―六四）のことである。二度目の洋行から戻り芝新銭座で英学塾を開いていた福沢諭吉は、文久三年（一八六三）六月、大坂適塾で蘭学の教授を受けた師緒方洪庵（一八一〇―六三）の通夜の席で、軍事技術者として長州藩に召し抱えられていた同じ適塾出身の先輩村田蔵六（大村益次郎、一八二五―六九）と再会した。折しも長州藩が関門海峡で外国船に砲撃を浴びせていた事件にふれて、「ドウダエ馬関（下関）では大変な事を遣たじゃないか。何をするのか気狂共が、呆返た話じゃないか」と村田に水を向けてみたところ、「気狂いとは何だ、怪しからん事を云うな。長州ではチャント国是が極まってある。あんな奴原に我儘をされて堪るものか。ことに和蘭の奴が何だ、小さい癖に横風な面して居る。之を打ち攘うのは当然《アタリマエ》だ。モウ防長の士民は悉く死尽しても許しはせぬ、何処までも遣るのだ」と返答があったのに驚いたと、福沢は回想している（『福翁自伝』[46]）。

　列島が混乱の少ない仕方で列強に抗しうる実力を養うには、二度の洋行を自分に許した徳川政権の開国路線に賭けるにしくはなし、というのが福沢の判断だったが、その福沢も、長州の攘夷決行を擁護する村田が、同時に伊藤俊輔（博文、一八四一―一九〇九）、志道《しじ》聞多（井上馨、一八三六―一九一五）ら五人を秘密留学生として英国に送り出す周旋に従事していたこと、また長州の攘夷決行が問うていたのが攘夷と開国のあるべき関係だったということを看過していた。村田の発言が福沢の証言通りだったとすれば、それは字義通りのものというより、「開国」を自明の理のごとく語る語り口への違和感の産物だっただろう。攘夷論とは無関係に獲得された福沢の明察は、その後列島共同体が大きな変革を達成する過程において、飛鳥井雅道の表現を借りれば、「一敗地にまみれなければ[47]」ならなかったのである。

　村田のいう長州の「国是」とは、「尊皇＝挙国一致」による破約攘夷（現行の条約を一旦破棄し、主体的態度を再建したうえで新しい条約を結び直すという指針）のことを指しており、これが決したのは劇的な過程を経てのことだった。文久元年（一八六一）、同藩直目付・長井雅楽《うた》（一八一九―六三）は公武一和のもとでの開国を主張する「航海遠略策」を提示し、藩論として採用された。長井の論は、一見吉田松陰の主体的開国論に通じるかにも見えたが、その公武周旋案が幕府を主、朝廷を従とする点に対し、松陰の流れを汲む桂小五郎（木戸孝允、一八三三―七七）、久坂玄瑞（一八四〇―六四）らによる批判が集中すると、松陰スクールの理解者だった藩政担当者・周布政之助も、その批判に与した。一度締結した安政条約も、運用次第では諸外国を朝貢国として扱いうるという長井の論は、徳川政権のみならず、安政条約に先行する海禁政策の公武一和に基づく遵守を望む孝明天皇（統仁《おさひと》、一八三一―六六）の賛同も得て、一時は国政への多大な影響力を誇ったが、この論の核心は条約のなし崩し的追認であり、また条約を結んだ列強が自らを朝貢国とみなすことは実際には考えにくく、航海遠略策には、内外使い分けの論理に基づく現行秩序の合理化という色彩が強かった。久坂や桂はその点を看破し、鋭く衝いたのだった。

文久二年（一八六二）、公武合体を推進する老中安藤信正が坂下門外で襲われ、薩摩藩主の実父として藩政を把握していた島津久光（一八一七―八七）が幕政改革を旗印に率兵上洛に動くなかで、松陰の死後桂、久坂らが「勤皇攘夷」という喚起力の強い行動目標を掲げて各地で連携を担っていた横断的ネットワークが政局への影響力をもちはじめた。その端緒となったのは、江戸における水戸、薩摩、土佐の志士との交流だった。その交流を刺激に土佐勤王（皇）党を結成した武市半平太（瑞山、一八二九―六五）に宛てた手紙に久坂は「ついに諸侯恃むに足らず、公卿恃むに足らず、草莽志士糾合、義挙の外にはとても策これなき事と私ども同志、申し合わせ候事に御座候。失敬ながら尊藩も弊藩も滅亡しても大義ならば苦しからず[48]」――この文面には明らかに松陰の「草莽崛起」がこだましている――と書き、武市の意を受けて来萩した駆け出しの勤王党員・坂本龍馬にこれを託している。久坂の念頭にあったのは、筑前浪人・平野国臣（一八二八―六四）、久留米の神官真木和泉（一八一三―六四）などの草莽の志士たちとのつながりだった。久坂らは、こうした背景のもと七月には長井を失脚に追い込み、藩論の一八〇度転換に成功する。同じ月周布は、攘夷と開国のあるべき関係についての自らの考えを知友に披歴した。

攘は排なり、排は開なり

攘夷して後、国開くべし[49]

「排」とは、内から左右に押し開くという意味である。強者が外からいくら力を加えても、弱者による内からの力が加わらなければ扉は開かない。この道理を相手に通じさせる努力を「攘夷」と呼ぶならば、攘夷は開国と矛盾するどころか、むしろその推進力とみなしうる。同じ考え方を久坂は、八月に藩公父子に提出した意見書『廻瀾條議』と、翌九月の各地の同志宛パンフレット『解腕痴言』のなかで表現した。この二篇は、「攘夷」の概念を具体的な行動計画の形で展開した点で画期的な試みだった。(50)

久坂の示した基本線は、主体性を欠く開国は植民地化の危機を招くものであり、開国はあくまでも対等性への要求の帰結でなければならないということだった。この主張には、列強に半植民地化された上海から七月に帰国した同志高杉晋作（一八三九―六七）の見聞も与っていたかもしれない。『廻瀾條議』によれば、植民地化の危機を回避するにはまず、主体性なき開国を推進し、その反対者を処罰までした当事者の責任は厳しく追及されなければならず、また罪なく処罰された志士吉田松陰には正当な評価が与えられるべきである。そして、通商条約を和親条約の線にまで引き戻し、外国貿易を――停止ではなく――長崎、下田、箱館の三港に制限したうえで、海外雄飛に基づく富国強兵を図るべきである。さらに、以上のことを、朝廷から――幕政改革を意気込む島津久光の圧力によって――将軍後見職に任じられた一橋（のち徳川）慶喜（一八三七―一九一三）、政事総裁職に任じられた松平春嶽に長薩二藩が実行を督促すべきである。かつ、それらを実現させたうえで、皇居に政事所を建て、京都に学校を興し、畿内に親兵を置き、三百諸侯が物産を捧げることで、政治の実権を徐々に朝廷に帰せしめなければならない。和親条約への引き戻しがもし拒まれるなら、列強に対しても、また――同志宛の『解腕痴言』のみには示唆していたように――それに幕府が従う場合には幕府に対しても、「決闘死戦」を覚悟する必要がある。そう久坂は考えた。

周布と久坂によって問われようとしていたのは、排他的な態度の表現としての攘夷が、対等性への要求としての開国に転化するための可能性の条件だったのである。

5

長州における藩論の転換と、そこで提起されていた問いを受けとめるとはどのようなことなのか。同じ時期、政事総裁職に就任した松平春嶽を補佐し、開明派幕臣・大久保忠寛（一翁。一八一八―一八八八）や勝海舟と提携しつつ幕政改革を推進していた横井小楠がぶつかったのは、その問題だった。

小楠によれば、列強との関係が不可避になった状況で重要なのは、鎖国攘夷か開国の形式的二者択一ではなく、実質的な「興国」である。その実現のためには、朝廷のもとに士農工商一丸となって産業を育成し、海軍を増強し、諸侯合同の共和政治に基づく開国を実現しなければならない。すでに大政奉還をも射程に入れたこの考えに基づいて九月に小楠の提示したプランが、「破約必戦」論（『続再夢紀事』）だった。それは、攘夷論と開国論の対立そのものが、誰もがそこに参加することのできる公共のテーブルの成立を可能にする条件になるのではないかというアイディアの表現だった。

現行の通商条約は、列強の威嚇に屈して不正な仕方で締結されたものであり、廃棄されるべきである。とはいえ、条約廃棄を申し入れたところで列強は当然これを拒むであろう。そこで、必戦の覚悟をもち、あらゆる選択肢を想定しながら諸勢力が同じテーブルで天下の公議を重ね、国是一致を図るべきである。その国是を諸国に示し、国際会議の場で普遍的な道理に照らして是非をはかり、条約を結び直しえた時に真の開国が実現するだろう。――この構想は、破約攘夷論をも組み込む構えを明確にしたものであり、それゆえに、当初は小楠を条約追認論者と見ていた周布や桂も、九月、面会した小楠からその考えを伝えられると疑念を氷解させ、彼我の一致点を見出した。

だが、周布らの賛意を得て春嶽が江戸城での閣議で持ち出した破約必戦論は、幕府内からの強硬な反対を受ける。なかでも一橋慶喜の反対意見は手ごわいものだった。確かに安政条約は不正といえば不正である。しかし、締結相手はそうは思わないに違いない。条約廃棄は当方の言い分にすぎず、国際場裏に通用する議論ではない。したがって、戦争で勝っても名誉を得ることはない。まして負けたらどうなるのか。また諸侯会議についても、時勢を見る見識がない諸侯から愚案が出れば、その説諭に時間と労力を費やさざるをえなくなる。条約破棄、諸侯会議は時勢迎合案であり、天下に対して無責任である——。この意見を、閣議から戻った大久保忠寛より伝えられた小楠は、かえって慶喜の「卓見と英断とに驚き」（『続再夢紀事』）、破約必戦論をいったん取り下げてしまう。小楠によるこの一時撤回は、破約必戦論の提示に際して小楠のなかに存在した動揺を物語っている。

「それ攘異《ママ》は興国之基を云に似たり」——一一月に小楠は、自分を訪ねてきた勝海舟に語っている。ただし、「徒に異人を殺戮し、内地に住ましめさるを以て攘異なりとおもふは甚た不可なり」（「海舟日記」[51]）。勝が記録した談話は、小楠の動揺が、「徒に夷人を殺戮」する攘夷が破約攘夷論に帰結する可能性を思い描くことの困難に由来していたことを示唆している。

その困難の認識は、小楠の撤回とともに幕政改革への期待を失った当の破約攘夷論者たちにも共有されていた。彼らはその認識を、破約攘夷を国是として幕府の主導権を否定する、天皇を頂点とする政府の樹立により克服しようとした。八月には、幕政改革を掲げて江戸に乗り込んだ島津久光の一行がその帰途、行列に無礼をはたらいたかどで英国人を斬殺する生麦事件が起きていた。その対応に苦慮する幕府に対し久坂らは、攘夷派公家へのはたらきかけを通じて朝廷の指導権を掌握することで、攘夷督促を強化した。さらに、文久三年（一八六三）三月に上洛した将軍徳川家茂（一八四六―六六）に、攘夷期限を同年五月一〇日と約束させた。その際天皇は、「攘夷」の語によって通商条約破棄交渉の開始を実質的に示唆する命令書を与えた。そこには、その意味での「攘夷」実行の困難を知る幕府を追い詰めようとする攘夷派公家、志士たちの意図が関与していた。

幕府をさらに追い詰めるため、攘夷期限の五月一〇日、関門海峡を通過する米国商船ペンブローク号に対して長州藩は突如砲撃を加えた。ついで二三日にはフランス船キャンシャン号、さらに二五日にはオランダ船メデュサ号を攻撃し、損傷を与えた。伊藤俊輔、志道聞多らの五人の秘密留学生が国禁を犯して横浜からロンドンに向かったのが同じ五月の一二日。周布、桂、久坂らの構想のなかで、外国船砲撃と海外留学は同じコインの裏表だった。

米国軍艦ワイオミング号による報復攻撃が行われたのは六月一日だった。海戦のなか壬戌《じんじゅつ》丸、庚申《こうしん》丸の軍艦二隻が撃沈され、砲弾の落下で市中が混乱に陥った。さらに五日には、フランス東洋艦隊の旗艦セミラミス号と、コルベット艦タンクレード号の二隻の来襲を受け、戦闘の末、長州側は惨憺たる敗北を喫した。その翌日、薩長交易に従事する下関の豪商白石正一郎（一八一二―八〇）の家に高杉晋作が止宿し、亡命の罪を許され、藩主毛利慶親から呼び出された際に建議した奇兵隊の結成を行った。「奇兵隊之儀ハ有志之者相集候ニ付、陪臣・軽卒・藩士を不撰同様ニ相交、専ら力量を以貴ひ堅固之隊相可申と奉存候」というのが結成に際しての原則で、正攻法のもろさへの洞察と、列強の武力からの共同防衛という課題の前に、身分制度の維持は相対的なものにすぎないという認識がそこに含まれていた(52)。二四歳の高杉に対する大胆な抜擢そのものも含めて、それは、敗戦の経験の与えた教訓だった。

その一方で、生麦事件に関し、犯人引き渡しと賠償金を要求する英国とこれを拒否する薩摩藩との交渉が難航した結果、七月二日、鹿児島湾に侵入中の英国艦隊と薩摩藩は交戦状態に入った。三日間の戦闘で善戦したとはいえ、城下の一割を焼かれ、自らの力不足と英国海軍の実力を痛感した薩摩藩は、岩下左次右衛門（方平《みちひら》、一八二七—一九〇〇）、重野厚之丞（安繹《やすつぐ》、一八二七—一九一〇）らの使節を立てた講和交渉を通じて英国に接近し、対外交易の独占的継続を企てる徳川政権への批判的発言権の強化を試みた。そしてそのことは、内外いずれにも明確な主導権を発揮しえない徳川政権に比して有力な交渉相手として、敗北を喫した長州をも含む西南雄藩を射程に置く認識を英国側にもたらす契機になった。

薩摩藩は、アヘン戦争のもたらした危機意識のもとに独自の近代化政策を進め、率兵上京による幕政改革をも目論むことになる前藩主島津斉彬以来、水戸学派と洋学派の両グループを抱きかかえ、両者の均衡を保たせながら時局に対してきた。生麦事件は、そのうち水戸学派の藩士の引き起こした偶発事というべきだったが、その偶発事を、列強にも幕府にも対峙しうる実力を養うチャンスとして活用しようとする機運が、薩摩藩の内部には育っていた。英国艦隊が鹿児島湾に入った際に進んで捕虜になり、薩英関係の進展に尽力した洋学派の五代才助（友厚、一八三五—八五）と松木弘安（寺島宗則、一八三二—九三）の存在は、その証左である。二人は二年後、薩摩から英国への留学生派遣を献策して自らも渡英し、徳川政権からの自立の根拠となる富国強兵政策、対外政策の推進に取り組むことになる(53)。

長州藩は意図的に、薩摩藩は偶発的な契機に導かれながら、列強勢力と実際に軍事的に衝突し、自らの非力を知らされる経験のなかで、破約攘夷論が投げかけていた問いに、小楠とは異なる形でそれぞれ一つの答えを見出した。

第四章　変革の主人公とは誰か

「「内在」と「関係」の往還／坂本龍馬と中岡慎太郎／草莽の丸テーブル」

1

長州による攘夷実行と米仏軍艦による報復攻撃――および下関砲台の一時占拠――の直後であり、薩英開戦を目前にしていた文久三年（一八六三）六月二九日、前年に土佐脱藩後、勝麟太郎と運命的な出会いを果たしていた坂本龍馬が、勝の使者として京都越前屋敷を訪れ、藩政改革派の中心人物の一人村田巳三郎（氏寿、一八二一―九九、『続再夢紀事』の共著者）と会談を行った。

坂本は、前年萩を訪問した際に、所与の帰属集団を超えた「草莽崛起」による列強とその追従勢力への抵抗という――吉田松陰に由来する――理念を久坂玄瑞より伝えられ、共鳴していたが、その一方で、列島諸勢力の合議と協力に基づき列強の圧力に対峙しうる現実的条件を拡充する必要を説く勝麟太郎、大久保忠寛ら幕府内開明派の構想にも動かされ、その両者を媒介する仕事に自分の道を見出しつつあった。坂本は、勝の周旋によってすでに脱藩の罪を解かれていたが、それは、坂本が勝から寄せられていた期待と信頼の証左だった。

坂本の用件の第一は、「一大共有の海局」という、勝の構想に基づく神戸海軍操練所創設に対する莫大な資金援助への答礼として、勝の言い付けで騎兵銃一挺を届けることだった。勝の海軍構想は、「公共の政」を説く小楠の社会構想とも響き合うものでもある。破約攘夷論とそれを支持する各地の志士たちをどう評価するか。これは、勝、大久保、小楠、また彼らに理解を示していた松平春嶽にとっても、その世界構想の基底に関わる意味をもつはずの問い、しかも難問だった。彼らの前に坂本龍馬は、その難問に向かう鍵を握るべき存在として現れたのである。

用件の第二は、まさしくその点に関わるものであり、長州による攘夷実行に関する議論と意見交換だった。坂本にとってはこれこそが本題だっただろう。坂本は述べた。このままでは防長二州ともに列強の占領下に置かれる危険がある。一度占領されてしまえば回復は難しい。今は有志者が傍観してすむ時ではない。外国側と談判し、外国人を国内から退去させ、国内の整備にあたるべき時である、と。坂本が主張したのは、破約攘夷論を否定することのない開国主体の創立である。そのために坂本はさらに、現行条約追認に終始する幕吏を退けたうえで、越前侯父子（春嶽・茂昭）、肥後の公子長岡良之助、土佐の山内容堂が上京し、勝、大久保との提携のもと、一挙に幕政改革を図るべきであると説いた。

村田の答えはこうだった。今回のことは、長州が軽挙で国じゅうを巻き込んだものである。外国人を談判で退去させたところで、賠償金を支払わなければ、日本は国際的信頼を失うだろう。ところが、朝廷そのものが長州の挙動を是とし、賠償金の支払いさえ実現できないというのが目下の難題なのだと。坂本は負けずに応じた。それは確かに一理である。しかし、長州を懸命にさせているのは列島の危機を救うためであり、決して見殺しにされていい存在ではない。また見殺しにすれば長州の激派を追いつめ、さらなる危機的事態をも招来するおそれがある。事は急ぐのだ、と。では、もし外国人が退去の談判に応じない時はどうするのか、と村田が問うと、それでもし相手が戦争を仕掛けてくるのなら、その時には全国一致で防戦すべきであると、坂本は答えた。君はそういうが、長州には軽挙に国全体を巻き込んだ責任がある。相応の責任が問われてしかるべきではないか、と村田は返したが、長州に責任があるというのはその通りだが、それを問う前にまずなされなければならないのは幕政改革ではないか、考え方の順序が逆であると、坂本は決して譲らなかった。[54]

坂本は、郷里高知城下に暮らす姉乙女（一八三二―七九）に宛てた、村田との議論が平行線をたどった日と同じ日付の入った手紙のなかでこう書いている。

誠になげくべき事ハ、ながとの国に軍初り、後月より六度の戦に日本甚利すくなく、あきれはてたる事ハ、其長州でたゝかいたる船を江戸でしふくいたし又長州でたゝかい申候。是皆姦吏の夷人と内通いたし候ものニて候。右の姦吏などハよほど勢もこれあり、大勢ニて候へども、龍馬二、三家の大名とやくそくをかたくし、同志をつのり、朝廷より先ヅ神州をたもつの大本をたて、夫より江戸の同志（はたもと大名其余段々）と心を合セ、右申所の姦吏を一事に軍いたし打殺、日本を今一度せんたくいたし申候事にいたすべくとの神願ニて候。此思付を大藩にもすこむる同意して、使者を内々下サルこと両度。然ニ龍馬すこしもつかへをもとめず。実に天下に人ぶつのなき事、これを以てしるべく、なげくべし。

この書簡には、列強が列島の一員である長州を攻撃するのに、列島の政権担当者である幕府が助けようとしている、という風聞を受けての怒りと嘆きが現れているが、ここに鮮やかに示されているのは、長州が瀕している危機を列島全体（「日本」）の危機としてとらえる坂本の世界像である。[55] 同様の世界像は、土佐を脱藩した同志池内蔵太《いけくらた》（一八四一―六六）の両親に宛てて、池の脱藩行動への理解を求めた同月一六日付の書簡においてすでに示されていた。そこで坂本は、およそ次のようなことを述べた。「昨今の困難な状況に際しては、ものの数にも入らない自分たちのような存在でさえ、日本という国全体のことを憂い、天子の御心を安んじたてまつろうと懸命に尽力しています。それなのに、将軍も諸大名もその意味を理解せず、弥縫的な議論に終始しているのは、いかにも恥ずかしいことではないでしょうか。郷里には、脱藩し、父母を見捨て、妻子を見捨ててまで朝廷に尽くしても、それは当然の義務にはあたらない、という考えをもつ方々もいるようですが、それは、列島全体が瀕している困難を知ろうとせず、何の努力もせずに現状維持が可能だと思い込んでいる「ヘボクレ役人」や「ムチヤクチヤをやぢ」流の考え方なのです(56)」。

坂本は、最初の議論があった日の翌日、同じ勝の門下生で土佐出身の同志近藤長次郎（一八三八―六六）を伴い、村田を再訪した。議論の末に二人は、（一）長州のことは天下の公論に委ね、私情によって罪の軽重を論じない、（二）外国のことは当然の道理に基づき談判を尽くす、（三）国内のことは人心の一和を図り、もし戦端を開くに至るなら、全国一致して必死を極める、という三点について合意した(57)。この合意は、村田側には坂本の迫る急進的な幕政改革案を、少なくとも一時的に抑え込む意味をもっていたが、坂本にとっては、破約攘夷論に警戒心を示す諸勢力による長州敵視論の抑え込みに、大藩の力を引き込む意味をもっていた。

しかし、結局福井藩の挙藩上洛計画は挫折、村田を含む改革派は処罰・解体され、これに失望した横井小楠は熊本に去った。坂本と村田のすれ違いは、同じ「挙国一致」を思い描く際に、徳川家（幕府）や大名家（藩）の枠を前提に行動しようとする人びとと、その枠を離れ、生命をも危険にさらしつつ、自分の考えに基づいて行動しようとする草莽の志士との間に横たわる世界像の違いを物語るものだった。

2

長州の攘夷実行と薩英戦争は、理不尽への怒りに発する「攘夷」の思想と、条約破棄、在留外国人の追放、貿易中止という意味での「攘夷」は実際には実行困難である――それでは国を立ちゆかせることはできない――という危機意識に基づく「開国」の思想が、二者択一のものではないことを内外に示す帰結をもたらした。

鎖国という条件は、江戸期以降、情報と彼我の関係性の開示の有無を支点として、列島における思想形成のあり方を二分するように作用した。その分岐は、日本が危機に置かれつつ必要な情報をもてなかった幕末期、さらにその八〇年後の戦時期に、特徴的な仕方で顕在化することになる。この点に注目して、加藤典洋は、十分な情報をもたないままに「いまいる自分の場所から、自分の考え、価値観を作りだし、それに照らしてものごとを考えてゆくあり方」と、それとは対照的に、情報の到来に刺激を受けて「自分の考えはさておき、他との関係から価値を割り出してくる考え方」とを区別したうえで、前者を「内在」の思想（思想形成の仕方）、後者を「関係」の思想（思想形成の仕方）と呼んでいる。[58]

「内在」の思想を徹底すると、国際関係のなかで必ず思わぬ強敵にぶつかり、打ちのめされる。確かに「正義」はこちらにある。しかしそれを貫けば、理不尽ではあるが、相手の軍門に下らざるをえなくなるだろう。それゆえ、「内在」の感覚を一時断念し、凍結し、切断し、他との関係との意識に動かされるようになる。文久三年（一八六三）以後の長州と薩摩に起こったのは、そのような思考法の転換

――「内在」の思想から「関係」の思想への「転轍」――にほかならなかった。この転換は、しばしば「攘夷」から「開国」への非論理的な屈折（＝非難の対象としての「転向」）のようにみなされているが、それは、妥当なものの見方だろうか。それが、このような観点を採用することによって、加藤の提出する第一の問いである。これについて加藤が示すのは、列島の人間が先の世界に踏み出していく回路はほかにはありえなかったのではないか、という答えである。

　このことに関して加藤は、別の場所でまたこうも述べている。情報の光の届かない闇の向こうには、壁（難題《アポリア》）がある。それは誰にも見えていないという条件のなかでは、どこまでも遠くに投げることのできる投擲者のボールだけが、その壁にぶつかり、「転轍」を経て、方向を変えて戻ってくる。外部の情報を絶たれた「内在」という条件のもとでは、そこから導かれる思考を愚直に貫く者が「壁」にぶつかることによって「転轍」を経験し、他とは異質な仕方で「関係」の思想に目覚め、「内在」のみの思考を克服しうるというのである。(59)

　ではその時、思考の起点としての「内在」の思想がいったん切断されると、それはどこに行くことになるのか。換言すれば、「内在」の思想と「関係」の思想の「切断」は、どのような形で生きられていくことになるのか。それが、加藤の提出している第二の問いである。第一の問いに答えを出しえた人びとも、その後は――一八九四年に「瘠我慢の説」（第三部第一章参照）を書いた福沢諭吉のような例外を別として――第二の問いの存在を遠ざける場合が大方だった事態を加藤は示唆しているが、すでに幕末期にあってこのいずれの問いとも実践的にぶつかり、その答えを暗中模索せざるをえなかった人びとのなかに、坂本龍馬と中岡慎太郎という――最期をも共にすることになる――二人の草莽の志士がいた。

　坂本は、土佐高知城下の町人郷士の出身で、一七世紀から酒造業に従事し、一八世紀に郷士株を購入して武士階級の末端に加わっていた才谷屋一族の家の次男（五人きょうだいの末子）である。身分は低いが富裕な商家に生まれ育ったことは、郷士的抵抗精神と商人的合理精神の二つを培い、外からの情報に近い場所に身を置く条件を準備した。土佐郷士は、戦国期に四国一円を領した長曾我部家の家臣団——そのなかには長曾我部家に従うことを余儀なくされた在郷の先住者も少なくなかった——の末裔である。関ヶ原の合戦後、諸大名の最高実力者としての地歩を固めた徳川家康（一五四二—一六一六）によって土佐の国主に抜擢された山内一豊は、既存の家臣を「上士」としたうえで、長曾我部旧臣を「下士」にとりたてるという差別主義的懐柔策を採用したが、封建制度の綻びが露呈した幕末期に至り、その禍根が顕在化した。

嘉永六年（一八五三）、剣術修行の名目で江戸に留学し、ペリー来航に際会する。同年佐久間象山塾に入門。翌年帰郷後、海外知識に富む画家河田小龍（一八二四—九八）と面談し、航海術の必要を悟った。その時までに小龍は、一一年ぶりに土佐に戻ったジョン万次郎からの聞き書きをまとめた『漂巽紀畧』（一八五二年）を出版し、産業と交易がさかんで大統領制をとる米国の事情を把握していたことに加え、主君山内豊信（容堂、一八二七—七二）の命で薩摩に赴き、反射炉を見学していた。安政三年（一八五六）から三年江戸に再滞在して帰国した坂本は、その後友人武市半平太の誘いで土佐勤王党に加盟する。

土佐勤王党は、江戸で長州、水戸、薩摩の同志と提携を結んでいた武市が、主君容堂と天子への忠誠を掲げ、尊王攘夷の線での藩論統一をめざす根拠として、文久元年（一八六一）八月に結成したもので、総勢およそ二〇〇人。相当の勢力だった。メンバーの大多数は下士であり、その多くは坂本——あるいは中岡——がそうであったように、武士と町人・農民のあいだにあって、封建制度の矛盾を意識せざるをえない状況にある人びとだった。

一方中岡は、北川郷の大庄屋の家に生まれ、庄屋見習いとして育った。村の疲弊、疫病、飢饉といった、坂本とは対照的な厳しい――外からの情報からより遠い――環境を経験してきた中岡には、領民へのそれゆえの責任感をうかがわせる逸話が残されている。飢饉の際、奔走して薩摩芋を入手したが足りず、貯蔵米の官倉を開く必要に迫られた。意を決して高知に出て、家老の役宅を訪ねたが相手にされない。門前に端座して一夜を明かした中岡の姿をみた家老は、いたたまれずに官倉を開けたという。(60) 尊王攘夷思想と海外知識を兼備する間崎滄浪《そうろう》(哲馬、一八三四―六三)に学問を、武市に剣を学んだのち、やがて土佐勤王党に加盟する。

その中岡にとって、「上は大御心をやすめたてまつり、わが老公[注・容堂]の御志をつぎ」としたうえで、「下は万民の憂ひを払わんとす」と結ぶ勤王党盟約書は、宿志に適うものだった。この盟約は、天保一二年(一八四一)に土佐の庄屋間で結ばれた、庄屋の権限は徳川家や諸大名ではなく朝廷に由来するとする「天保庄屋同盟」の精神を継承するものであり、その根底には対等性の要求と変革への志向が脈打っていた。

武市は、文久二年(一八六二)一月、坂本を萩に派遣し、久坂ら松下村塾系同志との提携強化を図ったが、藩の枠を超えた草莽に期待する久坂とは異なり、藩論統一に固執した。その結果、諸国の志士の直接的討幕行動への参加を主張した吉村寅太郎(一八三七―六三)ら同志の離反を招く一方で、各層からの抵抗に抗って富国強兵政策に基づく藩政改革を断行してきた参政吉田東洋(一八一六―六二)との対立が顕在化し、同年四月、ついに武市は吉田暗殺に踏み切る。坂本が自身の決断で土佐を離れたのはその二週間前のことだった。

吉田暗殺を機に、反吉田派上層部の庇護下で藩内での実質的主導権を掌握した武市一派は、京都で久坂ら長州勢や、国事御用掛・三条実美（一八三七―九一）ら攘夷派公家たちと提携しつつ、「天誅」と称する暗殺手段にも頼りながら、徳川政権に攘夷と親兵設置を督促する勅使の派遣を実現させた。それは、天皇の意志とは無関係な勅命だった。

このことは、将軍家茂による攘夷期限の約束と、長州による攘夷実行への道を開いたが、実現困難な「攘夷」を政治的主導権拡大に用いる攘夷派勢力の方法は、当然、条約遵守を旨とする徳川政権、ことに強硬派の反発を生んだ。さらに、攘夷派が忠勤を誓う当の孝明天皇その人が破約攘夷論に強い危機感を抱いていたことは、彼らの最大の誤算だった。天皇は、列強の退去を何よりも望んでいたが、列強との全面戦争への突入を何よりも恐れていた。

事は急ぐと見た攘夷派は、長い志士歴をもつ真木和泉の助言のもと、天皇が大和の神武天皇陵に行幸し、攘夷成功を祈願するとともに、攘夷親征を軍議する計画を立て、詔勅発布にこぎつけた。「回天の御良策」としての天皇親征は、久坂の著作『解腕痴言』にも明記されている。久坂の意図する「親征」は、列強のみならず徳川政権の征伐をも意味するものだったが、徳川に政務を委任する天皇が、二重の意味での抵抗を示した。その意志を側近中川宮（一八二四―九一）から伝えられた薩摩、会津、淀各藩の在京諸勢力の提携下に宮廷クーデターが敢行され、三条ら攘夷派公家と長州勢は京都を追われた。

この八・一八の政変は、攘夷派勢力の台頭を快く思っていなかった土佐の老公山内容堂に勤王党弾圧の契機を与え、武市も逮捕された（二年後の慶応元年に藩命により切腹）。

勤王党加盟後の中岡は、文久二年（一八六二）一〇月、江戸出府する容堂の自発的警護団への参加を契機に容堂の知遇を得、その内命で一二月、松代で幽閉中の佐久間象山を久坂と訪れ、土佐藩への招聘――久坂の意図も松陰の師象山の長州招聘にあった――を試みた。攘夷派勢力の政略に乗るのを嫌った象山は、両者の要請を断ったが、松代での面談は、攘夷の実行には実力の裏づけが必要であるという示唆を、久坂にも中岡にも与えたようである。

武市逮捕直前の文久三年（一八六三）九月、中岡は周防三田尻に赴き、京都を追われた三条ら七卿に招賢閣で拝謁。いったん帰国するが、弾圧の手がまわっているのを知り、ついに脱藩。三田尻に戻り、七卿の衛士となる。その一方で、「大和行幸」の先陣として大和で討幕挙兵したものの、政変による情勢の変化により孤立し、敗退を喫していた吉村寅太郎が、同月二七日、吉野山中で戦死。このいわゆる「天誅組」の壊滅と、後続する但馬生野の変（筑前浪士・平野国臣らによる挙兵）の鎮圧、そしてその規定因としての八・一八の政変は、社会変革における草莽・浪士たちの挫折と、大名家（藩）勢力の相対的浮上とを画期づける事件だった。

攘夷派勢力は、苦境打開の機会を探っていた。元治元年（一八六四）、開国の主導権の掌握を図る薩摩など雄藩の動きを警戒した将軍後見職・一橋慶喜は、破約攘夷の代案として横浜鎖港を宣言した。すると、徳川主導の鎖港実現を要求する水戸攘夷派（天狗党）が筑波山で挙兵したが、鎖港交渉の困難は明瞭だった。その状況下、京都の旅館池田屋で会合を開いていた攘夷派浪士たちを、徳川主導の攘夷に与する浪士集団で会津藩預かりの新選組が襲撃し、捕殺する事件が起こる。ここに至り長州攘夷派は、列強にも徳川にも対峙しえない天皇への諫争――諫めるための争い――の気組みをもって七月、大軍を進発させて京都御所に迫り、長州の入京許可と天皇が擁護する会津候松平容保《かたもり》（一八三六―九三）の追放を訴えるが、禁裏を守る一橋慶喜の指揮のもと、会津・桑名・薩摩勢の防御は固く、敗退を余儀なくされる。列島の内戦の本格的口火をきるこの戦い（禁門の変＝甲子の戦争）で、久坂、真木は自刃。義勇兵として参戦していた中岡は負傷する。久坂と真木には、進発時機をめぐる判断の相違があったが、最後にはこの戦いが、事の成敗を超えて、列強に対峙しうる主体性創立への突破口となることに賭けたのである。

翌月、米英仏蘭の四か国連合艦隊が、前年の攘夷実行への再報復に加え、鎖港を掲げる徳川政権の外交方針自体の撤回を目して下関を砲撃、わずか三日間の戦争で多大な損失を与えた。長州の問題は日本の問題であるという、坂本の洞察が裏づけられたことになる。

講和談判の使節に急遽任命されたのは、高杉晋作だった。高杉は、長州のとるべき道は割拠独立であり、そのための実力養成が急務であるという立場から、京都進発には反対であり、進発強硬論を抑えるべく無断出国した罪で幽閉されていた。その高杉が使節に任命されたのは、桂小五郎（行方不明）、久坂ら有力者を失い、有為の人材が払底していたためである。ユリアラス艦上で行われた英軍提督キューパーとの談判に、伊藤俊輔とともに臨んだ高杉は、講和反対派の圧力下で条約を締結したが、そのなかで、攘夷決行に伴う三〇〇万ドルの賠償責任がそれを命じた将軍に帰する点を主張した。これは、徳川政権の鎖港政策への圧力を意図していた連合国側の利害にも合致するものであり、双方の合意に達した。

禁門の変と、それにつづく下関戦争は、まさしく破約攘夷論の敗北を意味するものだった。その経験を使い捨てにするか、それとも自身の新たなイニシアティヴのもとに受けとりなおすかは、残された者の自由だった。

3

破約攘夷論の敗北は、二重の意味での敗北だった。第一にそれは、一長州のみならず、列島の政治体制そのものが、圧倒的な軍事力を背景に、理不尽で一方的な開国要求を掲げる列強の圧力に敗北したことを意味していた。第二にそれは、現行秩序から離れて政治体制の変革をめざしていた草莽の人びとの活動が、徳川家（幕府）や大名家（藩）を単位にした列島の現勢力に敗北したことを意味していた。この二重の敗北経験をどう受けとめるかということが、一八六四年に列島の人びとと一般の前に置かれ、また藩を離れて活動していた坂本龍馬と中岡慎太郎をとりわけ強くとらえていた問題の形だった。

「藩」という用語は、もとは「垣根」「護り」を意味する漢語であり、「幕府」と同じく公用語ではなく、実際に流通していたのは「大名家」の呼称である（公称化は一八六八年）。「藩」は当初、徳川政権にとっての「垣根」「護り」への期待をこめた非公式名称にすぎなかったが、安政年間、条約締結をめぐり天皇と将軍の懸隔が生じると、「朝廷」「幕府」「藩」の語が文書に頻出し、「天皇の藩屏」のように、「藩」には徳川政権（幕府）を超えて直接天皇家（朝廷）に結びつこうとする用法が加わることになる。(61)

一方、実質的な意味での藩（もしくは「領」「家中」）とは、必要最小限の政治経済的な地方自治の単位のことである。商品経済の流通とともに自給自足体制が困難になると、藩政改革が行われ、その過程で家柄や年齢を問わず、有能な下級武士が吏僚として登用されるようになる。彼らは、それぞれの仕方で地域共同体の変革像を育てあげるとともに、列島共同体全体の変革像を成長させていく。また、地理的に離れた藩同士の取引の経験は、改革派吏僚にとって、来たるべき国家間取引への参画の下地となり、列島の近代化を準備する条件となる。言い換えれば、藩政改革に力をふるった下級武士にとって藩同士の関係は、この列島にあって国家間関係を考える際のモデルに、そのまま転用しうるものだった。(62)

とはいえ、藩には藩としての視野の制約がある。この制約の矛盾が顕在化したのも、やはり文久四＝元治元年（一八六四）のことだった。九月一一日、すでに幕府の長州征伐軍参謀に任じられていた薩摩藩士・西郷吉之助（隆盛、一八二八―七七）は、対長州方針を定めるため、大坂の宿舎に軍艦奉行・勝義邦（海舟）を訪ねた。その四日前に駐日英国公使ラザフォード・オールコック（一八〇九―七七）は、江戸での老中たちとの会談の場で、外国代表の艦隊が大坂湾に入り、背後から朝廷への圧力を加える方策を提案していた。オールコックは、本国のラッセル外相の意向を無視する形で主導した下関攻撃は、天皇と将軍の意志の不一致の解消と、条約勅許に帰結するべきだと考えていた。そうした背景を踏まえて勝は、迫りくる列強に対して列島全体の意志を代行する能力はもはや幕府にはない、列島の真の敵は長州ではなく、無力で無責任な幕府の現状であり、今後は明賢の諸侯四、五人による合議体制を確立し、相応の兵力を背景に外交主導権を掌握すべきであるという私見を、長州厳罰論者だった西郷に伝えた。

開国は不可避だが、それは外的強制力への屈服の結果としてではなく、内的自発性を最大限発揮しながら行われる必要があるというのが、勝の判断だった。海軍操練所に多くの攘夷派志士を受け入れていた勝は、現体制による攘夷派への敵視と弾圧を是認してはいなかった。攘夷派の温床と目された海軍操練所は存亡の危機にある。大久保忠寛、横井小楠らと語り合った合議政体構想への思いと、池田屋事件から禁門の変に至る情勢の推移に向ける感情が、西郷への語りに熱を帯びさせたことだろう。この会見から受けた感銘を西郷は、同志の大久保一蔵（利通、一八三〇―七八）宛の九月一六日付書簡で述べている。西郷は、この構想（「共和政治」）の緊要性を直ちに理解し、その実現には、薩英戦争以降密接化した対英関係を踏まえた割拠富国策の推進が不可避である、との所見をそこに書き添えている。とはいえ西郷の受けた感銘は、換言すれば、藩を超えた合議政体というアイディアが、この時期において、一般にはどれほど実現困難と目されていたかを示す指標でもあった。(63)

攘夷派浪士を有為の人材に育てることは、坂本の宿願だった。そのために、海軍操練所の活動に参画するとともに、蝦夷地開拓の計画にも熱中した。しかし今、その宿願は道を閉ざされ、多くの同志たちが命を失った。坂本の前に広がっていたのは、一つのスキマだった。幕府内の開明路線も、長州の攘夷討幕路線も、また薩摩の現実主義路線も、そのスキマに身を置いてみれば、それぞれが一つの囲いにみえた。状況が、列島全体の一致を要請していることは明瞭だったが、その要請の実現は、いくつもの囲いによって妨げられていた。自らの決断で藩を捨てた志士たちは敗北した。その敗北を自らの敗北として感知しえない人びとは、囲いの限界に無自覚である。とはいえ、もし囲いの存在が全列島的課題の遂行の妨げになっているとすれば、その限界の明確化こそは、死中に活を求め、状況を転じる道を開く方法になりはしないか。西郷との会見の感触を勝より伝えられ、またそれと相前後して自身でも西郷に会いに出かけた坂本は、まさにその一点を看取したはずである。

勝の江戸召喚・謹慎処分が決まると（操練所閉鎖は翌年三月）、坂本や土佐脱藩浪人を中心とする塾生は、彼らの技術に注目していた薩摩藩の保護を受けることになった。勝の仲介をも推定しうる。見識と柔軟性をそなえた若き家老小松帯刀《たてわき》（一八三五―七〇）が、「右辺浪人躰之者ヲ以航海之手先ニ召仕候法は可宜と、西郷抔滞京中談判もいたし置候間、大坂御屋敷え内々潜メ置申候」と国元の大久保一蔵に書き送っているように（一一月二六日付）[64]、薩摩は薩摩の思惑で、土佐の藩情を承知のうえで、軍艦を購入して富国策を進める藩の物資輸送に彼らの航海術が役立つと判断した。これは、浪士たちにとっては自らの技術を向上させ、実地に生かす格好の機会だった。そして坂本には当然、坂本の思惑があった。勝や大久保の構想を受けとり直した、新しい合議政体実現への運動資金づくりにこの機会を役立てようという意図である。こうした思惑の交錯は、翌元治二年（一八六五）の長崎における「社中」――のちに「亀山社中」と称される小松指揮下の薩摩藩外郭グループ――の結成に一つの結実を見る。これは技術を介しての取引というべきものだった[65]。大藩の力を借りつつ、これに対する自立性と対等性への志を失わない草莽の志士の存在は、同時に、列強に対する列島共同体のあり方のモデルとなりうるだろう。坂本は、あるいはその同志たちは、藩間関係と国家間関係の同型性に、藩・脱藩者関係と列強・非列強関係の同型性を対置するところに、一歩を踏み出そうとしていたのである。

坂本と相似た洞察は、別の形で中岡にも訪れていた。禁門の変直後の七月二六日、武装して野根山に参集した郷士清岡道之助（一八三三―六四）ら二三人が、獄中の武市解放と藩政改革を訴える願書を土佐藩に提出した。狼狽した藩庁は、これを反乱とみなして追討に向かわせた。清岡らは交戦せず脱藩して阿波に入ったが、そこで捕えられ、九月五日、奈半利《なはり》河原で全員が斬首された。中岡がその報をきいたのは、清岡の弟半四郎との形勢視察の旅のさなかだった。二三士には中岡の知己親友が含まれていた。三田尻に戻った中岡は、郷国の同志に宛てて「天下挽回再挙なきにあらず、然り乍ら今暫く時を見るべし。依て沸騰及び脱藩は甚だ無益也。涙をかゝへて沈目（黙）す可し。外に策なし」と書いた（一〇月一〇日付[66]）。

その中岡が西郷に会ったのは、一二月四日。西郷は、勝海舟の示唆をもとに長州処分を寛大にする方針を貫き、毛利侯父子の謹慎、責任者の処刑、五卿（七卿のうち二卿は病没・脱出）の移遷、山口城破却のみを降伏条件として示した。これに対し、五卿の移遷については、五卿とその警備にあたる忠勇隊が強く反対した。忠勇隊総督だった中岡は、筑前福岡藩の周旋のもと、仮名を使って小倉に渡り、西郷に面会した。会談を通じて、征長軍の撤兵と同時に五卿を自発的に筑前に移すという妥協が成立した。二人は相手の力量と存在意義を認め合ったようである。

同月一五日の雪ふる夜、長府毛利家の菩提寺功山寺に、甲冑具足を身に着けた高杉晋作が現れて、筑前大宰府行きを前にした三条実美ら五卿に暇を乞うた。そして、伊藤俊輔とその率いる力士隊、遊撃隊を含めた約五〇人のみで孤軍決起。翌朝、下関（馬関）新地の会所を襲撃、占拠後、同志約二〇名を率いて三田尻に赴き、軍艦癸亥《きがい》丸を奪った。元治二年（一八六五）正月、高杉らは再度下関の会所を占拠し、幕府に恭順を示す藩保守派への討奸の檄を発した。勢いを得た諸隊は六日、山口近郊の絵堂で藩政府軍を夜襲して、一〇日間にわたる戦いののちこれを制する。長州の内戦は、瀬戸内海沿岸の地主・庄屋、農民たちの支持も得て、改革派の勝利に帰した。中岡はこの時、絵堂の戦いを実地見学し、下関で友人高杉、それに絵堂夜襲を敢行した奇兵隊軍監・山県狂輔（有朋、一八三八―一九二二）と会談している。高杉らの勝利は、禁門の変と下関戦争の敗北のもたらした危難の産物にほかならず、今では隆盛を誇るかに見える欧米列強も、もとは劣位にあり、危難と内戦をくぐりながら国を興してきた事実について、時間の特定はできないが、中岡が高杉と語り合う時間をもった事実を推定しうる。(67)

4

開国の不可避性の認識は、条約締結主体である徳川政権の側にも、またそれぞれの仕方で対外戦争を戦い、敵の力量を知らされた薩摩藩や長州藩の側にも共有されるようになっていた。問題の核心は、列強による半植民地化の危機に対峙しうる開国主体が、この列島においてどのような形で築き上げられうるのかにかかっていた。そのなかで、禁門の変と下関戦争以後、開国主体の構築をめぐる主導権争いが諸勢力間で活発化する一方で、その争いと列島のあるべき開国主体の構想との齟齬もまた感知されるようになった。

下関戦争後の徳川政権内部では、幕権強化を求める声がつよくなった。薩摩など雄藩との提携を図る勝海舟が軍艦奉行を罷免された元治元年（一八六四）一一月一〇日、勘定奉行・小栗忠順が主唱した横須賀製鉄所建設のための技術者提供を、老中がフランス公使レオン・ロッシュ（一八〇九―一九〇一）に依頼したことは、象徴的な出来事だった。三月に来日したロッシュは、北アフリカでの植民地支配に力をふるった軍人出身の外交官で、英国による薩摩および長州への接近に警戒心をもち、徳川政権への積極的支援方針を明確にしていた。ロッシュは、徳川への軍事的支援を申し出る一方で、徳川による貿易独占を支援しつつその徳川との排他的経済関係の構築をもくろんだ。

この動きは当然、諸方面よりの警戒を生み出した。薩摩藩は、英国との密貿易を通じて徳川政権の貿易独占に対峙する割拠策を基本方針にすえた。藩内洋学派の五代才助と松木弘安は、元治二年（一八六五）三月、藩命で一五名の留学生を率いて（もう一人の引率者新納刑部《にいろぎょうぶ》を含めて計一九人で）英国に密航し、割拠の基礎となる富国強兵事業の推進に五代があたる一方、松木は、対日方針をめぐる英仏間の相互牽制を利用し、英国政府の対日政策を徳川単位から雄藩連合単位に転換させる任務に取り組んだ。そのなかで五代と松木は、諸大名の協力による商社設立と藩際および対外貿易の展開をもくろむとともに、薩摩一藩を超えた列島統一政体への道筋を構想するに至る。

一方、保守派を一掃し、新たに政権を掌握した長州藩改革派は、五月初めより、徳川による長州再征に備え、外には恭順を装いつつ、独立割拠に足る軍事力増強を図る武備恭順策をうちだした。亡命先より帰国したばかりの桂小五郎をはじめ、政治経済担当に伊藤俊輔と井上聞多、軍事指導者に村田蔵六（大村益次郎）、さらに先の上海渡航時に交友した五代才助の考えに通じる割拠策に基づく下関開港を唱え、反対派に命を狙われて亡命していた高杉晋作を備える布陣だった。しかし、下関を攻撃した四か国の共同覚書によって同月二八日、長州の密貿易が禁じられたことは、致命的な打撃だった。長州にとっては八・一八の政変、禁門の変以来の怨敵である一方で、対徳川割拠策をとる点では通じ合う側面をもつ薩摩との提携可能性が、徐々に浮上するようになった。

薩長提携の模索は、征長軍の撤退とともにすでに始動していた。二月、大宰府の三条実美から京都の情勢探索を命じられた中岡は下関に上陸、草莽の志士である豪商白石正一郎の家で、土佐の土方楠左衛門（久元、一八三三―一九一八）、薩摩の吉井幸輔（友実、一八二八―九一）ら有志と集い、土方の回想によれば、薩長和解をめぐる会合をもった。中岡は、安政以来薩長貿易に従事しネットワークを築いてきた白石から、薩長提携の実利の存在を示唆されたと思われる。四月、徳川による長州再征への動きが本格化し、長州の危機が迫ると、薩摩藩の保護下にあった坂本においても、薩長提携を期した活動が本格化する。長州再征が徳川を利するのみと判断し、再征阻止の線での藩論統一をめざす薩摩の西郷に従って、坂本も鹿児島に赴いた。その後坂本は、大宰府で五卿に面会して自身の構想の手応えを探ったのち、そこで出会った長州藩士・小田村素太郎（楫取《かとり》素彦《もとひこ》、一八二九―一九一二）の勧めもあり、閏五月六日、下関で桂小五郎に面会する。その際土方は、中岡が鹿児島より西郷を連れてくる旨を二人に告げ、西郷と桂の会見への期待が高まるが、実際には西郷は下関に寄港せずに大坂に向かった。

薩長いずれも割拠独立をめざす以上、独裁強化を図る幕府勢への抵抗という一点では利害が一致しており、「自分の考えはさておき、他との関係から価値を割り出してくる」、「関係」の思想という位相において見るならば、提携の条件は整いつつあった。しかし、「いまいる自分の場所から、自分の考えを作りだし、それに照らしてものごとを考えてゆく」、「内在」の思想の位相から見れば、それだけでは不十分だった。薩長提携の困難が意味していたのは、やはり「関係」の思想と「内在」の思想のつながらなさであり、またその両者に曲りなりにもつながりを与えることができるのは、二つの思想の亀裂を生き、かつ往還しうる存在でしかないということだった。坂本と中岡は、苦難を承知しつつも、自らの意志で藩の支配から逸脱することで状況の総体を担う脱藩志士として、その往還に挑んだのである。

坂本は、そのうち「関係」の思想に一応の軸足を置いた。近藤長次郎、高松太郎（一八四二―九八）、菅野覚兵衛（一八四二―九三）、陸奥陽之助（宗光、一八四四―九七）ら坂本の仲間たちは、薩摩藩小松帯刀の庇護下に「社中」を形成し、長州藩への密貿易禁止に対抗し、薩摩藩名義で船と武器を購入する一方で、京・大坂在駐の薩摩軍に不足していた米を長州から大量に積み出すという周旋仲介事業に取り組んでいた。また、独自に奔走していた坂本は、九月に下された長州再征の勅許に対し、京都の大久保一蔵が大坂の西郷に書き送った「至当之筋を得、天下万人御尤と存じ奉り候てこそ、勅命ト申すべく候得ば、非義勅命ハ勅命ニ有らず候故、奉るべからざる所以ニ御坐候」[68]という書簡（九月二三日付）の写しを西郷から渡されると、一〇月三日、これを長州藩の広沢兵助（真臣、一八三四―七一）に示した。たとえ長州再征が勅命であろうと、義のない勅命には従わないという薩摩側の明確な意志が、これで長州に伝わった。この書簡の伝達と閲覧に関わった人びとのあいだでは、「天下万人」が了解する「義」は「勅命」よりも重い、という判断が共有されていたのだろう。

九月一六日、オールコックの強硬策を引き継いだ英国新任公使ハリー・スミス・パークス（一八二八―八五）を中心とする米英仏蘭の四か国公使団が、軍艦九隻を率いて兵庫沖に現れ、回答期限を一〇日以内に限ったうえで、開戦を辞さない構えで安政条約の勅許と兵庫の期限前開港を迫った。徳川政権は、現将軍家茂に近いグループと一橋、会津、桑名を中心とする在京グループの相互不信を露呈させつつも、諸藩士召集と意見聴取を踏まえて朝廷内部の強硬な反対論を抑え込み、兵庫開港を除く条約勅許を獲得した。パークスの意図は、徳川政権の相対的地位低下と雄藩連合構想の浮上にあったが、ロッシュの意図は、勅許獲得による徳川政権の権力基盤の確立にあった。条約勅許は、結果として見れば、列島共同体における尊皇攘夷思想から尊皇開国思想への「転向」を明確にしるしづける出来事であるとともに、条約締結主体である徳川政権の自己分裂を、勅許主体である天皇もまた体現せざるをえなくなったことで、徳川政権と天皇双方の主体性の衰微を露呈させた出来事だった。

条約勅許が薩長提携の実現に大きな機運を与えたのは、その意味においてである。その機運のなかで、中岡慎太郎は現状把握を試みた論文「時勢論」を執筆した。中岡は述べる。攘夷の勅命に対して幕府と諸藩の議論が分かれ、方針を定めることができなかったのは、幕府と諸藩がバラバラにされた、封建制度の害である。そのなかで、薩摩と長州は敢然列強と戦う道を選び、その結果、富国強兵への道に進み出ることができた。富国強兵は戦の一字にあり。この考えは、してみれば卓見である。今後興国の鍵を握るのは、薩摩と長州である。他日国体を立てて異国からの侮りを絶つ鍵も、この二藩が握っている。今日の状況は、封建制度の制約を超えた統一政体を築き上げる絶好の機会なのである——(69)。「封建制度の害」と「戦の一字」を説きながら、列強に対峙しうる統一政体の構想におよぶ中岡の洞察には、一人の草莽の志士として、土佐では上士下士の区別に屈せず、脱藩後も諸藩や幕府、さらに列強と身一つで相渉ってきた経験が刻印されている。中岡の往還は、「内在」の思想の側からだった。

慶応二年（一八六六）一月、薩摩藩の招きに応じて、桂（木戸貫治）はひそかに京都に入り、仲介者の坂本もこれに立ち会うべく京都に向かった。二〇日、薩摩屋敷に遅れて到着した坂本は、長州処分の一時受諾により長州再征の口実を幕府から失わせることを説く小松・西郷と、受諾を拒否し、長州復権の斡旋を薩摩に求める木戸の意見が対立し、会談が決裂しかけていることを知った。木戸の訴えを受けた坂本は、長州の窮状を薩摩側に伝えつつ木戸案に基づく両者提携を説き、最終的に同意を得た。坂本による説得の要諦は、長州の窮状は同時に日本の窮状であり、したがって薩摩の窮状でもあるという一点にかかっていた。二二日までには提携の密約が成立し、長州が幕兵と交戦におよんだ場合、勝った場合、負けた場合、幕兵が東帰した場合、長州復権が成らなかった場合のそれぞれにおいて、軍事行動を含む薩摩の行動方針を約束した五か条に加え、「冤罪も御免之上は双方誠心を以相合し、皇国之御為に砕身尽力仕候事は申すに及ばず、いづれ之道にしても今日より双方皇国の御為、皇威相暉き御回復に立至り候を目途に、誠心を尽し屹度尽力仕るべしとの事」という第六条が加えられた（小松と西郷の言葉を木戸が箇条書きにして坂本の添削と保証を求めた二三日付書簡による）。ここでの「皇国之御為」は、劣位にある主体性をもりたてようという意気がこめられた表現であり、この場合の「皇国」とは、さまざまな差異と対立を抱える主体同士が対等に従いうる一般的態度の形成を誘起する、新たに見出された象徴を意味していた。それは、坂本の前に広がっていたスキマの一部だった。[70]

5

薩長密約実現のうちに端的に示されていた新政体の模索は、英国公使パークスの通訳アーネスト・サトウ（一八四三―一九二九）の注目するところともなった。サトウは、将軍は有力大名の一つにすぎず、条約は「日本の真の支配者」である「天皇および連合諸大名」とのあいだで締結し直されるべきであるという私見――これは事実上政権交代への示唆を意味した――を、三回にわたって『ジャパン・タイムズ』に寄稿した。この論策は、『英国策論』という表題のもとに翻訳刊行され、実際はどうであれ、英国公使館の意見を代表するものとみなされて、列島の世論形成に影響をもった。このサトウの意見は、英国外務省に対して薩摩の松木弘安がロンドンで行っていた——勝による西郷への「共和政治」の示唆の延長線上での——提言に呼応する内実をもつものだった[71]。

こうした動きに対して、小栗忠順を筆頭とする幕権強化派は、長州再征を強行して雄藩の勢力を削いだうえで、フランスよりの借款と軍事的援助を背景に、徳川主導による郡県制確立という構想を立てたが、衆議を経ずに構想実現を急ぐ独断には、諸藩からの反発が強かった。幕府軍は、慶応二年（一八六六）六月、大島口、芸州口、石州口、小倉口の四方面から征討を試みたが、存亡の危機のなかで洋式銃と洋式訓練、準近代的軍事組織を備えるに至った長州軍の前に敗退した。そのさなか、将軍家茂が大坂城で死去。そのうえ、長期戦に備えた多量の兵糧備蓄がもたらした米価の高騰が、大規模な一揆や打ちこわしを列島各地で多発させる。幕権の衰微が明瞭になると、列島における新政体構想への関心も広がりを見せるようになる。同時代の有志者に絶大な影響を与えた福沢諭吉は、この時期には異色の開明派幕臣として長州再征論を唱えてもいたが、その著作『西洋事情』初編三冊——中岡もその一読者だった——が刊行されたのは、同年のことだった。

坂本と中岡の存在は、その広がりのなかでも重要な意義を担うものだった。坂本および中岡の新政体構想の類まれな特徴は、実現をめざす最小限の綱領としての「構成的理念」と、実現可能性を離れてもめざすべき方向を示す「統整的理念」の結びつきにあった。それが、この二人が「内在」と「関係」という二つの思想の往還者であったということの意味である。

まず中岡は、慶応二年（一八六六）一一月、土佐の同志に向けた論文「愚論窃《ひそか》に知己の人に示す」を執筆した。これは、前月に執筆し、列島の対外・対内政策に言及した論文「竊《ひそか》に知己に示すの論」を踏まえつつ、藩政改革と軍制改革の必要を具体的に説くものだった。「ひそかに」とあるのは、脱藩浪士である中岡が一草莽として藩政に関わろうとする内容だったからである。このなかで中岡は、自らの提言の根拠について次のように書いている。

> 夫レ攘夷ト云フハ、皇国ノ私言ニ非ズ。其ノ止ムヲ得ザルニ至ツテハ、宇内各国、皆之ヲ行フモノ也。米利堅《めりけん》嘗テ英ノ属国也。時ニ英吉利《いぎりす》王利ヲ貪ル日々ニ多ク、米民益々苦ム。因テ華盛頓《わしんとん》ナル者、民ノ疾苦ヲ訴ヘ税利ヲ減ゼン等ノ数ヶ条ヲ乞フ。英王不レ許。爰ニ於テ華盛頓米地十三邦ノ民ヲ帥ヒ、英人ヲ拒絶シ、鎖国攘夷ヲ行フ。此ヨリ英米連戦七年、英遂ニ不レ勝ヲ知リテ和ヲ乞ヒ、米利堅爰ニ於テ英属ヲ免レ独立シ、十三地同盟合衆国ト号シ一強国ト成ル。実ニ今ヲ去ルコト八十年前ナリ。[72]

このくだりに見てとれるのは、かつては排他的信仰の別名だった「攘夷」が、黒船来航から条約勅許、薩長提携に至る星霜を経て、「其ノ止ムヲ得サルニ至ツテハ」という条件の認識のもとに――この認識こそはまさしく幕末的思考の起動力だった――普遍的な広がりを備えた理念にまで鍛え上げられていることである。闇のなかで中岡が投擲したボールは、確かに壁にぶつかったのである。この一文で中岡は、スペインの植民地だったオランダが独立戦争をおこし、ウェストファリア条約で独立を承認された事実にも言及しながら、国を開くかどうかの決定権は彼にはなく、あくまでも当事者である我の側にあり、和戦閉鎖のいずれを採るかは、状況と利害を考えて当事者が判断すべきことであるとも述べている。これは、開国の不可避性を踏まえた「攘夷」の理念化の試みだった。

これに対し坂本が行ったのは、中岡の「攘夷」理解を踏まえた「開国」の理念化だった。いわば坂本は、壁にぶつかった中岡のボールの行方を感知し、その方角に向けて身体をシフトしたのである。その坂本の考え方を最も端的に表現しているのが、慶応三年（一八六七）四月に明文化された、五則からなる「海援隊約規」である。坂本は、土佐勤王党の弾圧者で、今では薩長提携による雄藩連合構想に関心を示す土佐藩参政・後藤象二郎（一八三八―九七）との意見交換の結果、妥協的提携を決断し、いわゆる「亀山社中」を土佐藩の外郭集団としての「海援隊」として改組していた。中岡とともに脱藩の罪を宥免されたのはこの時である。公議政体実現に向けて努力する土佐藩を、交易事業を通して支援するというのが改組の眼目だった。

凡《およそ》曾《かつ》テ本藩ヲ脱スル者、及佗〔注・他〕藩を脱スル者、海外ノ志アル者、此隊ニ入ル。運輸・射利・開柘〔注・開拓〕・投機・本藩ノ応援ヲ為スヲ以テ主トス。今後自他ニ論ナク、其志ニ従テ撰テ之ニ入ル。〔①〕

凡隊中ノ事、一切隊長ノ処分ニ任ス、敢テ或ハ違背スル勿レ。若《もし》暴乱事ヲ破リ妄謬害ヲ引ニ至テハ隊長其死活ヲ制スルモ亦許ス。〔②〕

凡隊中、患難相救ヒ、困厄相護リ、義気相責メ、条理相糺シ、若クハ独断果激儕輩《さいはい》ノ妨ヲ成シ、若クハ儕輩相推シ、勢ニ乗ジテ他人ノ妨ヲ為ス、是尤慎ム可キ所、敢テ或ハ犯ス勿レ。〔③〕

凡隊中修行分課、政法・火技・航海・汽機・語学等ノ如キ、其志ニ随テ之ヲ執ル、互ニ相勉励、敢テ或ハ懈《おこた》ル事勿レ。〔④〕

凡隊中、所費ノ銭糧、其レ自営ノ功ニ取ル、亦互ニ相分配シ私スル所アル勿レ。若事ヲ挙ゲ用度足ラズ、或ハ学料欠乏ヲ致ストキハ隊長建議シ出碕《しゅっき》官《かん》ノ給弁ヲ竢《ま》ツ[73]。〔⑤〕

この約規でとくに注目すべきは、既存の組織（藩）への帰属いかんによってではなく、志の有無をもって入隊条件にしている点（①）であり、また既存の組織（藩）からの独立とそれに対する対等性の実現を行動目標にすえている点（⑤）である。そこには、個人や小集団、地域で実行可能なことは自らで行い、実行できないことのみを上位組織が行うものとする、カトリック由来の関係原理である「サブシディアリティ（補完性原理）」の先駆形を認めることができる。それは、弱者が強者と互角に相対しようとする努力に自他関係の本質があるという人間理解に基づく着想——「下からの開国」の試み——である。海援隊は、地球上のどこで活動してもおかしくない、普遍志向的な共同性のモデルだった。これからの列島もそうあるべきであると、坂本は当然考えていたことだろう。

条約勅許の際に先送り事項とされていた兵庫開港問題をきっかけにして、外交の主導権を雄藩会議に移行させようとする薩摩などの目論見は、新将軍徳川慶喜の政治的手腕によって挫折した。その結果薩摩は、軍事的手段による主導権奪取を図る武力倒幕論に舵を切り、対幕府戦争を戦ってきた長州との軍事的提携を強化した。土佐藩にも、乾（板垣）退助（一八三七—一九一九）のように、薩長提携による武力倒幕路線への合流を説く者が現れた。

坂本は後藤と図り、朝廷から委任されていた政権を徳川が朝廷に返上するという形をとることで、合議政体へのすみやかな政権移行を促進する大政奉還案の幕府への建白を、土佐の藩論とするのに成功した。これは、文久の幕政改革期にすでに大久保忠寛らが述べていた構想の継承的発展でもあった。しかしこの方針に対しては、徳川方、ことに幕権強化派からの憤激と抵抗が必至であり、これにどう対するかが合議政体推進勢力の分岐点だった。

一方で坂本は、中岡との共同作業を進めた。この時期中岡は、天皇・朝廷を中心とした独自の統一国家構想を抱き、薩摩に接近していた岩倉具視（一八二五―八三）を訪問し、長州派の三条実美との提携を図っていた。その中岡とともに坂本は岩倉に会う。新政府構想に関する意見交換が眼目だったと考えられる。大政奉還の実現には軍事力の裏づけが必要と見る点で、坂本と、土佐藩の管轄を受けつつも独自性をも保つ軍事組織・陸援隊の指導者となった中岡とのあいだで判断は一致していた。最優先事項は、列強による半植民地化の危機を阻止しうる主体形成のための諸力の結集であり、その目標の前に、武力倒幕路線と大政奉還路線は、必ずしも二者択一の選択肢ではなかった。二人の共同作業は、二つの思想の往還そのものだった。「吾レ中岡ト事ヲ謀ル往々論旨相協ハザルヲ憂フ。然レドモ之ト相謀ラザレバ復他ニ謀ルベキナシ」と坂本は人に語っていたという。[74] 中岡ならば坂本に、必戦の覚悟なしに危機の打開と新制度創出はありえないと説いていただろうし、坂本ならば中岡に、幕府開明派の人材活用、内戦の最小化、公議政体への漸進的移行の必要を説いたことだろう。

一〇月、将軍慶喜が大政奉還を朝廷に奏上し、受諾されると、翌月、新政府の財政問題に関する福井藩士・三岡八郎（由利公正、一八二九―一九〇九）との協議から帰京した坂本は、統一日本の青写真を八義（松浦玲の呼称による）の形で示し、有志者の回覧に付した。坂本と中岡が、おそらくは徳川方の警察組織である見廻組によって京都近江屋で襲われ、非業の死をとげる数日前のことだった。[75]

第一義　天下有名ノ人材ヲ招致シ顧問ニ供フ
第二義　有材ノ諸侯ヲ撰用シ朝廷ノ官爵ヲ賜ヒ現今有名無実ノ官ヲ除ク
第三義　外国ノ交際ヲ議定ス
第四義　律令ヲ撰シ新ニ無窮ノ大典ヲ定ム、律令既ニ定レバ諸侯伯皆此ヲ奉ジテ部下ヲ率ユ

第五義　上下議政所
第六義　海陸軍局
第七義　親兵
第八義　皇国今日ノ金銀物価ヲ外国ト平均ス

右預《あらかじ》メ二、三ノ明眼士ト議定シ諸侯会盟ノ日ヲ待ツテ云々
〇〇〇自ラ盟主ト為リ此ヲ以テ
朝廷ニ奉リ始テ天下万民ニ公布云々
強抗非礼公議ニ違フ者ハ断然征討ス、権門貴族モ貸借スル事ナシ
慶応丁卯十一月　坂本直柔(76)

坂本は、攘夷戦争を行い徳川と戦った長州を擁護し、長州排除に抗った時と同じように、徳川による大政奉還の決断が、身分制度の序列を超えた新しい「公」の創出への関与である限り、徳川排除に服すつもりはなかった。諸侯会議の盟主の名が空欄にされているのは、無条件の徳川排除には与しないという意志表示でもあっただろう。米国独立戦争をモデルに長州に与して戦いつつ、大政奉還は徳川にジョージ・ワシントンの名誉を与えるという所見をかねてより中岡が述べていたのも、それと同じ理由からだった。それが、二人の草莽の志士の丸テーブルだったのである。

第五章　残された亀裂

［転向とその証言者たち／神戸事件・堺事件／相楽総三と赤報隊／小栗忠順と近藤勇］

1

幕末期に人びとが経験した未曾有の状況は、その感受に支えられた固有のルール感覚を育んだ。その感覚は、理不尽の感覚と危機意識を縦糸、横糸としつつ編み上げられ、列島の住民のあいだに何らかの社会変革の必要に関する合意《コンヴェンション》への感覚を成立させた。

だがこの合意への感覚は、早くより試練に立たされた。試練とは、坂本と中岡が試みていたような、「内在」の思想と「関係」の思想を往還する作業自体が——二人の暗殺が象徴するように——情勢の切迫とともに中断を迫られたことである。列強の圧力に対峙し、列島内部の諸問題に取り組みうる主体創出の必要という一点に関しては、列島の人びとの判断が一致する可能性はあった。問題は、共有可能な目標を達成する方法をめぐる、身分や階級、地位や経歴、居住地域などの諸条件に由来する対立であり、その対立が全列島的規模で露顕したのが、戊辰戦争という内戦が繰り広げられた「明治零年」ともいうべき一八六八年だった。それは、列島を取り囲む国際的環境を特徴づけるホッブズの「自然状態」が、禁門の変（甲子の戦争）から幕長戦争、大政奉還、さらに王政復古の大号令と新政府樹立宣言を経て、ついに列島全域にまで侵食した事態を物語っていた。

列島内部におけるこの無秩序状態の露顕を端的に物語っていたのは、幕藩体制の支配力が弛緩していた諸都市を中心に起こった「ええじゃないか」運動の大熱狂である。この運動の発祥地がペリー来航地に近い横浜だったことは、この運動の核をなしていたものが、黒船の影への脅えと、徳川政権の統率力への不安だったことを示すものだった。

見田宗介によると、この運動が昂揚した一八六七年は、数年来農村部で未曾有の昂揚を示しつづけていた農民一揆が、数量的には一時的に谷間に落ち込む時期にあたっている。[77]「ええじゃないか」の昂揚は、宝永三年（一七〇六）、明和八年（一七七一）、文政一三年（一八三〇）、数十万の人びとが伊勢神宮に向かい、六〇年周期で熱狂的におしよせた「お伊勢参り（おかげ参り）」の波からすると、二〇年近く早すぎる現象だったが、その不規則性は人びとの世界像に、「その時代がとくべつな時代であるという感覚、歴史的な時の流れの正常なサイクルが今や変わろうとしているというアモルフな予感、漠然たる〈非常時の意識〉が伏在していたことを示唆」していると見田は述べる。

さらに見田は、「ええじゃないか」という表現を「全面肯定と全面放棄を一語にあらわした」ものとする中野卓の指摘を踏まえつつ、「既成の価値規範の全面放棄による欲望の全面肯定」と、「主体的自我の全面放棄による、自然としての時勢の変化の全面肯定」という二面性をそこに看取する。「ええじゃないか」の歌と踊りを、幕府の政治に失望し、黒船の影に脅えた人びととの「もがきの表現」と述べたのは鶴見俊輔だったが（『御一新の嵐』[78]）、その「もがき」はさらにいえば、既成の秩序への不満をもちながら、新しい秩序を生み出せない自己への無力感に支えられたものだった。そしてそれは、程度の差こそあれ、支配層と被支配層とを問わず列島の広範な人びとに共有されていた。それが、明治零年の幕開けだった。

慶応三年(一八六七)一〇月の大政奉還以後、政治的主導権掌握をめぐる徳川と薩長の対立を軸に政局は進んだが、この対立は、一二月八日における王政復古の大号令と新政府樹立、翌日の——前将軍慶喜不在の——小御所会議での徳川家の辞官・領地返納の強硬決定を機に顕在化した。新政府樹立が「王政復古」の形で行われたのは、鎌倉以来七〇〇年の武家支配廃止を企てる薩摩の実力者大久保一蔵と、平安以来一〇〇〇年の摂関政治廃止を目論む宮廷政治家岩倉具視とに、内外の課題に相対しうる統一政体の確立という目標が共有され、連携が成立したからだった。「諸事神武創業之始ニ原《もとづ》キ」という——国学者玉松操(一八一〇—七二)が岩倉に示唆したという——文言が、大規模な社会改革の推進と、対立する諸勢力間の調停を可能にする護符として大号令に記された。[79] 総裁・議定・参与の三職が設置され、朝廷と幕府を廃止し、天皇のもとでの公議を軸とする新政府がここに発足した。

新政府の指導者たちの切札は、一般の人びとの意識から長く忘れ去られていた現実の天皇の存在だった。公武一和のもとでの鎖国攘夷を願っていた孝明天皇の死後、新たに明治天皇(睦仁、一八五二—一九一二)が践祚《せんそ》したが、新天皇に期待されたのは、まず諸勢力間で権力集中についての合意を形成するうえでの調停者、そして統一政体の擁護者としての役割だった。若い天皇をおしたてた指導者たちは、天皇を将棋の「玉」に見立てることも辞さない、天皇崇拝から自由な精神の持ち主だった。[80]

徳川討伐派に押しきられた小御所会議の後、態勢立て直しを企てた慶喜は、二条城からいったん大坂城に退去し、六か国公使を謁見することで外交権の掌握を図った。またそれと並行して、徳川家を政府首班の資格をも有する一有力諸侯として認めようとする土佐(山内容堂)、越前(松平春嶽)、尾張(徳川慶勝)からなる公議政体派は巻き返しを試みた。しかし、これらの動きの無効化をもくろむ薩摩の西郷吉之助の指示による挑発・攪乱工作が功を奏し、庄内藩による江戸薩摩藩邸焼討事件が発生。これを機に武力衝突は不可避との機運が高まり、ついに慶喜は薩摩追討令（討薩表）を掲げ、武装兵の京都進発を認めた。

慶応四年（一八六八）一月三日、京都をめざす旧幕府軍を薩長主導の新政府軍が迎えうつ形で火蓋のきられた鳥羽伏見の戦いは、当初より薩長・徳川間の私戦という性格が濃厚だった。この戦いは政治的主導権獲得をめぐる欲望と欲望の争いだった。兵の数のみを見れば、新政府軍約五〇〇〇、旧幕府軍は一万五〇〇〇だったが、身分原理に掣肘された旧幕府軍に対し、装備と調練が充実し、身分の制約を超えようとする力を取りこんだ新政府軍が優勢をとり、四日間にわたる戦いの末勝利を収めた。六日夜大坂城をひそかに脱出し、幕艦開陽丸で江戸に向かった慶喜への征討令が、翌七日、朝廷より発せられた。

緒戦を制した新政府の指導者たちは、かつての尊皇攘夷思想から尊皇開国思想に転向をとげ、諸外国側の公式承認を求める方針を固めていたが、その遂行努力が、開国を非とする攘夷派からも、攘夷派の圧力下で開国の条件交渉に努力した旧幕府からも抵抗を受けることを承知していた。対外関係の主体的選択が困難である点で、新政府が置かれた状況は徳川政権と大差なかった。新政府は、自らの正統性の根拠が何であり、何が自らと徳川政権を区別するのかを、内外に示す必要に迫られていた。[81]

新政府設立は一つの賭け——主体的決断——だったが、その賭けは転向を元手にしたものだった。「明治零年」と相前後して生起した諸事件は、この転向が攘夷思想と開国思想の双方に強いた代償の存在を物語るものだった。慶応四年の一月から二月にかけて起きた、新政府軍兵士と外国人との衝突、および列強の圧力下での新政府による兵士への処罰（神戸事件、堺事件）は攘夷思想の、その翌明治二年（一八六九）に引き起こされた攘夷論者による新政府高官の暗殺事件（横井小楠——一月、大村益次郎——九月襲撃・一二月死去）は開国思想の、それぞれ代償を象徴するものだった。往還の努力には、時間の猶予が与えられなかった。新政府による「対外和親」の国是公表は、対外・対内的難問の継起の間隙を突く形で行われたが、その際、もとの攘夷思想および開国思想との軋みが残された。賭けは、提案と諾否の共同作業である。その軋みは、賭けの提案主体と諾否主体の亀裂の歴史のはじまりでもあった。

2

とはいえその亀裂は、彼我の圧倒的な力の差のもとでの開国を余儀なくされた一後発近代社会にとっては、避けがたいものだった。新政府の指導者はその亀裂の存在を自覚していたし、若い天皇に期待されたのも、その亀裂を受けとめる役割だった。

問題は、指導者による魔術の使用だった。魔術の最たるものは転向事実の隠蔽であり、それは現在進行形の変革をどう呼ぶかという名づけに関わっていた。

「内憂外患」の状況が顕在化しはじめた一八世紀後半に淵源する、列島における人びとの社会変革への期待と関与は、当初「世直し」という言葉で表現された。従来型の農民一揆のように領主に対する訴願を伴わず、「窮民救済」という普遍志向的な目標を掲げた「世直し一揆」という実践形態の広がりは、ことに幕長戦争以後の内戦期に生じた権力の空白を衝く形で噴出し、幕藩体制の崩壊を加速させる。また、安政江戸地震の発生後に大量に出版された鯰絵が示しているように、天災をも旧秩序を破壊し新秩序を到来させる「世直し」の予兆としてとらえる感性が、都市の内部にも現れてくる。

その後、新政府樹立、ええじゃないかの昂揚とほぼ軌を一にして「御一新」の語が使われはじめる。

慶応三年の王政復古の大号令には、「近年物価格別騰貴、如何共スベカラザル勢、富者ハ益富ヲ累《かさ》ネ、貧者は益窘急《きんきゅう》ニ至リ候趣、畢竟政令不正ヨリ致ス所、民ハ王者ノ大宝、百事御一新ノ折柄、旁《あまねく》宸衷ヲ悩マセラレ候。智謀遠識救弊ノ策コレ有リ候ハヾ、誰彼無ク申出ヅベク候事」の一条が記される。(82) それは、「御」の一字に示されているように、変革への「上から」の呼びかけだったが、その呼びかけは、「下から」も直截に受けとめられる余地をもっていた。慶応四年三月、武芸と学問の権利要求を掲げ、松江藩郡代追放の決議に賛成して集まった隠岐島の人びと（一説には三〇〇〇人）は、郡代への手紙に、「なおなお御一新の御場合をもって天朝御領とあいなり候あいだ、早々この地を御退去ならるべく候」と記し、郡代を切腹に追い込むとともに、一時的にではあったが、自治領実現にも成功した。(83)

その「御一新」が、いつしか「維新」という――「周は旧邦といへどもその命維《こ》れ新たなり」という『詩経』大雅・文王篇に由来する――一般の人びとにはよそよそしく不明瞭な語にとってかわられる。

すでに安永八年（一七七九）、平戸藩主・松浦静山（一七六〇―一八四一）が藩校を「維新館」と命名していたし、天保年間には藤田東湖が藩政改革への決意を述べる際に「維新」の語を用いた例がある。またその東湖と親交の深かった横井小楠の著作『国是三論』（一八六〇年）の「強兵論」には、「幕府もし維新の令を下し」と記しつつ、全列島規模の社会改革を含意する用法が現れている。「維新」「王政維新」の語が「御一新」「一新」と並行して「明治零年」以後の公的文書に用いられるようになったのは、岩倉具視の相談役玉松操の用語法の影響（『岩倉公実記』）に加え、参与として新政府の主要メンバーとなっていた小楠の影響も与っていたと考えられる。

だが、「御一新」と「維新」の蜜月は長くなかった。隠岐島蜂起の同月、九州鎮撫総督の命で長崎裁判所が口語文で布告した「御諭書《おさとしょ》」には、すでにこう謳われていた。「しかるを下々は、何でも御一新というといままでとはぐわらりと違って、ふところ手で銭もうけでもでけるように、今日はなるか、明日はなるかと思うておる者もあろうが、これが大な心得違いという者で」[84]。ここに示されているのは、支配層における「御一新」解釈の転換であり、人びとの期待と参加意識を託しうる「御一新」とは異なる「上からの近代化」を指す支配層本位の「維新」の用法が、しだいに優位を占めていく。そしてこの「維新」の用法は、新政府が、対外的・対内的態度における転向に出発していることを列島の人びとに隠そうとする動機を伴っていた。

転向事実の隠蔽は、転向正当化の理論の探求と表裏一体のものであり、その理論は、津和野藩士で国学者の大国（野々口）隆正（一七九二―一八七一）の著作においてすでに準備されていた。江戸津和野藩邸で生まれた大国は、早くから平田篤胤（一七七六―一八四三）の門人となる一方で、二七歳の時に長崎に遊学、蘭学者吉雄権之助（一七八五―一八三一）にヨーロッパの学問に関する質問を重ねた。その大国をとらえたのは、慶応元年（一八六五）の条約勅許をどう受けとめるかという問題だった。『新真公法論』（一八六七年）は、五年前に著した『尊皇攘夷異説辨』を踏まえ、この問題に答えようとして書いた大国七五歳の著作である。

大国が試みたのは、ウィリアム・マーティン（丁韙良、一八二七―一九一六）が漢訳したヘンリー・ホイートン（一七八五―一八四八）の著作『万国公法』（原題は *Elements of International Law*）を通して知ったグロティウスの国際法（＝万国公法）の相対化に基づく、条約勅許の擁護だった。大国によれば、グロティウスの考え方は、「中華」「夷狄」の二分法による「支那人の」世界理解を批判する正当な意図に支えられたものであり、「真の公法」の「さきばしり」である。だがそれは、真の公法ではない。神は初めに「下剋上のくに」を、その後「日本国」を生みたもうた。万国公法は、王統定まらない「下剋上のくに」(万国)にしか通用しない。真の公法は、皇統絶えることのない日本から起こり、最後には万国におよぶべきものである。諸外国の元首と対等な関係を結ぶのは大樹公(将軍)の仕事であり、天皇は万国の総王(至尊)としての位置を占めるべきである。では、条約勅許をどう考えたらよいのか。

「[注・条約勅許については] 人により、これをあるまじきものに、もどきいふものもありけれど、わがくにの雲のうへの神はかり [注・神慮] は、上天の神はかりのうつれるものにて、「遠き国は、八十綱うちかけて、ひきよするごとく」とある、天照大神の、はじめのみこゝろざしの、なりそめたるものといふべきなり。そのころにあたり、先帝 [注・孝明天皇] の攘夷のみことのり、はげしく、武家におほせたまへるは、日本国中の英気を失なはしめじとの、神はかりにこそありけめ。この二つの神はかり、たがへるに似て、たがふことなし。軍をおこしてむかへたゝかふをのみ、攘夷とおもふは、こゝろ狭し」。

さらに大国は、攘夷には「大」「小」の別があるとする。

小攘夷は、軍をむかへてたゝかふ攘夷なり。大攘夷は、たゝかはずして、かれを服従せしむる攘夷なり。乙丑の勅許は、服従せしむべき大攘夷のはじめとして、よろこぶことになん。[85]

この理路には、条約勅許という、主観的心情からすれば諾《うべな》いがたい既成事実に最大の意味を与えようとする苦衷と創案が示されているが、そこには、列強の圧力による攘夷からの転向(=抵抗の断念)をあたかも攘夷(=抵抗の持続)の表現であるかのように提示する——長井雅楽の「航海遠略策」と同型の——自己暗示のトリックが隠されていた。大国の言葉から消えているのは、「夫レ攘夷ト云フハ、皇国ノ私言ニ非ス。其ノ止ムヲ得サルニ至ツテハ、宇内各国、皆之ヲ行フモノ也」と語り、攘夷からの転向ではなく、その再定義によって普遍に通じる道を見出そうとした、中岡慎太郎の声である。

新政府指導者たちが魔術の効力を最初に実感したのは、鳥羽伏見の戦いで、「官軍」の象徴としての錦旗を掲げた時だっただろう。古文書以外には見あたらない錦旗を戦場で掲げるというアイディアは、岩倉具視と玉松操――「神武創業」の発案者――から出たようである。旗のデザインは玉松が、またその製作は大久保一蔵と長州藩士・品川弥二郎（一八四三―一九〇〇）がうけもった。

戦いの後、島津久光の側役として国許で連絡にあたっていた蓑田伝兵衛（一八一二―七〇）に状況を伝える書簡（一月一六日付）のなかで、西郷吉之助は皮肉を込めてこう記した。

> 陳《のぶ》れば大坂落去以来、追々軍威盛んに相成り、土・芸等も皆腹も居り、大いに相変じ、只今にては勤王の士と相見え申し候。容堂公には岩倉卿より大議論を成され［注・慶喜処分をめぐる小御所会議での議論を指す］、夫より降伏の姿に御座候。第一臆心の者は成敗の上に惑いを生じ、成敗定まり候えば、決着出来候儀は、常人の事とは申しながら、余りに鉄面皮の事多く御座候。御笑察下さるべく候。(86)

西郷の眼前に広がっていたのは、彼の意図がいかなるものであれ、自分たちの魔術の効果でもあった、大勢順応の光景だったのである。

3

新政府指導者の魔術が実際の政治的場面で最初に用いられたのは、いわゆる神戸事件の処理の際だっただろう。

鳥羽伏見の戦いが新政府方の勝利に帰した五日後の慶応四年（一八六八）一月一一日（陽暦二月四日）、新政府の命を受けた備前藩（池田家）兵二〇〇〇が、西国街道を摂津西宮の警備に向かっていた。午後、家老日置《へき》帯刀《たてわき》率いる部隊が開港直後の神戸・三宮神社前にさしかかると、フランス人水兵二人が隊列を横切った。これを非礼と判断した砲兵隊長の滝善三郎（一八三七―六八）は槍で制止、一人の左脇を傷つけた。水兵は急ぎ人家の中に移動し、短銃を手に入口を固めた。ここで滝が「鉄砲」と叫んだか否かは説が分かれるが、いずれにせよ備前兵は造成中の居留地の方に発砲し、居留地の外国人も発砲で応じた。この時、英国公使パークスがたまたま居留地を巡視中だったが、急ぎ英国領事館に戻り、碇泊中の軍艦に信号を送った。米英仏の陸戦部隊が上陸し攻撃を加えるや、備前藩兵はいったん応戦後、布引山中に退却した。双方に若干の負傷者は出たが、死者はなかった。列国公使団は一帯を軍事占領し、兵庫港内に碇泊中の諸藩保有船を拿捕するとともに、納得のいく弁明がない場合は備前藩のみならず日本国を相手に交戦すると威嚇した。この威嚇には、新政府を外交交渉に引きずり出す意図もあっただろう。

発足間もない新政府にとってこれは打撃だったが、この危機が同時に、新政府が開国和親を方針とする旨を内外に表明し、自らが対外交渉の主体であることを列強に認めさせる好機であると判断した。三日間の対応協議ののち、新政府最初の外交問題の解決のため、新たに外国事務取調掛に任じられた勅使東久世《ひがしくぜ》通禧《みちとみ》――攘夷派公家として政変で京都を追われた七卿の一人だった――が、一五日に神戸に赴いた。勅使には、副使岩下左次右衛門（方平）、外国事務掛・寺島陶蔵（宗則）、伊藤俊輔（博文）、吉井幸輔（友実）。陸奥陽之助（宗光）、片野十郎も従った。勅使は、各国代表との会見の場で、天皇の署名と国璽《こくじ》のある一月一〇日付の簡潔な国書とともに王政復古と条約遵守の意向を通告し、好意的に受け入れられた。また新政府は、対外和親の方針を掲げた布告文（一五日付）を国内に公表した。

外国ノ儀ハ、先帝多年之宸憂ニ在ラセラレ候処、幕府従来ノ失錯ニヨリ因循今日ニ至リ候折柄、世態大ニ一変シ、大勢誠ニ止ムルヲ得サセラレズ、此度朝議ノ上、断然和親条約取リ結バセラレ候。就テハ上下一致、疑惑ヲ生ゼズ、大ニ兵備ヲ充実シ、国威ヲ海外万国ニ光輝セシメ、祖宗先帝ノ神霊ニ対シ答遊バサルベク叡慮ニ候間、天下列藩士民ニ至ルマデ、此旨ヲ奉戴シ、心力ヲ尽シ、勉励之有ルベク候事。

但シ是迄、幕府ニ於テ取リ結ビ候条約ノ中、弊害之有リ候件々、利害得失公議ノ上、御改革在ラセラルベク候。猶外国交際ノ儀ハ、宇内之公法ヲ以テ取リ扱ヒ之有ルベク候間、此段相心得申スベク候事。(87)

ここで新政府は、攘夷を掲げた新政府軍の勝利により攘夷が国是化したと信じた――備前藩士もそうだった――人びとに対して、「大勢誠ニヤムヲ得サセラレズ」という外在的な理由のみをあげつつ、天皇の名において「断然」これを遡及的に否定したのである。「宇内の公法」とは曖昧な表現である。列強との関係においては列強ルール（万国公法）を指すものと解釈することもできるし、列島の人びとに対しては、天皇が従ったのは列強ルール（万国公法）ではない別種の摂理であるというフィクションの提示をも可能にする。いずれにせよ、方針転換の根拠を「大勢」のなさしめるところとしか示しえず、超法規的表現を用いて従来の法に超越する処分を可能にしようとしたこの布告文が行っていたことは、攘夷から開国への転換が、列強への屈服の結果であるという事実の隠蔽だった。

列国公使団は、新政府の対外姿勢を歓迎するとともに、責任者への厳罰を要求し、新政府の統治能力を問うた。新政府は、列強の信頼を獲得し、交戦中の旧幕府勢力と列強の結びつきを抑えるためにも、この要求を呑まざるをえないと判断した。列強が万国公法に従い、内戦に局外中立姿勢を保つことへの期待もあった。岩倉具視は、下手人処罰は国辱とする藩論を背景にした備前藩の嘆願書を退け、発砲号令者の切腹と日置の謹慎を命じる達書を藩に伝えるとともに、「天朝の為、皇国の為、次に備前一国、日置一家の為」である処罰の受け入れを率直に要請した。責任者として選ばれたのは、知行百石の滝善三郎だった。家老の日置は「下知不行届」による謹慎処分だった。発砲をめぐる状況やその当否、死者の有無が検証されることもなく、責任者処罰の既成事実づくりが優先された。

滝への処分については、公使団内部にも反対意見があった。その筆頭は、五代才助と伊藤俊輔を通じて助命嘆願を受けていたパークスだったが、フランス公使ロッシュが異を唱え、公使団は四対二で嘆願を拒否した。結局は勢力争いだった。二月九日、日本側外国側の検証人が居並ぶなか、兵庫南仲町の永福寺本堂で切腹した滝は、最後に短い挨拶を行った。日本側の公式文書では、非は夷人にあるが、「宇内の公法」に従った処置により割腹すると述べたとされるが、公使団に渡された英訳では、非は発砲命令を独断で出した自分にあるという言葉に書き換えられている。一方、死に立ち会った篠岡八郎は、「吾は遠国の者にて、朝廷斯の如く外国人を鄭重に御取扱に相成ること全く承知せず」という滝の言葉を書き留めている。[88] 篠岡の証言は、列島内に存在した地位や経歴、居住地域によるタイムラグの存在のみならず、理不尽な犠牲を強いる列強と新政府に対する二重の抵抗の痕跡をも伝えている。

滝が切腹した六日後の二月一五日、泉州堺港を警備中の土佐藩六番隊と八番隊が、隊長の命令によってフランス人水兵に発砲し、一一人を死亡、五人を負傷させる事件が起きた。同月二三日、箕浦ら一一人の土佐藩士はその責を負い、新政府の命により切腹した。同じ外国人殺傷ではあったが、この堺事件は、神戸事件よりも偶発的要素が少なく、列強ならびに新政府への抗議という性格を濃厚に湛えるものだった。

発砲を命じた六番隊隊長の箕浦猪之吉（一八四四―六八）は、儒学の家系に生まれた学者で、尊皇攘夷思想の成立に多大な影響を与えた山崎闇斎（一六一九―八二）、その弟子浅見絅斎《けいさい》（一六五二―一七一一）ら崎門学派の系譜に立っていた[89]。一七歳の時、山内容堂に召されて作った詩には、「蛮国の策謀夙に測り難く／廟堂の籌策《ちゅうさく》必ず応《まさ》に労すべし／異時或いは弾丸の贈有らば／聊《いささ》か氷霜を報いん日本刀」とあり、その初志をうかがわせている。二五歳の箕浦には、神戸での交戦事件を機に打ち出された新政府の開国和親方針と、島津忠義、松平春嶽、山内容堂らが建言した天皇の外国公使謁見計画に対し、強い憤りがあっただろう。その箕浦が、状況を覆すきっかけを念慮していたとしても不思議ではない。

事件当日、フランス軍艦デュプレクス号が、堺遊歩中の副領事ヴィヨーと旗艦ヴェニュス号のロア大将の依頼を受け、二人を迎えるため、ボート一隻を連れた蒸気艇《ランチ》を堺港に入れた。外国人の遊歩は協定で認められていたことだったが、その通達は土佐藩兵に徹底していなかった。そのなかで、港内に入ったボートが協定違反である測量を行ったために、藩兵の疑惑が昂揚した。上陸した二人のフランス人水兵が、自分たちを連行しようとした藩兵から逃れてボートに乗り込んだ時、箕浦は発砲を命じ、無抵抗の水兵たちへの一斉射撃が行われた。

新政府の受けた衝撃は甚大だった。事件四日後の一九日、フランス公使ロッシュは厳しい補償要求を外国事務総督・伊達宗城に提出した。パークスの肝いりで進行していた新政府による各国代表の京都招待を、政府への不信感を理由にロッシュは拒否していたが、事件の報知はその不信感を裏書きさせた。

ロッシュの要求は、（一）殺害指揮・実行者全部の斬罪、（二）被害者の遺族扶助料の支払い、（三）主席外国事務総督・山階宮のフランス艦出向と謝罪、（四）同じく土佐藩主・山内豊範の謝罪、（五）土佐藩兵の開港場通行・滞留の厳禁の五か条だった。パークスも、新政府とロッシュとの調停を図る立場からこの要求に同意し、新政府は二二日、要求の全面的受諾をロッシュに伝えた。この受諾により新政府は、公使団の信頼を獲得し、神戸事件以上の厄難を神戸事件の処理時以上の外交的成功に帰結させた(90)。

土佐藩は、六番・八番両隊の七三人に対し取り調べを行ったが、その際二九人が発砲したと答えた。「殺害指揮・実行者」というフランス側の条件は、新政府を通して「発砲者」として増幅されて伝わっていた。さらに新政府は、土佐藩の申告した二九人を、国内の攘夷感情の沸騰を考慮して二〇人に減らすように通達したが、この二〇という数字は、フランス人死者数を踏まえたものではなく、列強への過剰な配慮の産物だった。隊長二人と小頭二人を除く一六人の切腹者は、大坂土佐藩邸内の土佐稲荷神前におけるくじ引きで決められた。

二三日午後、堺妙国寺の境内で処刑は実行された。一一人目の切腹終了後、デュプレクス艦長のデュ・プチ＝トゥアール大佐が切腹中止を申し入れた。一一は、フランス人水兵の死者数だった。期せずして生き残った九人は土佐の辺境に流刑された。最初に切腹した箕浦による辞世の七言絶句は、「洋気を除却して国恩に答えん／決然、豈人言を省るべけん哉／唯大義をして千歳に伝えしめん／一死はもとより論ずるに足らず」だった。「皇恩」や「君恩」ではなく「国恩」の語が用いられているが、ほかには選びようがなかったのかもしれない。この詩の届け先は、天皇や山内容堂や新政府を指したものではなく、開集合になっており、その基調は異議申し立てである。大岡昇平の言葉を借りれば、この語には「新しい「国」の観念が生じていると考えることができる」（『堺港攘夷始末』(91)）。

4

堺事件の責任者処分に満足した英蘭仏の三国代表は、新政府からの京都招待を受諾し、京都を訪れた。天皇による仏蘭両国の公使謁見が行われた二月三〇日（陽暦三月二三日）、宿舎の知恩院から御所に向かう途中の英国公使パークスが、神戸・堺両事件の処置に憤慨して公使謁見に反対する攘夷論者の三枝蓊《さいぐさしげる》、朱雀操に襲撃される事件が起こる。護衛側に死者はなく、負傷者一〇人。朱雀は即死、三枝は三国代表の意のもとに、両事件同様の切腹ではなく、梟首刑に処せられた。延期されたパークス参内が実施されたのは、三月三日だった。

その同じ日、諏訪湖の北岸に面した、中山道と甲州街道が合流する宿場町下諏訪で、草莽の志士相楽総三とその七人の同志たちが、何の取り調べもないままに東山道総督府の手によって斬首された。相楽への宣告文は次のようなものだった。

> 右之者御一新之時節ニ乗し　勅命ト偽リ、官軍先鋒郷《ママ》導隊ト唱へ、総督を欺キ奉リ、勝手ニ進退致し、剰《あまつさ》へ諸藩へ応接ニおよび、或ハ良民を動し、莫《ママ》太之金を貪リ、種々悪業相働、其罪数るニ遑あらず、此侭打捨置候而ハハ弥以大変を醸シ、其勢制すべからざるニ至リ、依之誅戮梟首、道路之諸民ニしらしむる者也。[92]

相楽総三（本名小島四郎将満、一八三九―六八）は、江戸赤坂の富裕な郷士の出で、二〇歳の時には国学と兵学を一〇〇余人の門弟に教える学者になっていた。文久元年（一八六一）、小島四郎は塾を閉じ、父兵馬の援助を得て旅に出た。上州、野州、秋田にかけての旅で四郎が取り組んだのは、尊皇攘夷を旗に掲げての、社会変革への連携づくりだった。戻った四郎は、文久三年（一八六三）一一月、志士桃井儀八の赤城山挙兵計画に加わるが、計画は事前に発覚し、挫折した。翌年藤田東湖の四男小四郎（一八四二―六五）を中心にした水戸藩尊攘派による筑波山挙兵に参加するが、藩内の政治抗争に傾斜する一党と袂を分かつ。四郎の本意は、草莽を主体とする社会変革であり、その過程としての討幕だった。

慶応二年（一八六六）三月、京都に出た四郎は、薩摩藩士・伊牟田尚平（一八三二―六八）と交わり、その手引きで同藩益満休之助（一八四一―六八）、さらに大久保一蔵、西郷吉之助の知遇を得た。土佐の乾退助と知り合ったのもこの時期である。ここに生じた結びつきは、雄藩と提携しつつ自らの志を果たすという新しい実践の形を四郎に思い描かせた。四郎はかつての同志とともに藩の枠を超えた遊撃隊を組織し、薩摩藩との提携のもと、幕府お膝元の江戸・関東の攪乱工作にあたった。慶応三年（一八六七）一〇月上旬、江戸薩摩屋敷に入った四郎は、以後相楽総三と名乗った。

薩摩屋敷を根拠にした相楽総三の活動は、江戸市中の治安攪乱と、日光街道、甲州街道、東海道の三街道占拠・挙兵作戦の二本からなっていたが、一一月下旬に下野・出流山に結集した二〇〇人の野州隊――国定忠治の遺児大谷千乗坊も含まれていた――は、挙兵準備のさなかに幕府軍の攻撃を受けて壊滅したため、目標を江戸攪乱一本にしぼった。これに対し幕府は、庄内藩よりの申し出を受け、ついに庄内・上ノ山・岩槻・鯖江の四藩に薩摩屋敷の攻撃を指示し、一二月二五日未明、包囲のうえ、新政府方に開戦の口実を与えることになる焼討をかけた。在邸薩摩藩士の大半は戦死し、もしくは捕えられた。無事脱出し、品川沖の薩摩藩軍艦翔鳳丸に乗船できた浪士は、相楽を含めて三〇人足らずだった。

幕府の厳しい追及と悪天候のなか京都に入った相楽は、慶応四年（一八六八）一月五日、鳥羽伏見の陣中で西郷と面会。相楽は西郷の指示のもと、岩倉具視の意を受けて公卿綾小路俊実、滋野井公寿を擁立して近江金剛輪寺で結成された討幕軍先鋒隊の赤報隊に、同志たちを率いて加わった。結成は一月一〇日だった。

鳥羽伏見で戦勝したとはいえ、新政府の基盤はまだ脆弱であり、直属軍もなかった。赤報隊に期待されたのは、兵力不足の補塡であり、具体的には、藩の背景をもたないが草莽隊であるがゆえに可能な新政府軍東征に伴う困難の除去活動――危険な最前線における情勢偵察と人心掌握、旧幕府勢力の新政府方への誘引だった。三隊の寄合編成で、相楽はその一番隊長だった。先発に先立つ一二日、相楽は太政官宛に、東征の一助としての幕府領の年貢暫時軽減を求める建白書と、東山道（中山道）総督府付属の認可と「官軍之御印」の下賜を求める嘆願書を提出したところ、新政府は、認可と下賜の件は持ち越しとしつつ、幕領の租税は当分半減、昨年未納分も同様でよいという文書を与えた。この建白と嘆願には、長年実践に従事してきた一草莽の自負がこめられていた。相楽が受けたのと同一内容の布告は、備前・芸州・長州の西日本諸藩にも通達された。新政府指導者の意図は、戦争遂行に関わる負担を人びとに強いるにあたっての交換条件の提示にあったと考えられる。

相楽たちは、年貢半減の布告と「御一新」を掲げながら進軍した。だが、一度は西郷も期待を寄せていた（前掲一六日付蓑田伝兵衛宛書簡）年貢半減についての新政府の方針は変わりつつあった。

新政府は、財政基盤の安定を都市の大商人の協力に求める代わりに、年貢米の取り扱い上の特権を保証した。また、草莽諸隊に依存せずとも諸藩の軍事力を東征に用いうる条件を整えつつあった。結成一〇日にして、すでに赤報隊の役割は終わろうとしていた。軍資金強要についての赤報隊の悪評（そのもとは滋野井隊の行動にあった）の出現を機に、新政府は赤報隊に帰還命令を出した。命に応じた二番隊・

三番隊の隊士たちが投獄される一方、一番隊はこれに従わず、その弁明のためにいったん京都に赴いた相楽は、中山道に再び戻り、残った生粋の同志たちとともに「官軍先鋒嚮導隊」を名乗り、二月六日下諏訪宿に入った。その間各所で相楽らが掲げていた高札は、次のようなものだった。

　今度　王政御復古ニ相成、御政事向都而於　御所被遊御取扱ニ付而ハ、　朝命ニ不服者等　御追討与して官軍御差向ニ相成候儀ニ付、百姓町人共ハ致安堵各職業可相励候事

一　官軍御差向之儀ニ付、其混雑ニ紛れ官軍与偽リ、暴威ヲ以百姓町人共ニ為致難儀候者有之哉も難斗候間、右等之者ハ取押置本陣江可訴出事

一　徳川慶喜儀　朝敵たるを以官位被　召上、且従来御預ケ之土地不残御召上ニ相成、以後者　天朝御領与相成候、尤是迄慶喜之不仁ニ依リ百姓共之難儀不少儀与　思召、当年半減《ママ》之年貢ニも被下候間、天朝之御仁徳を厚相心得可申、且諸藩之領知《ママ》たりとも若困窮之村方難渋之者等ハ申出次第　天朝より御救助可被成下候事(93)

新政府が必要としたのは、一度出した布告を取り消すことなく年貢半減令を無効にする方法だった。「天朝ヨリ御救イニ相成ルベク候事」には、相楽たち草莽の志の核心が表現されていたが、同時にそれは、新政府の弱みを衝くものだった。八日に出頭命令を受けた相楽は、翌日西上したが、東山道総督府は回状を周辺九藩に伝え、相楽らを「偽官軍」とみなしたうえでその討伐を命じた。北信濃に向かっていた嚮導隊分遣隊は、新政府への恭順を証明したい諸藩兵の攻撃を受け、壊滅した。信州の農民出身の志士で、年貢半減令を戦略のみとは考えず、相楽らと離れて独自の行動をとった桜井常五郎（一八

三一―六八）も、そこで捕縛され刑死した一人である。総督府から独断専行を注意された相楽が下諏訪に帰ると、隊士たちを薩摩藩所属とし、給料と食料は総督府より支給されるので安心せよとの覚書が伝えられた。しかしこれは、隊士たちの不満を抑え、油断させる罠だったようである。相楽は最後まで新政府への望みを捨てようとはせず、二月二九日の運命の出頭命令に応じた。その処刑には、総督岩倉具定、副総督具経――いずれも具視の子息――は無論のこと、一人の参謀も立ち会った形跡がない。

長谷川伸『相楽総三とその同志』はその終章に、相楽らの梟首後、新政府の処断を憎んだ同志二人が、面識のあった岩倉の暗殺を企てて京都の邸宅を訪れる場面を、当事者の一人（落合直亮）の証言をもとに置いている。それによれば、丸腰で臨んだ岩倉は、二人に朝廷の無力を率直に打ち明け、「勤王諸藩の力なしに大業はなせず、そのためには小事を捨てることはやむをえない。今は岩倉もお前たちも忍ぶべき時である」と説いた[94]。「錦旗」使用の考案者である岩倉は、一つ賽の目が違えば自分たち自身が「偽官軍」にされる危険をよく承知していただろう。「偽官軍」だったのは、そもそも自分たちだったからである。相楽とその同志たちの悲劇は、彼らの賭けが、岩倉ら新政府指導者に受諾されなかったことだけではなかった。もう一つの悲劇は、岩倉たちの賭けに諾否を表明する機会が、相楽たちには与えられなかったことである。

5

落日の徳川政権を財政、軍事面で支えつづけ、鳥羽伏見敗北後も強硬な主戦論を展開した小栗忠順は、同志栗本瀬兵衛（鋤雲《じょううん》、一八二二―九七）とともに、フランスと提携して薩長主軸の大名同盟を抑え、徳川の手で封建制度を撤廃し、郡県制に基づく中央集権を実施する構想を抱いていた。これと同様の構想は、慶応二年（一八六六）に福沢諭吉によって幕府要路に提出された「長州再征に関する建白書」のなかで明確に打ち出されているが、この建白書に福沢は、「勅命抔《など》と申《もうす》は羅馬《ローマ》法皇の命と同様、唯兵力に名義を附候迄の義に御座候間、其辺に拘泥いたし居候ては際限も無之《これなき》次第」と書き、勅命の名目性を主張している。(95) この認識は、福沢の意図のいかんにかかわらず、鳥羽伏見の戦いを制する鍵にもなった錦旗の用法に対する徳川方の抵抗を根拠づけうるものでもあっただろう。

徳川慶喜の抵抗は、どのみち弥縫的だった。大坂城を脱出して江戸に戻った慶喜は、最大限有利な条件での新政府との講和に関心を向けており、江戸薩摩藩邸焼討の主張者でもあり、徹底抗戦を唱える小栗を一月一五日、勘定・陸軍両奉行から罷免するとともに、二三日、勝義邦（海舟）を陸軍総裁、大久保一翁を会計総裁に任じた。二五日、米英仏蘭普伊六か国による局外中立布告が発せられ、旧幕府は正統的日本政府ではなく、新政府と対等の一交戦団体としてみなされることになった。これと並行して、新政府を支持する英国公使パークスに対抗するフランス公使ロッシュは、三度にわたって江戸城で慶喜と会見し、旧幕府による勢力奪回の可能性を討議したが、神戸事件への対応を通じて対外的信頼を獲得しつつあった新政府は、二月三日、天皇親征の詔勅を発した。

情勢の推移に危機感を抱いた慶喜は、二月一二日、上野寛永寺大慈院への恭順謹慎の形で抵抗の最終的断念を表明し、新政府との降伏条件交渉を勝海舟に託した。勝は、旧幕府内部の抗戦派の抑制を図ると同時に、新政府を支持するパークスの内戦不拡大方針を背景に、新政府内部の徳川厳罰派の牽制にかかった。総督有栖川宮熾仁《たるひと》親王（一八三五―九五）を奉戴して東海道を進んだ東征軍総督府参謀の西郷吉之助は、武力討幕の強硬推進者だったが、列強の支持なき新政府の出発は困難であると判断し、討幕論者として獲得した発言力を逆方向に転用して寛典論を導く役割を引き受けた。三月一四・一五日の西郷・勝会談に基づき、新政府は、江戸城総攻撃の中止と徳川家存続と慶喜助命を含む徳川処分の緩和を決定した。

浮き上がったのは、旧幕府の主戦論者だった。相楽総三処刑の三日後の――勝・西郷会談を数日後に控えた――三月六日、諏訪で本隊と別れて甲州街道を進んでいた土佐・因州を主力とする東山道軍は、旧幕府方の小部隊を甲府勝沼に破った。甲陽鎮撫隊を名乗るこの小部隊を率いていたのは新選組局長・近藤勇(一八三四―六八)で、その意図は、新政府軍との交戦団体としての新選組の再編にあった。

近藤は多摩の農民出身で、江戸で道場を開く天然理心流三代目当主・近藤周助の養子となり、四代目を襲名した。多摩は郷土防衛意識の強い土地柄だったが、ことに横浜開港以後は、豪農層を中心に農兵隊の組織化が進んだ。そうした環境は、近藤のなかに攘夷思想に基づく草莽の有志集団を立ち上げる構想を育む条件となる。近藤にとって「攘夷」とは、社会変革への参加(「尽忠報国」)の糸口にほかならなかった。出羽浪人・清河八郎(一八三〇―六三)の呼びかけに応じて門人を率いて浪士組に参加し上洛したのもその感覚の導きだった。この時点では、混沌とした不可視の状況のなかで、他の草莽と同様、近藤たちもまた不定形なあり方を示していた。その京都で、会津藩の庇護下に新選組を結成した近藤は、その政治目標を公武合体に基づく攘夷実現として明確化したが、これは、孝明天皇やその信頼厚い京都守護職の会津藩主・松平容保の意向にも合致するものだった。文久三年(一八六三)一〇月、諸藩重役の列席する祇園一力亭での会合に招かれた近藤は、生麦事件と薩英戦争を引き起こした薩摩、下関で外国船を砲撃した長州の攘夷を「其国港攘夷」とみなしたうえで、列島一致による「海国攘夷」を説いた。(96)

近藤にとっての難問は、対外関係を安政条約以前に戻すという意味での攘夷が実現困難であるという認識が、徳川政権に共有されていることだった。近藤は、徳川の力を強化することでしか、その難問の克服はありえないと考えた。言い換えれば、現時点での攘夷実行よりも、攘夷の前提条件としての公武一和の確立を優先するほかないというのが、近藤の苦渋の決断だった。この決断のリスクを最も厳しい形でつきつけられることになったのが、元治元年（一八六四）六月に長州系志士たちを捕殺した池田屋事件であり、この事件を機に新選組は、「攘夷の有志集団から征長の有志集団へ」[97]と、自身の姿勢を転換させた。リスクの第一は、禁門の変（甲子の戦争）から幕長戦争への動きを誘発し、結果的に徳川の衰退を加速したことだったが、近藤たちにとってそれ以上に重要だったのは、幕臣抜擢への道を進むことの代償として、尽忠報国の「国」の像が拡散したことだった。

鳥羽伏見以後の近藤の課題は、敵の矢面に立たされる劣勢のなかで、自らをどう支えるかだった。新選組の隊旗は「誠」という理念を掲げる点で出色だったが、これは元来、有志集団を支える志を表したものであり、特定の対象への忠誠にとどまらず、各層の有志者を結びつけ、調停する高次の理念の端緒としての意味合いをも帯びていただろう。[98]この理念の探求に関していえば、京都での新選組は成功したとはいえなかったが、鳥羽伏見以後、錦旗との戦いという試練のなかで、この隊旗はもう一つの理念性を帯びるようになった。それは、大勢（＝大義名分）に対する抵抗の根拠であり、さらにいえば、敗れても残る――残らねばならない――理念への忠誠という性格である。勝沼での敗北後、下総流山での再起に失敗して東山道軍に投降した近藤は、江戸開城――その際の無抵抗性が列島におけるルール感覚の脆さをもたらしたことへの批評を手放さなかった福沢諭吉はのちに「解城」と表記している[99]――の二週間後の二月二五日、板橋で斬首され、その首は京都三条河原で晒された。同郷の志士坂本龍馬・中岡慎太郎の暗殺犯を新選組とみなす土佐派の厳罰論が薩摩派の寛典論を制した結果の、報復的処罰だった。

かつて安禄山の乱に際し、反乱軍との戦いで籠城した張巡軍が、孤立無援のなかで壊滅した場所が睢陽《すいよう》である。「孤軍、援《たすけ》絶えて俘囚と作《な》る／顧みて君恩を念へば涙更に流る／一片の丹衷、能く節に殉ず／睢陽千古、是我が儔《ともがら》」。近藤の辞世と伝わる七言絶句に述べられた「君恩」とは、一草莽の初志の理解者に向けられる私情の謂いだった。(100)

新政府軍によって死刑にされた二人の幕臣は、いずれもスケープゴートだった。もう一人は小栗忠順である。近藤と小栗を死刑にしたのは、「偽官軍」として相楽総三らを処刑したのと同じ東山道軍だったが、これらの処分に共通する特徴は、その速度であり、処分の軽重が論じられた近藤の場合でさえ、投降から処刑まで二〇日余りでしかなかった。

奉行職を罷免された小栗は、二月二八日、家族一党とともに帰農隠棲を図り、上州権田村に向けて江戸を去った。権田の小栗は危険に囲まれていた。各地で反撃に転じた旧幕府抵抗勢力に対する新政府の警戒は高まっていた。また相楽総三の同志たちの鎮圧や処刑、薩邸焼討を指示したことで、小栗は浪士たちの恨みを買っていたし、世直し一揆勢の襲撃にも耐えなければならなかった。慶喜警護の名目で上野に籠った彰義隊の頭取渋沢成一郎（栄一の従兄）に加盟を誘われた小栗は、もし新政府が内部分裂でもすれば主君を奉じて檄を飛ばし中興をはかろう、もし事がなければ一頑民（前政府にしか仕えない頑固者）として世を終わろう、と語ったというが、徳川主導の近代化に小栗が政治生命のすべてを賭けていたことを示す言葉である。(101)

小栗は、徳川政権の弱体化を熟知していたが、劣勢の徳川を支え、盛り返しを図ることこそが、三河以来の名家の出でもある自分の使命と考えていた。フランスの技術援助を得て、財政逼迫のなか巨費を投じて横須賀製鉄所建設を推進していた小栗は、この製鉄所が完成すれば、いずれ他人――徳川が倒れた場合に現れるはずの日本国――に「売りに出す」にしても「猶ほ土蔵附売家の栄誉を残す可し」と同志栗本に語った。栗本が書き留めて知られるに至ったこの言葉は、自分の賭けが敗れる可能性をつねに小栗が想定していたこと、また小栗における合意への感覚が、近藤同様私情としての忠誠に支えられていたことを示唆している(102)。

東山道軍によって権田村東善寺で小栗が逮捕されたのが閏四月五日、有無もいわせず三人の従者とともに烏川河原で斬首されたのは、翌六日だった。小栗の処刑には、大音《おおど》龍太郎（二九歳）、原保太郎（二二歳）、豊永貫一郎（一六歳）の三人が関与していたが、彼らは相楽総三ら――小栗にとっての敵でもあった――の処刑実行者でもあった。この三人はつまるところ、容赦ない時間の化身《アバター》だった(103)。

近藤も小栗も、列島の変革を志向し、これに関与する一人だった。二人が直面した難題《アポリア》は、徳川の囲いという以上に、時間の制約だった。錦旗の存在が二人に対して、自らのコミットメントの否定として現れていたとすれば、錦旗に対する二人の抵抗は、佐幕意識の枠をおのずから超える私情と、それに支えられた理念性を帯びていたことだろう。鳥羽伏見以後に示されたいくつもの挫折は、有限の時間のなかで変革へのコミットメントが被らなければならなかった試練の象徴として、人びとに記憶されることになった。そしてそれらは、「攘夷と開国の関係の再定義」という主題が、もう一つの――勝者と敗者の関係の再定義という――主題との関わりにおいて再定位される状況の予告でもあった。

第二部　内戦

第一章　内戦の経験——第二のミッシングリンク

［五か条の誓文／世直し・御一新・維新／戊辰戦争の経験］

1

一八五三年の黒船が開国の是非をめぐる決断（思想転換）を全列島的に迫る武力の象徴であったとすれば、尊皇攘夷から尊皇開国への思想転換の過程に現れた一八六八年の錦旗は、開国主体は誰かをめぐる決断を列島の人びとに迫る威力の象徴であり、そのいずれもが、その前後の状況の連続性、言い換えれば抵抗の持続性を隠蔽する契機となった。そのうちの前者、すなわち第一のミッシングリンクを埋めようとする試みが中断を強いられるなかで勃発したのが、一年五か月におよぶ戊辰戦争だった。

戊辰戦争勃発から西南戦争とその終結にいたる明治初年の一〇年の内戦期は、丸山眞男の表現を借りれば、既成の公的なものへの「忠誠と反逆」をめぐる「人格内部での緊張と葛藤」が、「わが国未曾有の規模と高度に達した」時期にあたっているが[1]、この「緊張と葛藤」とその意味は、内戦の終結とともにしだいに忘却され、意識の断層をもたらした。そして、内戦前後の時間をめぐるこの断層が、勝者と敗者を分断させる第二のミッシングリンクの形成を促すことになる。

戊辰戦争の特質の第一は、私欲と私欲、人と人が相争う状況を呈する内戦であることだった。旧幕府勢と新政府勢は、列強による植民地化に抵抗しうるような全列島的統一政府の樹立という一点に関しては、目標の一致可能性をもっていた。しかし、来るべき統一政権における徳川排除の是非をめぐる対立が、内戦勃発の契機になった。これは、禁門の変（甲子の戦争）から二度の幕長戦争へという動向の根底に、長州排除の是非をめぐる対立が横たわっていたのと異種同型の事態だった。

特質の第二は、内戦の拡大過程において、双方が大義を内外に掲げ、競い合う状況が現れたことだった。一月の局外中立宣言においてすでに列強公使団は、この「消えた政府と、まだ確立していない政府」（大佛次郎[2]）との戦争を、「天皇陛下と大君との間での戦争」とみなし、対等の交戦団体権を双方に認めるとともに、一方への介入への相互牽制を図り合っていた。旧幕府側にも新政府側にも正統政府から一交戦団体への降格を意味するこの宣言は、旧幕府の締結した条約遵守を交換条件に新政府が得た措置でもあったが、これにより、列強間の慣例的ルールとしての「万国公法」への参照が不可避になった。

とはいえ、そのことには「列強の監視による圧力」という外在的理由に加えて、それ以前に、大義と大義、つまりは私欲と私欲の対立の調停の必要という、いわば内在的理由も存在していた。英国公使の意向への顧慮を踏まえて行われた西郷吉之助と勝海舟の江戸開城（解城）交渉過程は、この二重性への認識が二人の政治家に共有されていた機微を物語っているが、この戦争においては、大義の提示は即自的な形にはとどまりえず、正統性の競い合いの形を余儀なくされる事態が次第に明瞭化することになる。

特質の第三は、状況の推移のなかで、抵抗の要素が顕在化したことだった。目前の武威にすぎないものへの服従を「官」、不服従を「賊」とみなしたうえで、二者択一的選択を強いる錦旗の発明とその用法は、大義を専有し、大勢順応を当て込んで彼我勢力の逆転を企図したトリックであり、正統性の競い合いという契機に照らす限りは、逸脱とみなされるほかないものだった。戊辰戦争は「ある意味で、錦旗と日の丸のたたかいだった」と、松本健一は述べている。[3] 新政府勢も旧幕府勢も、ともに自らを「官」、相手を「賊」とみなしていたし、その事実をお互いに知っていた。その意味でこの戦いは、官賊範疇の相対性を共通了解事項として明確にする意義をもっていたといえる。だが、新政府勢の優勢が明らかになるとともに、錦旗の使用には、そうして開示されていた官賊範疇の相対性を隠蔽し、否定する含意が伴われるようになった。「錦旗」と「日の丸」は、明確に異なる用法をもつに至るのである。錦旗は、第一のミッシングリンクのみならず、ここに生じている対立がそもそも、自然状態における自己保存への欲求——つまりは私欲に支えられたものであるという、簡明な事実を隠蔽する意味を担うようになる。そして、そうした「錦旗」の用法とそれに対する服従への抵抗——大義の専有、さらには大勢順応に対する、それも私的な抵抗——という境位の発見と自覚を促す契機が、この内戦に加わるようになる。それが「錦旗と日の丸のたたかい」と呼びうる戦争の、最深の可能性だった。

薩長側が徳川政権への抵抗の延長線上に新政府の主導的樹立を企てたのと同様に、今度はその新政府によって進められる諸施策——攘夷から開国への方針転換、にもかかわらず進められる徳川排除、天皇の独占的政治利用——に対する旧幕府、非薩長諸勢力による抵抗が、東日本を舞台に展開した。そしてそこでは、対立する両者にとって、自然状態を脱して秩序を創出し、社会へと移行する根拠となる指導理念を全方位的に、かつ説得的な仕方で内外に向けて提示することが、喫緊の課題となった。結局は西日本勢と東日本勢とで戦われる形になった戊辰の内戦は、全列島的統一政府の樹立というモチーフの強度と深度を確かめ合う契機を列島にもたらした。戊辰戦争——もしくは禁門の変（甲子の戦争）から西南戦争に至る内戦——は、その当事者にとって、近代社会を支える原的なルールへのコミットメントを不可避にする経験だったのである。

指導理念の提示において先んじたのは新政府側だった。江戸開城（解城）交渉と並行し、その前日の慶応四年（一八六八）三月一四日に京都御所の紫宸殿において、公卿および大名列座のなかでの神前儀式の一環という形で行われた「五か条の誓文」の公表である。

一　広ク会議ヲ興シ万機公論ニ決スヘシ
一　上下心ヲ一ニシテ盛ニ経綸ヲ行フヘシ
一　官武一途、庶民ニ至ル迄各其志ヲ遂ケ人心ヲシテ倦マサラシメンコトヲ要ス
一　旧来ノ陋習ヲ破リ天地ノ公道ニ基クヘシ
一　智識ヲ世界ニ求メ大ニ皇基ヲ振起スヘシ(4)

新政府の指針の公表の必要を感じ、文案を最初に考えたのは、横井小楠の門人で坂本龍馬とも親しかった福井藩士の参与三岡八郎（由利公正）だった。三岡案の特徴は、官吏の任期制（貢士期限をもって賢才に譲るべし）、専制へのカウンターバランス（万機公論に決し、私に論ずなかれ）といった権力批判の理念を基軸にしていることだったが、土佐の福岡孝弟《たかちか》（一八三五―一九一九）、さらに長州の木戸孝允が修正を加え、専制に余地を残す最終案ができた。公議に基づく公表という三岡案に対し、神前での誓いという形を考えたのも木戸である。にもかかわらず、ここに「天地の公道」という表現が採用されていることは、私欲と私欲の対立を調停する何らかの原理――神道であれ万国公法であれ――の必要に関する了解が新政府指導者に共有されていたことを、その曖昧さにおいて、かえってよく示している。

同日、天皇睦仁の信条（宸翰）が発表された。「朕ここに百官諸侯と広く相誓い列祖の御偉業を継述し、

一身の艱難辛苦を問わず、みずから四方を経営し汝億兆を安撫し、ついには万里の波濤を拓開し、国威を四方に宣布し、天下を富岳の安きに置かんことを欲す」「汝億兆よくよく朕が志を体認し、相率いて私見を去り、広義をとり、朕が業を助けて神州を保全し、列聖の神霊を慰し奉らしめば生前の幸甚ならん」。起草者は伝わっていないこの率直な宸翰は、新政府の直面した困難を一身に引き受ける用意をもつ支配者像の提示であり、翌四月に公布された「政体書」では、立法・行政・司法の三権分立や議会制度の採用、官吏公選など、旧幕臣の一部を含む公議政体派の社会構想もある程度採用されていた。

その間奥羽では、朝敵として征討対象とされたうえ、徳川慶喜からも見放された会津藩の救解（弁護および寛典要求）への努力が行われていた。会津藩は、軍制改革を急ぎ、江戸薩摩藩邸を焼討した反薩長勢力の急先鋒・庄内藩と提携しつつ謝罪意思を示すという――長州はかつて自身が徳川に示していた戦略的態度をそこに見ただろう――武備恭順の構えをとった。会津藩は、徳川への忠勤と尊王を代々家風としてきたが、九代藩主・松平容保は、公武一和による幕政改革を推進していた慶喜、松平春嶽の強固な要請を受けて、家老西郷頼母《たのも》（近悳《ちかのり》、一八三〇―一九〇三）、田中土佐（玄清《はるきよ》、一八二〇―六八）ら家臣の反対を退け、多大な危険を覚悟で臨時職の京都守護職を引き受けた。容保は当初、言路洞開が時局打開の道と信じ、諸士の意見聴取も試みていたが、情勢の緊迫により方針転換を余儀なくされた。ことに八・一八政変の後は、孝明天皇からの異例の信任のもと、新選組を擁して京都の治安維持に従事したが、そのことが会津藩を、長州など反幕府勢力の怨嗟の的に押し立てた。新政府にとって会津、庄内両藩への態度は、誓文、宸翰、政体書の理念に照らす限り、自らの急所に関わるはずのものだった。

閏四月四日、内戦拡大による犠牲を最小限に抑えるため、仙台藩（伊達六二万石）と米沢藩（上杉一五万石）は、奥羽諸藩に呼びかけて伊達領白石で重臣会議を開催し、会津の降伏謝罪に関する討議の場を用意した。一二日、仙台・米沢両藩主が奥州鎮撫総督・九条道孝（一八三九―一九〇六）に、会津一国のことは奥羽全体に関わるものであるとして、会津への寛典を嘆願したが、却下された。誓文の起草者である木戸孝允がこの時期に公言していた「戦争の勝利こそが改革の大良法である」という言葉は、同時期の新政府の基本姿勢を象徴していたのである。二〇日、その意向を最前線でいわば忠実すぎるほど忠実に履行していたことで反感を集めていた長州藩士の総督府参謀・世良修蔵（一八三五―六八）が、仙台藩士のグループによって斬殺された。この事件を契機に、二二日、白石において奥羽二五藩のあいだで嘆願目的の連盟が結ばれたが、嘆願に実効性のないことが判明するや、五月三日、修正盟約書および建白書が調印され、連盟は攻守軍事同盟に進展した。さらに、四日に長岡藩（牧野八万三〇〇〇石）、六日にその他の北越五藩も同盟に参加し、奥羽越列藩同盟が結成された。

一方関東では、江戸「解城」に反対していた幕府陸海軍を中心とする旧幕臣たちが、徹底抗戦の構えを見せていた。海軍副総裁・榎本武揚《たけあき》（一八三六―一九〇八）率いる列島最強の幕府艦隊は、「解城」以後も江戸湾で不服従の姿勢を示していた。また、「解城」とともに江戸を脱走した大鳥圭介（一八三三―一九一一）率いる仏式の精鋭歩兵隊の伝習隊に、近藤勇捕縛後は副長のまま新選組を率いていた土方歳三（一八三五―六九）らが合流し、宇都宮、日光方面で激戦が展開した。さらに江戸では、幕臣を中心にした彰義隊約二〇〇〇が、上野寛永寺を拠点に抵抗を試みていた。だが五月六日、板垣退助率いる新政府軍が今市で旧幕府軍に重要な勝利を収めると、一五日、木戸の盟友大村益次郎を軍事指導者とする新政府軍は、その機を逃さず、佐賀藩のアームストロング砲の威力を用いて彰義隊を撃破し、各地の旧幕府勢に打撃を与えた。これ以後新政府内の徳川寛典論は後景に退き、二四日、徳川家が四〇〇万石から七〇万石に減封のうえ駿府に移封と決まり、奥羽越抵抗諸勢力との決戦態勢が整えられた。

2

奥羽・北越連合による抵抗は、一月に新政府が仙台藩に会津追討を命じた時点での予測をはるかに上回るものだった。彼らは、武備、兵制等の点のみならず、理念の提示においても後れをとったが、理念の提示がなかったわけではなかった。彼らは、五月三日の修正盟約書において、その指導理念を掲げた。


大義を天下に伸ぶるをもって目的とす。小節・細行に拘泥すべからざる事。

同舟海を渉るごとく、信をもって居し、義をもって動くべき事。

もし不慮危急の事あらば、比隣の各藩は速かに援救し、総督府に報告すべき事。

強を負うて弱を凌ぐなかれ、私を計りて利を営むなかれ、機事を漏洩するなかれ、同盟を離間するなかれ。

城堡の築造、糧食の運搬は、止むを得ずといえども、漫《みだ》りに百姓をして労役し愁苦に勝《た》えざらしむるなかれ。

大事件は列藩集議し、公平の旨に帰すべし。細微は則ちその宜しきに随うべき事。

他国への通報、あるいは隣境への出兵は、皆同盟に報ずべき事。

無辜を殺戮するなかれ、金穀を掠奪するなかれ、凡そ事不義に渉らば、厳刑を加うべき事。

右の条々違背あらば、則ち列藩衆議し、厳譴を加うべき者也。(5)


この理念は、公正の原理を核として、加盟諸藩間の対等性と薩長への抵抗という契機を同時に明確にしたものだった。同盟内部では、主戦論と和平論とが苦渋のなかでせめぎあっており、米沢藩士・宮島誠一郎（一八三八―一九一一）のように、同僚の雲井龍雄（小島龍三郎、一八四四―七〇）とともに京都で参与広沢兵助（真臣、長州）らと連携を図り、戦争回避に尽力する人びともいた。宮島は、「大国の号令に随うべき事」と記され、強藩（仙台藩）主導の線が強く打ち出されていた当初の盟約書への修正と、太政官への建白書の提出を要求し、実現させた現実主義的な理想家だった。

列藩同盟の方向づけに中心的役割を果たしたのは、幕府遣米使節に随行した仙台藩士・玉蟲左太夫だった。米国から戻った玉蟲は、製塩所建設、内外の事情調査に従事する一方で諸藩の人士と交流を深め、膨大な記録を書き残した。玉蟲の残した「夢晤」という一文では、禁門の変で焼け出された玉蟲らしき人物が夢で神人と問答を繰り広げる。その人物が、京都市民への会津の乱暴狼藉ぶりを訴えると、神人は、「一視同仁みな我が赤子なり。他年洋習の東染一洗するの時に当りて、皆ことごとく攘夷の用に充てんとす」と告げる。この神人は、攘夷という一つの理想を前にして、会津と長州の違いは問題にしていなかったのである。(6)その経験と見識を執政但木土佐（一八一七―六九）に買われ、慶応四年三月、同僚若生文十郎（一八四二―六九）と勧降使として会津鶴ヶ城に赴いたことは、玉蟲が積極的に時局に関与する契機になった。玉蟲の構想は、徳川にも薩長にも与せず、天皇を政治に巻き込まず、合議政体の確立により非戦の可能性を探りつづけることだった。旧知の宮島誠一郎が説く盟約書の修正と、当初は懐疑的だった太政官への建白に同意したのもその構想ゆえだったが、結局非戦への努力は実らなかった。

閏四月に越後長岡藩執政に就任し、独自の局外中立路線を模索していた河井継之助《つぎのすけ》（一八二七―六八）は、非徳川、非薩長という点では玉蟲と相通じる構想を抱いていたといえる。「王道坦々、夷人にも仁義の道自ら存し候」と万延元年（一八六〇）三月七日の義兄椰野嘉兵衛《なぎのかへい》宛書簡で述べ、仁義の道に基づく対等の交際を原則とした開国論を唱えていた河井は、同じ原則が、藩の内政と外交においても貫かれるべきとする信念をもち、藩政改革に取り組んだ。(7)河井は、三月に江戸藩邸を引き上げる折、藩邸の財産を処分して軍資金を増やす一方、ガトリング砲二門などの最新兵器を購入し、帰国後は家格平均化に基づく軍制改革を断行するなど、武装中立に必要な準備を整えていた。そうした姿勢が奥羽諸藩とよりも、錦旗を掲げて軍費献納と服従を迫る新政府と鋭く対立することになるのは自然の理だった。五月二日、長岡一藩の中立を説き兵乱を回避するため、河井が東山道先鋒総督府軍監・岩村精一郎(高俊、一八四五―一九〇六)と小千谷慈眼寺で行った談判が決裂すると、長岡藩は和平派を抑え、北越を舞台に約二か月におよぶ全面戦争へと突入した。

内戦の最中、列島の分裂を超える原理を模索した人びとのなかには、会津藩士・山本覚馬(一八二八―九二)もいた。鳥羽伏見の戦いの際薩摩軍に捕えられた山本は、この時ほぼ失明状態にあったが、同囚の門人野沢鶏一(一八五二―一九三二)の助力を得て、獄中で建白書「時勢之儀ニ付拙見申上候書付」を執筆し、会津・桑名の救解を薩摩藩に訴えた。佐久間象山の門人でもあった山本は、藩主松平容保の助言者として京都に赴き、禁門の変では藩の砲兵隊を率いて長州勢と戦った。その功績により公用方に任用されるとともに、京都に藩洋学所を開設し、講師委嘱や学生の受け入れを藩の枠を超えて行った経験は、幕府や諸藩の有志とのネットワークのなかで状況をとらえる視野を山本に培わせた。

この建白中、「人心ニ基キ萬國公法ノ如ク正大公明之御取扱ヲ以テ速ニ御鎮撫相成確乎タル皇國ノ基本相立外國ト並立候様仕度奉存候」(8)と、「万国公法」への言及があるのは、会津藩洋学所顧問を務める一方で、将軍慶喜の側近として新国家の青写真を構想していた津和野藩出身の友人西周《にしあまね》(一八二九―九七)の影響である。オランダ留学中にライデン大学でシモン・フィセリング(一八一八―八八)から学んだ国際法について、四条大宮更雀《きょうじゃくじ》寺で行っていた西の講義を、山本も受講していた。獄中の山本は、状況打開の武器として「万国公法」を再定義していたのである。(9)

新政府軍による奥羽越侵攻がすでにはじまっていた六月、山本は、新国家の青写真である『管見』を獄中で執筆、おそらくはやはり薩摩藩に提出した。『管見』は、政体、議事院、学校、変制、国体、建国術、製鉄法、貨幣、衣食、女学、平均法、醸酒法、条約、軍艦国律、港制、救民、髪制、変仏法、商律、時法、暦法、官医という二二項目を並べた提言であり、内戦による分裂克服の鍵となる原則の模索と提示だった。その「政体」の項では、三権分立の原則について、こう述べられている。

政権ハ尽ク聖断ヲ待ツベキ筈ナレ共、サスレバ其弊習ナキニ非ズ、依テ臣下ニ権ヲ分ツヲ善トス、臣下ノ内議事者ハ事ヲ出スノ権ナク、事ヲ出ス者ハ背法者ヲ罪スルノ権ナク、其三ツノ中ニ権壱人ニ依ル事ナキヲ善トス、官爵ノ権、度重ノ権、神儒仏ノ権、議事院ノ吏長ヲ黜《しりぞけ》ル権是ハ専ラ王ニ帰スベキナリ(10)。

六月一六日、上野寛永寺を脱出し、榎本武揚の助力を得て奥羽に入っていた、孝明天皇の弟で現天皇の叔父にあたる輪王寺宮公現法親王（北白川宮能久親王、一八四七―九五）が、乞われて盟主の座についた。七月一八日、列藩会議が白石で行われ、公議所、軍務局が置かれた。公議所の設置は、米国で見たホワイトハウスから想を得た玉蟲左太夫がもくろんだものだった。これらの動きは、西日本政権に対する東日本政権樹立への構想が、遅ればせながら芽生えはじめていたことを示している。

しかし、勢力の結集に後れをとったことで、列藩同盟側はしだいに追い込まれていった。新政府軍の動きは迅速であり、二九日、二本松城が陥落した。激戦が展開されていた北越戦線では、新政府軍は最大の苦戦を強いられ、二か月前の五月一九日に一度陥落させた長岡城を二五日、奪取されていたが、二本松落城の同日、列藩勢に事実上の開港地として抑えられ、武器弾薬の貴重な補給港となっていた新潟港を奪還するとともに、長岡城を再度陥落させた。その戦いで重傷を負った河井は、戸板に乗せられて会津若松を目指していたが、その途中、会津領只見塩沢村で陣没した。

参謀板垣退助、伊地知正治（一八二八―一八八六）に率いられた新政府軍は、猪苗代城を落とした後、日橋《にっぱし》川にかかる十六橋を突破、二三日にはついに若松城下に侵攻し、強固に抵抗した会津藩士とその一族は、多大な犠牲を余儀なくされた。(11) 鶴ヶ城攻防は長期包囲戦に入ったが、九月四日には米沢藩が、一五日には仙台藩が降伏。二二日、一か月の籠城ののちついに会津藩は白旗を掲げ、降伏した。最後まで抵抗をつづけていた庄内藩と盛岡藩も、それぞれ九月二三日、一〇月九日に降伏、奥羽越列藩同盟は敗北した。

3

戊辰戦争最後の戦場は、対外貿易港の箱館だった。江戸開城（解城）以後状況を静観していた榎本艦隊が、品川沖から蝦夷地に向けて出航したのは、八月一九日だった。

榎本武揚らが当初目指していたのは、強力な海軍を背景にした、徳川家に有利な条件交渉だった。それゆえに、東日本に展開される局地戦への関与に対して、戦機を逸するリスクを冒しつつ、榎本は終始慎重な態度をとりつづけた。だが交渉の困難が自覚されるようになると、大幅の減封により禄を失った多くの徳川家臣団の生活の救済のため、有能な官僚の指導のもとに殖産興業のモデルとなる事実上の独立国もしくは自治政府を蝦夷地に樹立し、新政府の存在を前提としつつ、北辺の防備と開拓を担うという構想がせりあがってきた。榎本はその構想に自負と、それなりの成算をもっていたようである。

榎本は江戸生まれの幕臣で、一九歳の時、箱館奉行・堀織部正《ほりおりべのしょう》（利熙《としひろ》、一八一八—六〇）の小姓として——玉蟲左太夫も一行に加わっていた——樺太探検に従事した。長崎海軍伝習所で勝海舟やカッテンディーケに学んだ後、文久二年（一八六二）から五年間オランダに留学し、化学、地質学、鉱物学、電信技術、国際法を学んだ榎本は、その間に得た国際法の知識を生かして、列強による蝦夷政府の承認獲得を試みた。列強のなかには、南北戦争によって英仏に出遅れた形になった米国公使ヴァン・ヴォールクンバークのように、榎本らの動向に好意的に注目するむきもあった。また、局外中立によって身動きが取れなくなったフランス軍を自由意思で脱して榎本軍に義勇兵として加わった、ジュール・ブリュネやアンドレ・カズヌーヴのような軍人もいた。

同時に脱走艦隊は、品川脱出に際して発した檄文において、「王政日新は皇国の幸福、我輩も亦希望する所なり。しかるに当今の政体、その名は公明正大といえども、その実はしからず」と榎本が述べていたように、いうまでもなく、徳川排除を方針とする新政府のあり方への抵抗の拠り所でもあり、その側面を代表する一人が土方歳三だった。洋式戦の軍事指導者としてもすでに高い評価を得ていた土方は、暴風雨で艦隊に損傷を被りつつ、列藩同盟の支援と人員結集のため仙台に入港した榎本と合流した。九月二日の軍議で同盟軍総督に土方が推されたが、反対意見が出て立ち消えにされた一幕もあった。榎本と土方は、仙台藩主戦派の督励とともに、勤王恭順論者の重役大条孫三郎、遠藤文七郎の説得にもあたった。榎本は、「今の王政復古は薩長の策士が倒幕の道具として拵えだしたものにすぎない」という状況認識を述べ、熱弁をふるった。つづけて土方が説いたと伝わる言葉は、節義論だった。

利不利ハ暫ク措キ、弟ヲ以テ兄ヲ討チ、臣ヲ以テ君ヲ征ス、彝倫《いりん》地ニ堕テ綱常全ク廃ル。斯クノ如クニシテ如何ゾ国家ノ大政ヲ執ルヲ得ンヤ。苟《いやしく》モ武士ノ道ヲ解シ、聖人ノ教ヘヲ知ルモノハ、彼レ薩長ノ徒ニ与スベカラズト信ズ、貴藩ノ見ル所果シテ如何。(12)

恭順派への説得は無駄だった。王政復古は薩長の私為ではない。慶喜の恭順にもかかわらず抵抗をつづけ、幕府再興を企てるなら、徳川は朝廷を欺く朝敵ということになるではないかと強い調子で述べた遠藤は、二人を別室に送った後に傍らの大条に、「胆気愛スベシ、然レドモ順逆ヲ知ラズ」と榎本を評する一方で、土方については「斗筲《とそう》ノ小人、論ズルニ足リズ」と断じた。ここで土方が問うていたのは、それなしにはルール自体が存立しえないルールの源泉をどう考えるのか、ということだっただろう。形式的な大義名分論で返した遠藤は、それに答える関心も情熱ももたなかったのである。

奥羽越列藩同盟が敗北し、他に結合しうる勢力をもたないままに一〇月二〇日、蝦夷地に上陸した榎本らは、列強諸国との交渉を重視し、すぐさま「徳川脱走家来」として交戦団体権を請求した。この請求は、脱走軍を「事実上の政権」とする英仏軍艦両艦長の言辞を引き出す一方で、交戦団体権の承認自体に関しては英仏公使の強い反対を受け、実らなかった。前月八日には「慶応」から「明治」への改元が行われ、一〇月一三日には天皇も東京城に入城した。一一月一五日、脱走軍の頼みの綱だった開陽丸が事故で沈没した。こうした情勢を受けて榎本らは一二月、天皇宛の蝦夷統治嘆願書と英仏公使への仲裁依頼書を送付する一方で、同月一四日、「事実上の政権」という言辞を根拠としつつ新政権を発足させ、蝦夷地の領有を各国領事に宣言した。さらに翌一五日には、士分による入札を行い、総裁榎本武揚、副総裁松平太郎（一八三九―一九〇九）、海軍奉行・荒井郁之助（一八三六―一九〇九）、陸軍奉行・大鳥圭介、陸軍奉行並・土方歳三、箱館奉行・永井尚志（一八一六—九一）など三七人の政府役人が選出された。しかし二八日、新政府による度重なる解除要請が功を奏し、プロイセン、米国両公使の反対意見が棄却され、局外中立宣言は撤廃された。その結果、幕府が米国から購入していたにもかかわらず、中立宣言によって引き渡しが不可能になっていた一三五八トンの新式装甲蒸気軍艦ストーンウォール号が新政府に帰すことになり、甲鉄艦と改名された。これは、榎本政権にとっては意想外の経緯だった。

翌明治二年（一八六九）三月、新政府艦隊が出撃すると、蝦夷政府軍は二五日、その戦法が国際法上認められていることを確かめたうえで、艦長甲賀源吾（一八三九—六九）率いる回天丸での接舷攻撃によって、勇猛にも甲鉄艦の奪取を企てたが、失敗に終わった（宮古湾海戦）。四月九日に蝦夷地上陸を果たした新政府軍との戦いに劣勢を強いられた蝦夷政府軍は、四〇日後の五月一八日、前日に取り決められた新政府軍参謀・黒田了介（清隆、一八四〇—一九〇〇）との約定に基づき、降伏した。約定取り決めの際、榎本は黒田に、愛読書だったオルトラン『万国海律全書』を贈った。その一方、土方歳三は一一日に一本木関門付近（異説あり）で、またペリー来航時に応接にあたった幕臣中島三郎助（一八二一—六九）は一六日に千代ヶ岱台場で、それぞれ闘死した。榎本の知識は、小栗忠順の横須賀製鉄所と同様、「売家」に附けられた「土蔵」の一つだっただろう。土方、中島らは、「土蔵」の定義を最大限に広げたうえで、その値を高からしめることに賭けたともいえる。

戊辰戦争は、二つの相補的な課題をその後に残した。第一には、死者への対し方である。明治政府がすでに廃藩置県を実行していた明治四年（一八七一）一二月、岩倉使節団の副使としてサンフランシスコに滞在していた伊藤博文は、内戦は一時のことにすぎず、「一滴の血も流さず」封建制は打破されたと演説した。両軍合わせた戦死者は、一万三五七二人であるという試算が行われている。(13) フランス革命

（六十数万人）や南北戦争（六二万人）と比べれば、死者数が少ないのは確かであり、そのことは、内戦の規模を最小限に抑える努力が双方の側から行われていた事実にも関わっていたが、日清戦争での日本側死者数にも匹敵する数字であり、その意味でも、ことさら犠牲の少なかった戦争とはいえない。

そしてむろん、数だけでは測りえない要素がある。五稜郭陥落の翌月、政争と内戦による殉難者を祀る目的で九段坂に東京招魂社（一八七九年に靖国神社と改称）が創建された。その場所では、戊辰戦争以後のみならず、ペリー来航以降の死者にまでも「官」「賊」の別が設けられ、「賊軍」の死者が合祀対象から排除されることになったが、その理由をどう考えたらよいのか。[14] また内戦の死者を弔うとはそもそもどういうことなのか。そして生者と死者の関係はどういうものなのか。このような――新鮮な――問いが、戊辰戦争を生き残った勝者と敗者において、それぞれの仕方で生きられていくことになる。

第二には、ルールへの対し方である。内外に表明された大義へのコミットメントのあり方が戦後、勝者と敗者において、やはりそれぞれの仕方で問われていくことになる。戊辰戦争は、攘夷と開国の関係の再定義への試みに中断を強いることで、また勝者と敗者とのあいだを分断することによって、アヘン戦争以後の列島で培われつつあった共通感覚に、もう一つの傷痕を残すことになる。列島におけるルール感覚の原基は、象徴的にいえば、一度目は黒船によって、二度目は錦旗によって、米国の建国神話を分析したR・N・ベラーの言葉を借りれば「破られた」のである。この経験は、「明治維新」という事後的につくられた言葉の使用にある屈折した響きをもたらすとともに、現在まで反復再生産されることになる幾多の「起源神話」の母胎ともなった。[15]

この内戦の経験をどう受けとめるか。勝つとは何か。負けるとは何か。勝者と敗者の関係とはどのようなものでありうるか。それが「明治」以後の列島において、ひそやかに、しかし普遍的な広がりを志向しつつ問われつづけることになる問いの形だったのである。

第二章　勝者の思考と敗者の思考

［出発の苦しみ／勝者と顕密二元論／官賊範疇と敗者］

1

列島の近代は、二重の苦しみが列島に浸透する過程とともに展開した。ただしこの苦しみの特質は、その実態の自覚的掌握に時間が必要だったということである。

苦しみの一つは、対外的な、列強による理不尽な開国強要と、攘夷から開国への転換をめぐるものだった。具体的には、中岡慎太郎に代表される攘夷の再定義、そして坂本龍馬に代表される開国の再定義——それらはいずれも、列強の植民地主義への抵抗の普遍的権利の発見と結びつくものだった——の抑圧、隠蔽によってもたらされる苦しみだった。

新政府の指導者たちは、鎖国攘夷から開国和親への方針転換をとげる際に、その内的な根拠を、内外に向けて説明することができなかった。そのことは発足当初の新政府に、五か条の誓文の存在にもかかわらず、明確な指導理念が欠如していた事実を物語っている。岩倉具視に協力し、王政復古という新政府の方針づくりを導いた玉松操は、岩倉らによる転換に対し、『岩倉公実記』によれば、「奸雄ノ為ニ售《う》［注・売］ラレタリ」と憤激し、その後の協力を拒否するに至る。そして、神戸事件、堺事件という二つの攘夷事件は、納得感なしの転換が引き起こす苦しみを象徴するできごとだった。もと越前藩主で新政府の議定に任じられながら、やはり数年後には公職から離れる松平慶永（春嶽）の著作『逸事史補』（一八七〇起稿、一八七九脱稿）の「攘夷論の余燼」と題するくだりには、新政府発足に参画した一当事者による、両事件にふれての忸怩たる思いが書きとめられている。[16]

新政府発足を主導した志士たちは、既存の組織を脱するにせよ、既存の組織の内部にとどまるにせよ、抵抗の普遍性を心に置いて、列強による植民地的支配に抗しうる実質的根拠を列島につくりだすという共同の目的のために、幕藩体制の序列にとらわれない関係性の構築をめざしてきた人びとだった。しかしその運動のなかで、多くの同志たちが命を落とした。坂本龍馬とともに襲撃され、致命傷を負った中岡慎太郎が語った、「天下の大事はひとえに岩倉公のこれを負荷せられんことを願うのみ」という遺言を伝え聞いた岩倉具視は、二人の死に慟哭したと伝えられる。[17] また西郷隆盛は、新政府創立最大の功労者の一人であるにもかかわらず、新政府の出発を確かめるやいなや故郷鹿児島に隠棲し、友人桂久武（一八三〇―七七）に宛てた手紙（明治二年七月八日）のなかでその理由について、「身勝手の事は十分存知罷り在り候事に御座候得共、今日に至り候ては、獄中の賊臣、決して相忘れ候儀にては更にこれなく」と記す。[18] ここで言及されているのは、安政の大獄の際に大島に、さらに島津久光の忌避にふれて沖永良部島に流された二度の流罪経験であるが、渡辺京二はこのくだりに、心底深くに秘めてきた、すでに世を去った安政期以来の同志たちへの思いを見てとっている。[19] 新政府発足当初の指導者たちには、自分たちの方針転換を支える理念が提示できなかったことへの危機感や不満が、残された自分たちは死者たちにおよばないという、痛覚を伴う自覚とともに保たれていた。

もう一つの苦しみは国内的なものであり、その最たるものが、統一政体創立の主導権掌握をめぐる内戦の苦しみだった。戊辰戦争は、旧幕府を主宰していた徳川家が新政府軍に降伏した江戸開城（解城）を境に、前半と後半とに分けてとらえるのが便宜的である。石井孝は、この戦争を薩長主導の新政府が拠って立つ「天皇絶対主義」と、旧幕府勢が依拠する「徳川絶対主義」という、二つの近代化路線同士の覇権争いと規定する立場から、前者の優勢が決した点をとらえて、前半の意義を重視し、後半の意義を副次的なものとみなした。[20] この見方に対し村上一郎は、錦旗の使用に象徴される権力の独占に対する抵抗の存在ゆえに、後半に「維新内戦の本質」を見る見方を対置し、疑義を差し出している。[21]

石井説は、前半の意義の核心が、官賊範疇の相対性の開示にほかならなかったことの根拠を示唆している。そして村上説は、後半を通じて起こっていたことの核心が、優勢となった新政府側によるその発見の抑圧、隠蔽への抵抗であるとともに、その抵抗が敗北に帰したことによる、官賊範疇の温存、強化にほかならなかった事実の重さに光をあてている。

内戦の敗者が「賊」として固定され、そう呼ばれるに至ったことは、「賊」とされ、その後の不如意な生を余儀なくされた敗者側の人びとにとっては無論のこと、「賊」と呼ぶ勝者の側にも傷痕を残すことになった。そもそも官賊範疇の相対性を明らかにした主動因は、幕府に「賊」とみなされた討幕勢による抵抗だった。そして、その抵抗が存在しなければ、内戦の勝利もまたありえなかった。それゆえに、官賊範疇の温存と強化は、自らを突き動かしたものの否定にほかならなかったのである。

攘夷から開国への転換をめぐる苦しみと、内戦をめぐる苦しみと。幕末期を母胎とするこの二つの苦しみを理解することが、新政府指導者と人びと、新政府勢と抵抗諸勢力——勝者と敗者——のあいだの亀裂をいくらかでも埋めるためにも必要な条件だった。そしてそのことは、戊辰戦争のさなかの慶応四年（改め明治元年、一八六八）九月八日に詔書を通じて制定されていた、「明治」という元号に課せられていた条件でもあった。

新政府の有力指導者は、「非義の勅命は勅命にあらず」と喝破して天皇を自らの推進する変革にとっての「玉」とさえみなしうる、天皇信仰から自由な知力を備えていたが、自分たちの勢力基盤の脆弱さを自覚するや、列島内の勢力争いを調停し、列島の近代化に必要な統合を可能にする権威を――彼らにとっては次善の策として――天皇に求めた。この要求は、緊張感を孕むものだった。少なくとも誓文発表から明治改元を経て明治二年（一八六九）七月の制度改革（上局会議廃止、公議所が集議院に、官吏公選制廃止）までの一年半、公論による政治が重んじられたことは、この緊張感の持続を物語っている。

2

とはいえ、新政府のスタートに二重の嘘――隠しごと――が伴われていたのは確かだった。その第一は、新政府における攘夷から開国への転換が外的圧力への屈服にほかならなかった事実であり、その第二は、錦旗がにわか仕立てのものであり、状況の産物以上のものではなかったという事実である。

発足当時の新政府の指導者たちは、自分たちのついた嘘を明瞭に自覚していた。岩倉具視は、明治二年（一八六九）二月における意見書「會計外交等ノ條々意見」中の「外國ノ事」の項で述べている。黒船来航以来、天下の有志者たちが命を落としたのも、薩長が外国と闘うことになったのも、七卿落ち、姉小路公知暗殺、中山忠光らの大和義挙の惨敗も、さらには徳川慶喜や松平容保が朝敵になったのも、列強による開国要求に端を発している。事の順逆を誤ってはならない、と。このくだりには、官賊範疇や錦旗の使用も列強の開国要求という条件の関数であるという、岩倉の冷徹な認識が示されている。

つづけて岩倉は書く。それゆえに、朝廷に政権が移るにおよび、天下の人びとが、ついに攘夷をなすべき時がきたのだと期待しているのは当然のことである。にもかかわらず、実際には新政府は、列強の各国公使につぎつぎと天皇への謁見を許している。

是ニ於テ天下愕然忽チ疑惑ヲ生ジ相謂テ曰従前　朝廷ノ攘夷ヲ主張セシハ畢竟其心夷ヲ攘フニ不在シテ唯幕府ヲ斃スニアリ。寧シロ　旧幕府ノ愈レルトスルニ不如ト。嗚呼是レ不解事ノ説ト雖トモ其ノ之ヲ諭ス事得サルハ亦政府ノ罪ナリ。今宇内ノ形勢ヲ達観シ且旧幕外交ノ道ヲ失セシ所以今日　朝廷ノ外交セサル事ヲ得サル所以等ヲ看破セシ者海内能幾許人アランヤ。天下狐疑ヲ生スルモ亦宜ヘナラスヤ。(22)

この意見書の示された翌月の明治二年（一八六九）三月、出石藩出身で幕臣として開成所教授を務め、江戸開城（解城）前後には主戦派の一人でありながら、同年召命を受けて政体律令取調御用掛として新政府に出仕していた加藤弘蔵（弘之、一八三六―一九一六）は、問答形式による著作『交易問答』を刊行した。この著作は、対外貿易の利国を主張し、鎖国攘夷論が「井蛙の偏見」であるゆえんを説諭する意図をもつ啓蒙書だったが、その冒頭で加藤は、一世論の代表という形で、主人公の「頑六」に次のように語らせている。

ナント才助君僕には一向合点の参り申さぬことがござる。今度御公儀と申す者がなくなつて、天下の御政事は天子様でなさるようになったから、これまで御公儀で御可愛がりなさった醜夷《けとうじん》等は、じきに御払攘になるだろうと思うて楽しんでいましたら、やっぱり以前の御公儀と同じことで、加之《おまけに》大坂や兵庫にも交易場が御開きになり、また東京でも交易を御開きなさるというは何たることでござろう。どうもこの頑六などには一向合点が参り申さん。(23)

岩倉と、そのもと敵側だった加藤の著述が示唆しているのは、開国への方針転換の際に納得のいく理由を示せなかったことが、自らの権力支配の正統性を脅かしていることへの危機意識が、新政府の指導者たちにおいてどれほど深刻だったかである。

彼らにとって、嘘を表明する時期と相手は限られてしかるべきものだった。薩摩藩士として戊辰戦争に従軍し、近藤勇処刑への反対者としても知られる有馬純雄（藤太、一八三七―一九二四）によれば、開戦前夜の慶応三年一二月二五日ごろ、西郷の門人中村半次郎（桐野利秋）に連れられて岩倉邸に赴いた有馬は、「この戦が終わったら攘夷をしなければならないが、手配はできるか」と、岩倉が中村に問う場面に居合わせた。そのとき中村は、攘夷などとあなたの口からお出しになるものではございません、これからはむしろ世界各国と交わって、西洋の長をとり、わが国の短を補い、そのうえでわが長を発揮して、帝国の威光を宣揚しなければなりません、と答えた。訝しんだ有馬が西郷を訪ねると、西郷は――「尊皇は千古一貫す、攘夷は為すべきものに非ず」という藤田東湖の示唆に基づく発言であると有馬は注記しているが――こういったという。

ア、お前にはまだ言は無かつたかね、モー云つて置いた積りヂャッタが、アリャ手段と云ふモンヂヤ、尊皇攘夷と云ふのはネ唯幕府を仆《たふ》す口実よ、攘夷〳〵と云うて他の者の志気を鼓舞する斗《ばか》りヂヤ、

詰り尊王の二字の中に討幕の精神が含まれて居る訳ヂャ。(24)

有馬が記す西郷の答えには——そして慶応三年の有馬がそれを問うた形跡はないのだが——当然いくつもの問いが向けられうる。「攘夷」を「口実」たらしめる「討幕」とは、では何のためのものか。「尊皇攘夷」がその「口実」であるとして、「口実」を利用しているうちに、その「口実」に足を掬われ、呑みこまれる危険はないのか。内戦で勝者となった新政府指導者たちの課題は、自らが嘘をついたことの意味をどう納得し、その嘘からいかなる「まこと」を生み出しうるかという形をとっていた。この問いへの答え方をめぐる勝者内部の対立は、のちに明治六年政変による政府分裂を引き起こす根拠になる。

だがさしあたり、大久保、木戸、岩倉をはじめとする指導者たちにとってその「まこと」とは、版籍奉還、諸藩における近代化に向けての藩政改革などの漸進的過程を経つつ、最大公約数的には次の二点に集約されうるものだった。すなわち、対外的には不平等条約改正の実現（列強諸国との対等な関係主体の構築）であり、国内的には、一君万民体制による強力な統一政体創立に向けての権力集中——封建制撤廃と郡県制実施（廃藩置県）——である。明治四年（一八七一）四月、変革遂行の支えとしうる軍隊を率い、藩主島津忠義とともに鹿児島から東京に戻った西郷の賛同に力を得て、七月一四日、列島内部の最大課題と目された廃藩置県が断行された。列強に伍していくためには廃藩は不可欠な過程であるというのが、旧体制の力強い擁護者とも目されていた西郷の大局的判断だった。そしてこの明治四年は、イタリア（一八七〇年）、ドイツ帝国（一八七一年）という、ヨーロッパにおける後発近代国家の形成とほぼ同時期にあたっていた。

列島が直面する諸課題、すなわちE・H・ノーマンがいう「近代国家の樹立、（有利な国際的勢力均衡によっても、また中国を障壁としても、永久に引き延ばしておくことのできない）侵略の危険を受けとめるための最新式国防軍の建設、武装兵力の基礎となる工業の創始、工業的近代国家にふさわしい教育制度の形成」を最短期間のうちに実現させるために、新政府指導者たちは、ノーマンの表現を借りれば、「専制的・保護的手段」こそが「日本を植民地的国家の列に落とさせないための唯一の可能な手段」であると考えたのだった。

この変革はその推進者たちにとって、これまでの忠誠対象である主君への反逆を意味するものだった。この時彼らが直面していたのは、従来の価値基準からすれば、今度は自分たちこそが「賊」とみなされうるし、もしこの変革を当為とするならば、場合によっては――この変革に異が唱えられた場合には――かつての主君をさえも「賊」とみなさなければならなくなるという難題《アポリア》である。それは新政府の指導者たち自身に、彼らが依拠しつつここまできた官賊範疇の限界を悟らせずにはおかない事態だった。天皇をいただく新政府か、主君をいただく旧体制か。二つの忠誠対象をめぐる相克が、変革の遂行者であり犠牲者でもあった武士たちのなかで激しくなるなかで、官賊範疇が負の遺産であることへの自覚とその自制の試みを、新政府指導者たちは必要とした。

変革遂行に供されたのは、内外使い分けの論理だった。それは、官賊範疇を温存し、しかも官賊範疇を相対化しなければならないという、屈曲した二重の要請に応えるべきものだった。久野収は、鶴見俊輔との共著のなかで、列島の近代化を推進する際に指導者層が採用したのが、「顕教」と「密教」として譬えうる二つの信仰、もしくはイデオロギー体系の使い分けの論理だったことを指摘している（「日本の超国家主義――昭和維新の思想」『現代日本の思想』所収）。久野によれば、「顕教」は被指導者層にあてがわれる「タテマエ」としての神話を、「密教」は近代国家の一員として要求される諸事項について指導者層内部で共有されるべき「申し合わせ」をさす。そしてこの「顕密二分法」ともいうべき思考法に基づき、やがて伊藤博文は、天皇信仰と立憲制を両輪とする「システム」を考案するに至る[25]。

久野が解析してみせたこの思考法は、伊藤一人の専売特許というわけではなく、不平等条約の調印と勅許の事実を背景に、開国和親の布告から「偽官軍」および攘夷事件への対処、そして内戦の遂行に至る、自己の正統性の提示をめぐる苦境のなかから、新政府指導者層が経験的に培ってきた思考法である。それは、苦しみのなかで最初についた嘘を、あくまでもつきつづけるという選択肢への誘惑の産物でもあった。

この思考法が施政方針に位置づけられ、発動した嚆矢ともいえる事例は、江馬修（一八八九―一九七五）が歴史小説『山の民』に描いたことで知られる「梅村騒動」の顚末である。慶応四年（一八六八）一月、東山道鎮撫使として飛驒高山に入り、「天朝御用所」の看板を高山陣屋に掲げた国学者・神道家の竹沢寛三郎（一八二九―一九〇二）は、年貢半減令を発布して領民の絶大な支持を受けたが、理念を無媒介に実行しようとする姿勢が新政府内からの抵抗を受け、免職処分にあう。その後、尊攘派の志士だった水戸藩士・梅村速水《はやみ》（沼田準次郎、一八四二―七〇）が後任として初代高山県知事となり、新政府の意を汲みつつ、竹沢の掲げた年貢半減令を取り消し、地主や豪商の利を重視する政策を実施すると、それを契機に大規模な百姓一揆が起こる。政府は梅村をここでも処罰対象とし、明治二年（一八六九）三月、今度は獄に投じた（翌年獄死）。竹沢が処分されたのは、竹沢の顕教が密教に反したからであり、梅村が罰せられたのは、梅村の密教が顕教に反したからである。いずれも、使い分けに通じなかったことが罪に問われたのだった。理想と現実の矛盾として考えられるべきものが、二つのイデオロギーの使い分けの適否の問題に変換されたのである。

この変換の論理が、戊辰戦争の敗者への態度としては、官賊範疇を「タテマエ」、近代化の必要を「申し合わせ」とする二分法として発揮されることになる。そしてこれが、五稜郭で降伏した榎本武揚が、明治五年(一八七二)一月、特赦により出獄し、開拓使官吏として新政府に任用されるという「寛典」を支える論理だった。

顕密二分法は、一連の急激な変革の断行がもたらす不条理や犠牲を、旧封建諸勢力、あるいは被支配層の人びとが受けとめるための「緩衝材」(渡辺京二)を用意するうえで力を発揮し、驚くべき高能率での変革を可能にした。この「緩衝材」の使用は、だがあくまでも応急処置にすぎず、その耐用年数は有限だった。[26] そのことを忘れ、指導者自身がその「緩衝材」に依存するに至るなら、そこに虚偽意識がしのびこみ、自分でかけた魔法に自分がかかることになるだろう。顕密二分法の使用には、状況と思考、目的と手段の連関を見失うことのない、強靭な意力と知力を備えた主体の存在が必須の条件だった。

では、中央政府が主導するもろもろの変革に対する抵抗がもし微弱で、高能率での変革が実現した場合、その抵抗の弱さ――主体性の弱さ――は、列島の近代に何をもたらすことになるのか。それは少なくとも官賊範疇の温存を前提にする限り、勝者には答えることの難しい問いだった。

3

戊辰戦争の勝者が生み出した思考が「顕密二分法」だったとすれば、敗者による思考の原形質になったのは、官賊範疇の濫用に対する理不尽の感覚と、「勝てば官軍」の認識だった。

敗北の経験は第一に、新政府に抗し、敗れた者がなぜ「賊」とみなされなければならないのかという理不尽の感覚を喚起した。米沢藩士・雲井龍雄は、奥羽越列藩同盟の結成を受けて長文の明晰な檄文「討薩の檄」を執筆し、将兵を勇気づけたことで知られた志士だった。「伏水［注・伏見］の事、元暗昧、私闘と公戦と孰《いず》れが直、孰れが曲と弁ず可からず。苟《いやしく》も王者の師を興さんと欲せば、須《すべから》く天下と共に其の公論を定め、罪案已に決して、然る後徐《おもむろ》に之を討つべし。然るを、倉卒の際、俄に錦旗を動かし、遂に幕府を朝敵に陥れ、列藩を劫迫して、征東の兵を調発す。是れ、王命を矯《た》めて私怨を報ずるの姦謀なり。其の罪、何ぞ問わざるを得んや」。米沢藩降伏に際しては、多年の疲労と憤激のあまり吐血し、「我が事終矣《おわんぬ》」と日記に書く[27]。

戦後は、新政府で集議院議員を務めたが、直ちに辞職、その後は内戦の敗者たちの救済を目論んで、芝に帰順部曲点検所を開設、新政府への嘆願活動を行った。参議広沢真臣のように、雲井の主張に耳を貸そうとする動きも政府内にはあったが、一連の動向に政府転覆計画を看取された雲井は捕縛され、斬首された。雲井が新政府、特に薩摩を「賊」と呼んだのは、それが「敵」だったからではなく、説得的な理念なしに、天皇を政治的手段として利用しつつ独断で急激な変化を進め、人びとに犠牲を強いていると考えたからである。内戦を経ずとも漸進的な近代化は可能だったはずだというのが、雲井の主張だった。それは、戊辰戦争の敗者に抱かれた理不尽の感覚の最大公約数的な拠り所でもあった。

二八〇石の会津藩士の子弟だった柴五郎（一八六〇—一九四五）が、死を前に書き遺した回想をもとにした『ある明治人の記録』（石光真人編）には、敗者における理不尽の感覚の成り立ちが克明に記されている。恭順謹慎した藩主を討つために若松城下になだれこんだ新政府軍の攻撃の前に、五郎の母、祖母、姉妹、兄嫁が自刃する。五郎は九歳だった。戦後藩は下北半島斗南の地に移封され、柴一家もそれに従ったが、寒さと飢えという過酷な生活条件のなかで、これを挙藩流罪の極刑と感じる。絶望する一家に父は、「やれやれ会津の乞食藩士ども下北に餓死して絶えたるよと、薩長の下郎武士どもに笑わるるぞ、生き抜け、生きて残れ、会津の国辱雪ぐまでは生きてあれよ、ここはまだ戦場なるぞ」と叱責する。廃藩置県後は上京して陸軍幼年学校に入り、士官学校を経て軍人への道を進む。日本の敗戦の三年前に石光に語った言葉は、「この戦は負けです」だった。[28]

五郎の兄柴四朗（一八五三―一九二二）は、東海散士の筆名で小説『佳人之奇遇』（初篇一八八五年刊行、一八九七年完結）を書き、この理不尽の感覚を、同様の経験を余儀なくされた人びとへの共感に編み上げた。この作品は、米国留学中の旧会津藩士が、スペイン、アイルランドの女性志士と邂逅して語り合う形をとり、虚実入り混ぜながら、一九世紀後半の帝国主義的な弱肉強食の世界に置かれた小国の悲哀を描き出している。トゥサン・ルーベルチュール（一七四三頃―一八〇三）の指導のもと、フランス革命に力を得て宗主国フランスから独立し、西インド諸島に初の黒人共和国を建設したハイチ革命（一七九一―一八〇四）についての情熱的な言及（巻六）は、列島の近代を見返す準拠枠の提示でもあった。[29]

敗北経験は第二に、「勝てば官軍」という認識を育んだ。福沢諭吉は、一九〇一年（明治三四）に刊行した『福翁百餘話』において次のように書いている。

古来幾多の戦争内乱に其名義は様々なれども、敵味方の双方に就て見れば双方共に忠臣義士ならざるはなし。恰も忠義と忠義との衝突にして、其人の心事を尋れば固より同一様にして、正邪は唯勝敗に由て分るゝのみ。勝てば官軍、負れば賊の諺は、事の真面目にして、忠臣義士と乱臣賊子と其間に髪を容れず、誠に危険なりと云うべし。[30]

「勝てば官軍、負ければ賊軍」という命題は、官賊範疇の相対性の開示を――「官軍だから勝った」「賊軍だから負けた」という論法を通して――隠蔽、抑圧する動きへの抵抗を核に置く点で、しまねきよしが指摘するように、敗者こそが意味を見出しうる認識だった。[31]

幕臣を辞め、中津藩の扶持米を返上し、さらに新政府への出仕も固辞して一平民として私塾と出版による独立を企てていた明治初年の福沢が、すでにその命題の意味を見出していたことをうかがわせるのは、戊辰戦争の敗者に対する二つの助命運動への関与である。[32] 一つは、奥羽越列藩同盟の謀主の一人で年来懇意にしていた仙台藩重臣・大童信太夫《おおわらしんだゆう》（一八三二―一九〇〇）が戦犯指名を受け、東京に潜伏していた際に、手を尽くして身の安全を確かめたうえで自首を勧めたもので、その動機を『福翁自伝』は、「仙台藩の無気力残酷を憤ると同時に、藩中稀有の名士が不幸に陥りたるを気の毒に感じたからだった」と語る。もう一つは、榎本武揚に対するもので、榎本との交友はなかったものの、妻と遠縁の榎本が縁戚から忌避されている状況を知り、やはり義憤を抱いたのである。箱館戦争の新政府軍参謀だった黒田了介（清隆）が、降伏時に榎本から贈られたオランダ語の講義筆記『万国海律全書』の写本を、人を介して福沢に示し、翻訳を求めてくると、福沢はその機を捉え、最初の四、五頁を丁寧に訳したうえで、この貴重な本の意を解しうるのは講義を聞いた当人のみであると返答し、助命への伏線をめぐらせた。この伏線を筆頭参議・西郷隆盛が後押ししたというのが、榎本助命の経緯だった。福沢側から見れば、勝者の顕密二分法を逆手にとったことになる。

「勝てば官軍」という認識は一見、「正義とは勝者の利益のことである」という、プラトンが対話篇『国家』で登場人物のトラシュマコスに語らせた主張に近くも見えるが、それを支える気分においては、むしろトラシュマコスに抵抗する（プラトン描くところの）ソクラテスと思考の出発点を共有している。

敗者の思考は、理不尽の感覚に鑑み、「勝てば官軍」の認識をどのような方向に展開するかという形をとるとともに、その展開の方向をめぐって諸類型を分岐させることになる。

敗者側にも勝者同様に大義はあったとし、その正当な評価をもとめた人物の典型としてしまねきよしは、榎本武揚、それに白虎隊に属していた会津藩士で、敗戦後イェール大学に留学して物理学を学び、のちに東京帝国大学総長を務めた山川健次郎（一八五四—一九三一）を挙げている。この二人の共通点は、明治政府の一員として官職につきながら、顕密二分法の枠内で敗者の名誉回復に努めたことである。

一八九七年（明治三〇）五月、鳥羽伏見で戦死した幕府軍将兵の記念碑建立に際して寄せた祭文に榎本は、「其遺す所の名は賊徒と罵られ、朝敵と嘲らる。それ豈諸君の戦の初めに心に期する所ならんや。嗚呼、諸君の初に戦ひしは国家の為め、君の為め、民人の為めにして、当時官軍として諸士に抗せし諸士と其志を論ずるに毫も径庭あることとなし」と記した。(33) また、旧会津藩士・北原雅長（一八四二—一九一三、恭順を唱え主戦派の圧力により自刃した神保修理の弟）の著書『七年史』（一九〇四年）に寄せた序文において、「癸丑甲寅の歳［注・一八五三—五四年］より以来国事に奔走せし者孰《いずれ》か勤王の士ならざらん、唯佐幕勤王と排幕勤王との差違あるのみ」と山川は書いた。(34) 二人の主張の要諦は、新政府軍と戦い、敗れた敗者は「朝敵」ではなく、そのことが証明されれば「賊」でもなくなる、というものだった。

これに対し、「朝敵」と「賊」の関係そのものを問題にしていたのは、下総佐倉藩士出身の倫理学者で、明六社の同人となった西村茂樹（一八二八—一九〇二）だった（「賊説」『明六雑誌』、一八七三年四月）。西村によれば、そもそも「賊」とは、人の貨財を盗み、無罪の人を殺し、民を困らせる者のことである。したがって新政府や天皇への敵対者をただちに「賊」と呼ぶのは、概念の濫用にあたる。「天子に敵する者は、皆賊にあらずというべからず。天子に敵する者の中にも賊と称すべき者あり、賊と称すべからざる者あり」。ここから当然つぎの命題が導かれる。「天子に敵する者にも賊と称すべき者あり、天子を助くる者にも賊と称すべき者あり」。さらにいえば、朝敵を称して賊と呼ぶのは、外国を称して夷狄と呼ぶのと同様に、「智識狭隘の致す所」であると西村は述べる。(35)「賊説」を書く西村は、朝敵を賊と呼びつつ外国を夷狄と呼ぶのを非とする「タテマエ」と「申し合わせ」、顕教と密教の使い分けを容認していない。それは、榎本と山川によっては引き継がれなかった論点だった。

勝者にも敗者にも大義があった。では、そこで大義と大義が衝突せざるをえなかったことを、どう考えたらよいのか。それは、『万国公法』を支えに獄中で新政府に会津救解を訴え、統一政体の構想を建白した会津藩士・山本覚馬の問題だった。その見識を認めた新政府によって釈放されたのち京都府顧問に就任し、首都から一地方都市に変じた京都の再興と近代化に取り組んでいた山本は、一八七四年(明治七)二月、『万国公法』の紹介者でもある旧幕臣の知己西周の著書『百一新論』――山本も聴講した慶応三年の講義の記録をもとにした――を出版し、友人南摩《なんま》綱紀《つなのり》(一八二三―一九〇九)の代筆によって自ら序文を認めた。

『百一新論』は口語体による著作で、philosophy に対する「哲学」という訳語の嚆矢としても知られているが、その中心的主題は、孔子、孟子と荀子、韓非子、それにグロティウスらの考えを引きつつ、「政(人を治めること)」と「教(人を導くこと)」、「正しいこと」と「善いこと」の区別を説くことだった。同書で西は、儒教において他者を思いやる心としての「仁」が、仁の表現としての「礼」、さらに天下を支配する手段としての「法」と区別される根拠を問いながら、善くなくとも正しいこと、善くとも正しくないことがある事態に読者の注意を促そうとしているのだが、山本はその序文で述べている。

余読んで喜んで曰く、政教の別是においてか明らかなり。余古今を通観するに、政教並行すれば即ち国は文明に進み、否なれば俗野蛮に陥る、故に能く此の理を知れば即ち政愆《あやま》る所なく、教乖《そむ》く所なし。此の理に通ぜざれば即ち政教矛盾倒行逆施至らざる所莫《な》し。即ち斯の書の国家に裨益するところ豈に尠々ならんや。(36)

これを書く山本は、まさに会津藩が敗北に追いやられていく過程をかえりみていただろう。戊辰戦争で山本は、弟と父を戦死させていた。主君に忠誠を尽くすことが「善いこと」だとしても、それがつねに「正しい」行為とは限らない。ここでの「善い」とは、他との関係をかっこに入れた、自己の内属する共同性に妥当する価値基準であり、「正しい」とは、自己の内属する共同性をかっこに入れた、他との関係における自己に妥当する価値基準である。「善いこと」と「正しいこと」のそれぞれに固有の価値を求めつつ、その亀裂に耐えうるかどうかが文明の試金石である。そう考えるなら、新政府の行為もそれへの抵抗も、欧米列強と列島社会の関係性も、その基準から検証し直す道が開かれるだろう。同時にそれは、「統整的理念」と「構成的理念」の関係という主題についての、彼なりの解釈の存在をうかがわせるものでもある。『百一新論』が山本に与えたのは、敗者の思考がさらに広い場所に向けて開かれていく可能性の示唆だった。

第三章　一八七三年のアポリア

［岩倉ミッション／西郷隆盛と大久保利通／政府分裂と明六社］

1

一八七三年（明治六）一〇月、明治新政府を揺るがし、二つに分裂させる政変が起こった。それは、西周の『百一新論』が山本覚馬の序文を付して刊行される四か月前のことだった。

政変の直接の引き金になったのは、帝国主義秩序に身を投じつつ、列強による植民地化の危機を回避すべく新たな対外関係の構築をめざす列島政府と、華夷秩序を前提に鎖国をつづける隣国朝鮮との関係が悪化するなかで、その事態への対し方をめぐって顕わになった――征韓論争として知られる――意見の対立だったが、その対立の根幹にあったのは、立国の根本を支える理念のあり方それ自体をめぐる対立、すなわち世界像の対立だった。

そもそも明治新政府の樹立とそれに後続する一連の変革過程は、アメリカ独立戦争、フランス革命のような理念先行型のそれではなく、欧米列強による開国強要を受けての、内外の状況との格闘の産物である点に特徴をもつものだった。民間史家の竹越与三郎（一八六五―一九五〇）が、現代の失政を革めて旧政に復せしめようとする「復古的革命」や、現在の制度を破壊して未来に理想を見出そうとする「理想的革命」とは異なる、「ただ現在の社会に不満に、現在身に降り積もりたる痛苦に堪えずして発したる」「乱世的革命」としての「維新革命」を語っているのも、(37) また渡辺京二が「明治維新とは、日本が近代世界システムに編入されたがためにとらざるをえなかった緊急避難的な対応であった」という指摘を行っているのも、(38) この特徴に言及したものだといえる。

そうした特徴のゆえに、松陰、龍馬、中岡のような志士たちが、状況との格闘のなかで——攘夷と開国の関係の再定義という形で——自得してきた理念への顧慮も、変革推進主体が直面する当面の要求の前に、一時的に抑圧、凍結されざるをえなかったのだが、廃藩置県と、それにつづく急激な改革断行は、その抑圧や凍結のもたらす一つの重要な帰結を、列島の人びとに鋭く突きつけることになった。

戊辰戦争の勝者としての新政府にとっての喫緊の課題は、自己の正統性——対外的には条約締結主体としての徳川幕府との連続性を、国内的には、自らが打ち倒した徳川幕府との非連続性——を証明してみせることだった。新政府が内外使い分けの論理に依拠しつつ、列島の人びとに対して嘘をつかざるをえなかった背景にあったのは、この困難だった。

では、嘘からいかなるまことを生むか。これは、新政府指導者たちが等しく向き合わざるをえなかった問いだったが、内部分裂を生んだのは、問いに対する答えの探り方の違いだった。「征韓論をめぐる政府首脳部の分裂は、攘夷から開国への、なしくずし的転化によって、己の覇権を成就した明治政権の宿業であった」と、遠山茂樹は述べているが、(39) その「宿業」とは、開国を強要される側の後発近代社会では世界像の対立という難題《アポリア》が不可避だったことであり、「政府首脳部の分裂」はそのアポリアに随伴する一つの結果というべきものだった。

政府内部に潜在していたその世界像の対立を顕在化する契機になった出来事は、明治四年（一八七一）

一一月、廃藩置県の首尾を見届けたうえで実施に移された、岩倉使節団による米欧一二か国の視察回覧だった。

使節団の目標は、一九世紀の後半に、華夷秩序の一角をなしていた極東の一島国が、帝国主義的な欧米世界と遭遇し、国を統一し、開くことの――人類史的な――意味を見定め、列強との不平等な関係の是正――徳川幕府が結んだ不平等条約の改正はその重要な指標だった――に向けての指針を得ることだった。とはいえ、彼我の条件の違いゆえに条約改正はすぐには望めなさそうなので、まずは日本の状況を諸外国に知らせたうえで親善を図りながら、諸外国の実状を調査研究したうえで、条約改正に必要な条件を整えるための国内の制度改革を実施するというのが、新政府指導者たちの立てた目論見だった。

幕末の動乱をくぐりぬけ、攘夷から開国への転換のからくりに通じ、転換に伴う多くの死者たちを見送ってきた当事者自身によって、条約改正と国内改革の主導権は掌握される必要があるというのが、岩倉具視、大久保利通の判断であり、大使・副使の人選はこの判断に基づいて行われた。筆頭参議として留守政府を預かることになった西郷隆盛も、その判断に異を唱えた形跡はない。

岩倉使節団の派遣は、新政府の最高指導者の半分を実地教育に送り出すという大胆な冒険だった。副首相格の右大臣岩倉具視（四七歳）を特命全権大使、大蔵卿大久保利通（四二歳）と参議木戸孝允（三九歳）、工部大輔・伊藤博文（三一歳）、外務少輔・山口尚芳（三三歳）を副使とするこの使節団は、約五〇人の随員と、五人の女子留学生を含む約六〇人の留学生によって構成されており、随員には、海外知識と実務経験をもつ旧幕臣も少なくなかった。旅の内実については、佐賀藩出身の随員久米邦武（一八三九―一九三一）が、一般読者を想定した公正な文体に支えられた報告書『米欧回覧実記』（一八七八年刊行）を残している。

一行は、太平洋航路で米国西海岸に渡ったのち、東海岸から英国に出て、フランス、ベルギー、オランダ、プロシャ、ロシア、デンマーク、スウェーデン、イタリア、オーストリア、スイスを訪ねた後、地中海、紅海、インド洋、東シナ海経由で帰国した。実際の行程は当初の予定を超えて、一年一〇か月にもおよんだ。

旅は試行錯誤を伴っていた。その最大のものは、薩摩藩の秘密留学生として渡英した経験をもつ駐米少弁務使の森有礼（一八四七―一八八九）の献策と、長州藩のやはり秘密英国留学生だった伊藤博文がそれに同調したことに引きずられる形で、米国滞在時に受けた歓待を過大評価し、条約改正の予備交渉に着手したことだった。そのことは、岩倉、大久保、木戸における焦燥感の存在を物語っていたが、時期尚早と気づかされると直ちに彼らは交渉を打ち切り、その失敗の痛手に耐えつつ、内にも外にも「鉄面皮」[40]で押し通す決意を固め、軌道を元に戻した。失敗がもたらした行程の長期化は、彼らの視察を充実させる結果を生んだが、同時に留守政府との齟齬を深めさせる方向にもはたらいた。

彼らが旅を通して得たものの第一は、何よりも彼我の落差の認識だった。米国滞在後、四か月にわたり英国を回覧した使節団は、その富強ぶり、繁華ぶりに強い印象を受けるとともに、貧民街をも訪れ、視察に奥行きを加えている。さらに彼らの関心は、大国のみならず小国にも向けられることになったが、大国と小国の関係の現実に思いをいたすなかで、英国を頂点とする文明の階梯の序列に地球上の諸地域を位置づける視点を、彼らは獲得するに至った。

第二には、「万国公法」の限界の認識だった。「万国公法」の存在を最初に列島に伝えたのは、不平等条約の締結に携わったハリスだった。ハリスは、各国公使の取り扱いに関する幕府役人の質問に対して、「万国普通之法」に従うと述べたが、この発言は、主権国家間関係を前提にした、華夷秩序とは全く異質な世界秩序の感知を列島にもたらし、衝撃を与えた。その後漢文訳、日本語訳を通じてこれに対する関心と知識が広まり、海上事故をめぐる大藩紀州藩との係争（慶応三＝一八六七年のいろは丸事件）解決の根拠として用い、成功した海援隊の坂本龍馬に象徴されるように、弱肉強食の世界への抵抗を支える根拠として、万国公法は解釈された。その「公法」をたよりに条約改正交渉を急ぎ、失敗していた一行は、日本とほぼ同時期に領邦国家を統一し、近代国家を出発させた後発国プロシャで、宰相オットー・フォン・ビスマルク（一八一五―九八）の演説を聞いた。

方今世界ノ各国、ミナ親睦礼儀ヲ以テ相交ルトハイヘトモ、是全ク表面ノ名義ニテ、其陰私ニ於テハ、強弱相凌キ、大小相侮ルノ情形ナリ、予ノ幼時ニ於テ、我普国ノ貧弱ナリシハ、諸公モ知ル所ナルヘシ、此時ニ当リ、小国ノ情態ヲ親《みずか》ラ閲歴シ、常ニ憤懣ヲ懐キシコトハ、今ニ耿耿《こうこう》トシテ脳中ヲ去ラス、カノ所謂公法ハ、列国ノ権利ヲ保全スル典常トハイヘトモ、大国ノ利ヲ争フヤ、己ニ利アレハ、公法ヲ執《と》ヘテ動カサス、若シ不利ナレハ、翻スニ兵威ヲ以テス、固《もとよ》リ常守アルナシ、小国ハ孜孜《しし》トシテ辞令ト公理トヲ省顧シ、敢テ越エス、以テ自主ノ権ヲ保セント勉ムルモ、其簸《は》弄凌侮《ろうりょうぶ》ノ政略ニアタレハ、殆ト自主スル能ハサルニ至ルコト、毎《つね》ニ之アリ(41)

強弱相凌ぎ、大が小を侮るのが国家間政治の現実であり、万国公法は小国を助けてはくれない。英仏両国の植民地主義の圧力のなかで、小国として列国に対峙する実力を養ってきたのがわがプロシャである、と語るビスマルクの演説は、大久保ら一行に深い感銘を与えた。万国公法の実質は実定法ではなく、力を背景にした列強同士の申し合わせ＝慣習法であるというのが、彼らの手にした理解だった。

そして第三に、一神教としてのキリスト教が、欧米文明における技術や統治の中心的推進力として存在するという認識だった。急激な近代化に列島が耐えるには、その緩衝材として、キリスト教の精神的等価物としての天皇信仰が有効である。この発見は、すでに試験的に用いられていた顕密二分法を、天皇の二重の解釈装置——列強とエリートに対しては立憲君主、国民に対しては信仰の対象——に用いるというアイディアに到達させることになる。

「文明ト呼ヒ、開化ト叫フモ、全地球上ヨリ謂ヘハ、一隅ニ於テ星大地ノ光リニスキス、陸壌ノ広キ十ノ九ハ、猶荒廃ニ属セルナリ」と、ロシア総説の項で久米邦武は記している。(42) 君民共治と、私的財産の保護を起動力とする貿易と工業の発展に支えられた英国の状態を遠い理想としつつ、目下の方針としては、ビスマルクの指導のもとに荒々しく近代化を進める後発国プロシャの流儀に学び、天皇を戴く中央集権体制のもとに殖産興業と富国強兵を推進するというのが、急進主義（大久保）と漸進主義（木戸）の対立を抱えてはいたにせよ、米欧使節団首脳における合意事項だった。

2

一方留守政府の課題は、条約改正の基礎条件を整える国内諸改革——封建制の解体と近代化の推進だった。西郷隆盛を実質的首班、太政大臣・三条実美（公家）を形式的首相格としつつ、井上馨（長州）、山県有朋（長州）、板垣退助（土佐）、後藤象二郎（土佐）、江藤新平（一八三四—七四、佐賀）、大隈重信（一八三八—一九二二、佐賀）、大木喬任《たかとう》（一八三二—九九、佐賀）らから構成されていたメンバーは、当初は大使に立候補していた大隈の提案によって、使節団と一二か条からなる約定を取り交わし、重要な案件については相互了解を必要とする点で合意していたが、徴兵制度、学制、地租改正、司法制度の確立など、留守政府が企てた諸改革の実施にはめざましいものがあった。

明治五年(一八七二)二月、土地永代売買解禁。八月、学制発布、穢多非人の呼称廃止、マリア・ルーズ号裁判。九月、新橋・横浜間に鉄道開通。一〇月、官立富岡製糸場操糸開始。一一月、太陽暦採用。

一八七三年(明治六)一月、徴兵令発布。二月、仇討禁止令、キリスト教禁止高札撤廃。七月、地租改正条例制定。

廃藩置県により生活の根拠を失った士族たちの最大の擁護者と目されていた西郷だったが、その西郷の存在をぬきに留守政府による改革断行は難しかった。西郷は、列島が列強に対峙しうる実力を身につけるには、諸改革は不可避との判断をもっていた。

改革の急激な断行は当然、取り残される人びとによる激しい抵抗を引き起こした。そのひずみのなかにあって、苦しみを抱えていたのが西郷だった。新政府樹立に貢献しつつ改革の犠牲とされる士族への惻隠の情と内戦の死者への思い。山城屋事件などの汚職に象徴される権力体質への悲憤。軍制改革への必要上、山城屋事件に関わった陸軍大輔・山県有朋を近衛兵たちからの糾弾――西郷はこれを「破裂弾」と表現した――から庇うために、西郷は参議と陸軍大将、近衛都督を兼ねるに至っていた。そして新政府の改革に真っ向から異を唱える旧主島津久光からの激しい弾劾――ロンドンの大久保利通に宛てた手紙のなかで西郷はこれを「着発弾」と表現した(43)。こうしたことによって、しだいに西郷は元気を失っていった。岩倉使節団の長期化により、ディレンマの度合いを深めた西郷は、心身を著しく苛まれるなかで、突破口を切に求めた。

この時期西郷は、一〇か条の新政府批判と意見書を掲げ、明治三年（一八七〇）七月に集議院の門前で切腹していた薩摩藩士・横山安武（一八四三―七〇、森有礼の実兄）の悼詞を書いている。また、戊辰戦争で庄内藩を降伏させた際の措置と態度に感銘を受け、西郷に私淑していた旧藩主酒井忠篤《ただずみ》（一八五三―一九一五）、旧藩士菅実秀（一八三〇―一九〇三）らと親交を温めてもいる。そうしたなかで西郷は、「討幕の根元」、「御一新の基」（いずれも西郷自身が一八七三年八月三日付三条実美宛意見書で用いている表現）とは何かについて、反芻する時間をもたずにはいられなかったと思われる。

文政一〇年（一八二七）、薩摩の下級士族の家に生まれた西郷は、郡方書役助《こおりかたかきやくすけ》として農民の苦境と向き合うなかで自己形成したが、明清に朝貢する琉球を勢力下に置くことで海外への視野を培ってきた家風を背景に、列島最初の本格的洋式工場・集成館での諸事業を通して富国強兵策を進めていた開明派の主君島津斉彬の薫陶を受け、列島の侵食を目論む列強に対するアジア諸国の同盟と、それによる共同防衛体制の確立を射程にすえたその世界構想に接したことが、一大転機になった。それとともに、留学先の江戸で相知り、立国に不可欠の根本としての元気（正気）のあり方を問うていた藤田東湖から受けた影響も大きかった(44)。

幕末の西郷は、元気（志気）の源としての攘夷というアイディアを抱き、倒幕を実現させたが、明治の西郷は、もう一度初めからやり直す元気の源泉を、隣国朝鮮政府と日本政府の関係悪化に伴う征韓論の盛行と、その方向づけのうちに見出したようである。

列強中心の帝国主義的秩序に参入し、開国和親の方針に転換した日本政府（明治政府）は、華夷秩序の内部にとどまり鎖国攘夷政策をつづける朝鮮政府とのあいだに旧幕時代とは異なる新たな関係の構築を求めたが、旧対馬藩が通信関係を仲介していた際の文書形式との違いを理由に拒否された。そのことを契機に双方が双方を「無礼」とみなし合う状況が生じ、対立が激化すると、列島の固有性の確認を踏まえた列強への共同防衛への顧慮と、朝鮮半島と地理的に近接する長州の警戒心に由来する――吉田松陰、木戸孝允らによる――征韓論が、形を変えて再燃した。そして、岩倉ミッションの外交上の失敗と、一八七三年一月の徴兵令発布による士族への刺激が、この動きを加速した。

一八七三年（明治六）、旧対馬藩が管理していた釜山の「草梁倭館」を外務省が「大日本公館」と改称し、自らの管轄に移すと、これに対する朝鮮側の反発が強まり、日本側居留民の保護が困難と目されるところまで事態が悪化した。その現地報告を受けて同年六月に開催されたと考えられている太政官閣議で、軍事力を背景にした使節派遣を主張する外務省の原案に参議板垣退助が賛成し、軍隊の即時派遣を主張した。それに対し西郷は、軍隊なしの全権使節を派遣し、「公理公道」をもって朝鮮政府を説き、「自ラ悔悟セシムルニ如カス」とする使節派遣論を主張し、自らがその大使となることを志願した。

板垣らの即時派兵論を牽制し、遣韓大使に志願した西郷の真意は、「御一新の基」の問い直しにあった。西郷にとっての「御一新」とは、列強の理不尽な侵食に対する抵抗（共同防衛）に向けて、列島の人びとが元気を振るい、力を合わせうるしくみをつくりだす過程であると同時に、それを支える理念へのコミットメントをさすものだった。西郷の見るところ、新政府はすでに立国の根本を見失いつつあり、危機に瀕していた。そして征韓論の盛行は、その反動だった。それでは「戊辰の義戦」は何のためにあったのか、内戦の死者にどう申し開きできるのか、わからなくなる。

理不尽の感覚と危機意識に支えられた西郷の使節派遣論は、二段構えの形をとっていた。この時期に三条、板垣に宛てた書面から判断する限り、その理路は次のようなものだった。まず西郷自身が礼装、非武装で朝鮮に行き、国交の樹立に向けて交渉する。それは、朝鮮を日本の領土にするためではなく、あくまでも列強に対する共同防衛体制の確立を目的とするものである。それはこの使節が、列強が日本に行った砲艦外交とは異なる姿勢に立つものであることを明確に示すものである。理不尽に抗い、名分条理を正すことは、討幕の根元であり、御一新の基である。交渉がなれば最善である。交渉がならなければ、自分が殺される。その時には、日本が戦争を起こしたとしても、列強は何もいえないだろう。開戦の名分も立つだろう。結果がいずれであるにせよ、「御一新の基」を問い直す契機になるはずである――(45)。ちなみに、最初に強硬姿勢を打ち出して自他に緊張的統一を与えたうえで、その最右翼を説得する形で交渉を実現させるというのは、長州征伐の際の停戦交渉、江戸総攻撃の中止交渉において西郷自身が用いてきたのと同様の流儀でもあった。

この二段構えの論は、第一には、西郷における近代的ルールへのコミットメントの存在を、第二には、近代的ルールというものを列強由来のルール（大義名分）とその基底にある非列強由来の原ルール(御一新の基)の二層的存在とみなす西郷の把握の存在を示唆している。西郷の意図は、列強ルールに従いつつその普遍性を後発国から問い直すという、前例のない試みに向けられていた。時期は不明だが、自らを訪ねてきた――かつて西郷が戦勝者として相対した――旧庄内藩士に西郷が語ったという言葉が伝えられている。

文明とは道の普《あまね》く行わるるを賛称せる言にして、宮室の荘厳・衣服の美麗・外観の浮華《ふか》を言ふにはあらず、世人の唱《とな》うる所、何が文明やら何が野蛮やら些《ちっ》とも分らぬぞ。予嘗《かっ》て或る人と議論せしことあり。西洋は野蛮じゃと云いしかば、否《い》な文明ぞと争う、否な否な野蛮じゃとたたみかけしに、何とてそれほどに申すにやと推せしゆえ、実に文明ならば未開の国に対しなば慈愛を本とし、懇々説諭《こんこんせつゆ》して開明に導くべきに、左は無くして未開蒙昧の国に対するほどむごく残忍の事を致し、己を利するは野蛮じゃと申せしかば、其の人、口をつぼめて言無かりきとて笑はれける。(46)

留守政府が西郷遣使の件を議決し、岩倉の帰国を待って採決と内定したのは、八月一七日の閣議においてだった。岩倉ミッションの副使大久保は五月に、木戸は七月にすでに帰国していたが、閣議の内定に対して大きな動きは示さなかった。九月一三日、岩倉が伊藤らとともに帰国すると、初代司法卿として大胆な法制改革を推進していた江藤新平らを中心に独自の動きを強化しつつある留守政府から、三条、岩倉、木戸、大久保のもとに主導権を奪取しようとする動きが起こり、その中心的争点として西郷遣使問題が俎上に乗せられた。その過程において、「御一新の基」を確かめ合う試みの一部であったはずの遣使問題が、即時開戦の是非、外征か内治かの二項対立をめぐる問題にすりかえられていく。西郷という力士が、自分が立っていると考えているのとは違う場所に、土俵が移し変えられてしまうのである。

一〇月一二日、しばらく就任を固辞していた大久保が、三条、岩倉の強い懇願を受けて参議に任命された。同月一四日の午後から夜におよぶ評議では、自身の進退を賭けて八月一七日の閣議決定の確認を求め、自らの即時遣使を求めた西郷に対し、まず岩倉が樺太問題優先論を述べ、遣使延期を主張した。ついで大久保が遣使への反対意見を述べ、西郷と衝突した。大久保が筆者と見られており、正確な執筆時期や提出先の不明な意見書（「征韓論に関する意見書」(47)）では、人民の反抗、財政圧迫と外債、国内体制整備の遅れ、輸入過多、ロシアの介入、英国の介入、条約改正の阻害の七か条にわたって遣使に伴う開戦の危険性と、そこでのリスクが列挙されている。評議での大久保発言の実際についてては明らかでないが、そこに臨んだ大久保の信条は、大筋ではこれと同趣旨のものだったと考えられる。

文政一三年（一八三〇）生まれで、西郷と同じ町内に育った三歳年下の盟友大久保は、米欧回覧を通じて彼我の圧倒的落差を感受し、富強を誇る列強にいかに追いつくかに目標をしぼっていた。大久保にとっての理念とは、カントの用語にいう、実現可能性を前提にした「構成的理念」だった。それに対して西郷の関心は、列強に追いついたとしてその後どうするのか、あるいは追いつこうとする過程で何が犠牲にされるのかに向けられていた。西郷が立っていたのは、「堯舜孔子の道を明らかにし、西洋器械の術を尽す、何ぞ富国に止まらん、強兵に止まらん、大義を四海（世界）に布くのみ」と説いた横井小楠の道義国家論の系譜であり、西郷にとっての理念とは、実現可能性を離れて価値をもつ「統整的理念」だった。二人の対立は本来、討幕の根元とは何か、御一新の基とは何か、さらには文明とは何かをめぐり意見を戦わせ、二つの理念の相関関係への理解に基づいてコミットメントの対象を明確化する作業をこそ要請するはずのものだったのだが、それが閣議で行われた形跡はない。その意味では大久保も西郷も、西郷即時遣韓の是非という枝葉の部分に足を掬われて、立つべき土俵に立てなかったといえる。

岩倉、大久保の発言は結局、西郷の強硬的態度を前に少数意見となり、参議一同を動かすには至らなかった。翌一五日にもちこされた閣議において、すでに議論は尽くされたとして西郷が欠席し、変わらぬ姿勢を示すと、決して裏切らないという証文を書いたうえで大久保に参議就任を認めさせた一人であるはずの三条太政大臣が、西郷の圧力に屈する形で裁断。西郷遣韓が再確認され、大久保は敗北する。だが、精神的に追いつめられていた三条が急病を発して職務遂行不能になったことが伝わると、後進の伊藤博文による積極的な周旋を受けながら、大久保は再起して宮廷工作を開始し、岩倉を太政大臣代理に就任させたうえで、西郷遣韓延期を主張する岩倉の「私見」を閣議決定に添えて天皇に奏上せしめ、天皇を動かす形で留守政府の勢力一掃まで図るという「秘策」に打って出た。

岩倉任命の二日後の二二日、西郷は板垣、江藤、副島種臣（一八二八―一九〇五）とともに岩倉邸を訪問、閣議決定の上奏裁可を迫ったが、岩倉は応じなかった。この対決に先立ち大久保は、同日付の書簡で岩倉に奮起を促した。

丁卯の冬、御憤発一臂の御力を以て基本を開かせられ、終に今日に立至り候処、豈図らんや此の如き難を生じ、偶然御責任に帰し候も、畢竟天賦といふべし。是閣下をして始終を全ふせしむるの謂いかと愚考仕り候。實に御太儀乍ら御負担下され候様。(48)

この書簡は、大久保、岩倉が主導した慶応三年冬の王政復古のクーデターに言及しつつ、近代化断行の主導権奪回と、専制体制確立への決意を述べたものである。とはいえ、「御一新の基」の問い直しを「まこと」と見る西郷にとっては、自らもその主翼を担っていた「丁卯の冬、御憤発」とは、その「まこと」の母胎である「嘘」の謂いだっただろう。

翌二三日、岩倉による上奏が行われた同日、西郷は辞表を提出した（参議と近衛都督職についてのみ受理、陸軍大将には留任）。この辞表提出が、天皇が上奏を裁可する二四日（江藤、板垣、後藤による辞表提出はこの日）の前日に行われていることは、西郷にとっての問題は、遣使延期それ自体であるよりも、その根幹にある「御一新の基」への問いだったことを示している。約二年後の一八七五年（明治八）一〇月、列強同様の手法を用いて報復的威嚇で朝鮮国を圧迫する江華島事件を大久保政権が引き起こした際、西郷は側近の陸軍少将・篠原冬一郎（国幹、一八三六―七七）に向けて書いている。

一向彼を蔑視し、発砲いたし候故応砲に及び候と申すものにては、是迄の交誼上実に天理において恥ずべきの所為に御座候。(49)

一八七三年における政府の分裂には、内治優先派の勝利、外征派の敗北という見かけが与えられた。江華島事件は、それが仮象だったことの一証左である。大久保は、帝国主義的秩序を支える列強ルールの習得が列島社会の急務であると考えた。そのこと自体に西郷が反対していたのではない。西郷の異議申し立てが向けられていたのは、理不尽に対する抵抗のある限り必ず生成する世界像の対立というアポリアの隠蔽――西郷が「御一新の基」と信じるものの貶価――に対してだった。

3

政府分裂の根底にあった――開国被強要の所産である――後発近代社会における世界像の対立をどう考えるか、という問いは、内務省設立を通じて専制的近代化を断行する大久保政権にとっても、またその専制に抗議する列島の人びとにとっても、適切な仕方で取り組むのが困難な問いだった。政府分裂とともに捨象されたその取り組みを進んで担おうとした人びとの代表的存在が、洋学者を中心に結成された議論グループ、明六社の同人たちだった。

明六社設立のきっかけになったのは、一八七三年（明治六）七月、米国より帰国した二七歳の弁理公使・森有礼（元薩摩藩士）が、人を介して二〇歳年上の在野の洋学者西村茂樹（元佐倉藩士）に面会を申し込み、米国滞在時よりの念願だった、学術の討議研究と普及をこととするグループの結成とその人選について相談したことである。森の提議に賛成した西村は、旧幕府が設立した洋学研究機関の開成所出身者を中心にメンバーを求めた。呼びかけに応じた人びとのなかには、加藤弘之（元出石藩士・幕臣）、津田真道（一八二九—一九〇三、元津山藩士・幕臣）、西周（元津和野藩士・幕臣）のような明治政府に出仕する官僚学者のみならず、中村正直（一八三二—九一、元幕臣）、箕作麟祥《みつくりりんしょう》（一八四六—九七、元津山藩士・幕臣）、箕作秋坪《しゅうへい》（一八二六—八六、元津山藩士・幕臣）、杉亨二《こうじ》（一八二八—一九一七、長崎出身・元幕臣）、福沢諭吉（元中津藩士・幕臣）のような在野の民間学者が含まれていた。

呼びかけ人の森を除けば、いずれも佐幕派の出身であり、列強による開国強要とは独立に、開国の不可避性を看取していた人びとだった。そして森をはじめとしてそのいずれもが、列島の近代を先取りしていた半独立的政権ともいうべき地方藩——その大部分は小藩——の出身者であり、近代が一朝一夕になるものではないことを経験的によく知る人びとだった。

最初の会合——事実上の発足会議——が築地木挽町の森宅で開かれたのは、同年九月一日だった。来会者は加藤、津田、西、中村、箕作秋坪、西村。会合は毎月一日と一六日に定期的に開催されることになり、翌一八七四年（明治七）一月一六日の会合以後は、築地二の橋の西洋料理店精養軒が会場とされた。その翌日、政変により辞職した西郷を除く四参議（板垣、後藤、副島、江藤）によって太政官左院に提出された「民撰議院設立建白書」は、会初期の重要な討議主題になる。二月、明治六年設立にちなんで会は「明六社」と名づけられ、社則（明六社制規）が定められるとともに、機関誌『明六雑誌』の刊行も決まった（三月九日『郵便報知新聞』に告知、四月二日第一号刊行）。会長には、当初推された福沢の固辞を受け、最年少の森が就任。社員には定員、通信員、名誉員、格外員の別が設けられ、秋からは精養軒での演説会も開催された。西洋流のスピーチは西洋語でなければならず、日本語はこれに適さないとする森の意見を、"speech"に「演説」の訳語を与えていた福沢が抑え、自らが実演してみせることで実施にこぎつけた[50]。一八七五年二月から公開された演説会が地方の青年を強く惹きつけた様子は、自由民権運動のイデオローグに育つ高知出身の植木枝盛(一八五七―九二)の日記にうかがわれる[51]。

同人に共有されていた基本的態度は、言論の自由の擁護――反対意見の尊重だった。そのことは、「社を設立するの主旨は、我国の教育を進めんがために、有志の徒会同して、その手段を商議するにあり。また、同志集会して異見[注・翌年五月の改訂制規では「意見」表記に変換]を交換し、知を広め識を明にするにあり」という、制規第一条に掲げられた文言によって表現されている。明六社以前にも、「学、術、文」に関するサークルや結社は列島に存在した。しかし、身分の序列が否定されたうえで、反対意見の尊重が基軸にすえられる「社中=ソサエチー」(森有礼)としての構想が公的に掲げられたケースは、列島においてはこれをもって嚆矢とするというのが、一同の自負だった[52]。

岩倉使節団の条約改正交渉失敗の一因をつくっていた森は、その責任感も加わって、列強に対峙するには宗教的信仰に支えられた強靭な主体性の出現が必要不可欠であるという爾来の確信を強めていた。駐米公使だった森は、自身の解任の督促を外務卿副島種臣に提出した(これにより代理公使に任じられる)。その四日後の明治五年(一八七二)一〇月二五日、太政大臣・三条実美への意見書の形をとった英文の論文"Religious Freedom in Japan"(「日本における宗教の自由」)を発表し、国民の信仰の自由を保障する法律と教育の整備が日本政府の急務であると主張したが、そこで森は、「革命(revolution)のないところに進歩はありえない。社会における不一致(discord)は、しばしば天の恵みとなる」と述べている[53]。

『明六雑誌』では、ローマ字国字論、学者職分論、民撰議院設立建白書というような具体的論題の提示に際し、意見対立の明確化をよしとするという編集方針がとられたが、この原則は、西周の「愛敵論」（二六号、一八七四年九月）、これに触発された阪谷素《さかたにしろし》（一八二二—八一）の「尊異説」（二九号、同年一一月）のような掲載論文においても、くりかえし確認された。

この明六社設立の前年（一八七二年）、米国東海岸のマサチューセッツ州ケンブリッジでは、南北両軍あわせて死者六二万人におよぶ米国史上最大の内戦、南北戦争（一八六一—六五）の経験を背景に、八人の若者が「メタフィジカル・クラブ」と自称するサークルをつくっている。「メタフィジカル（形而上学的）」という命名は、文化的宗主地域ヨーロッパ由来の勿体ぶった知的態度のみならず、内戦を阻止できなかったばかりか煽りさえした年長世代の知的態度への皮肉と反抗の気分が表現されていた。[54]

森有礼は、ボストンで詩人哲学者ラルフ・ウォルドー・エマソン（一八〇三—八二）からきいた話を、「日本における信仰の自由」に引用しているが、そのエマソンの示唆のもとに出発した法学者で、のちに最高裁判事となるオリヴァー・ウェンデル・ホウムズ・ジュニア（一八四一—一九三五）をはじめ、哲学者ウィリアム・ジェイムズ（一八四二—一九一〇）、チャールズ・サンダース・パース（一八三九—一九一四）らが、クラブの主要メンバーだった。理想に従い北軍兵士として従軍したホウムズは、自身が瀕死の重傷を負っていたし、抑うつ気質で従軍の決断ができなかったジェイムズは、弟二人を戦争で廃人にされた経験をもっていた。

南北戦争の惨禍は、中央集権と奴隷制廃止を掲げる北部の信念と、地方分権と伝統法尊重を掲げる南部の信念が衝突し、それぞれが絶対正義のイデオロギーと化すことで加速されたというのが、クラブのメンバーの共通感覚であり、異なる信念をもつ者同士が衝突しつつ、その一方で妥協の道を探る思考方法としてのプラグマティズム――いかなる信念の意味もそれを行動にうつした際の帰結を思い描くことで明らかにしうるという考え方――がここで考案された。このメタフィジカル・クラブと、列島のやはり内戦期に設立された明六社とのあいだには、相通じるモチーフがはたらいていたといえる。

だが、専門家の養成機関へとハーヴァード大学を改革する動きへの不適合により散会に向かったメタフィジカル・クラブと同様に、明六社の活動期間も短かった。一八七五年（明治八）六月、自由民権運動の台頭、不平士族の動向を警戒した大久保政権が讒謗律《ざんぼうりつ》・新聞紙条例を制定すると、学問結社は政治的議論には慎重を期すべきであると唱える森らと、これに反対する福沢らとの対立が明確化した。福沢は、「明六雑誌の出版を止るの議案」（『郵便報知新聞』、一八七五年九月四日）において、意見を交換し、知識を広めようとする人間にとって、政治の領域に関与するなというのは無理な話であり、こうした無理を強いる雑誌のこれ以上の刊行は無理であると述べ、有志者に自主独立の方向を示唆した。森、西、津田、阪谷の四名は刊行継続を主張したが、結局福沢の提案が容れられて、掲載論文一五六篇、毎号平均三二〇〇部の売り上げを数えた『明六雑誌』は、一一月一四日、四三号をもって終刊した。その一〇日後の二四日、江華島事件の処理のために特命全権大使に任じられた森は、特務艦高雄丸で品川から清国に向かった。

明六社は実質的に解散したが、その試みの可能性の中心は、停刊主張に先立って一八七五年（明治八）八月に福沢が刊行していた著作『文明論之概略』に移譲された。

一八七三年の政府分裂と、その後の列島を揺さぶる「マインドの騒動」の根本にあるのは、立国を支えるものとは何か、立国の目標としての文明とは何かをめぐる信念の対立であると福沢は考えた。

文明とは、信念の対立を武力によらない仕方で受けとめうる精神（人民の気風と化した智徳）のことであり、かつそのような精神の発達過程のことである。この定義から考えるならば、西洋諸国がいつまでも文明の先端にありつづける保証はないことになる。「戦争は世界無上の禍なれども、西洋諸国、常に戦争を事とせり。［…］今後数千百年にして、世界人民の智徳大に進み、太平安楽の極度に至ることあらば、今の西洋諸国の有様を見て、愍然たる野蛮の歎を為すこともあるべし。これに由てこれを観れば、文明には限なきものにて、今の西洋諸国を以て満足すべきにあらざるなり」（「巻之一第二章　西洋の文明を目的とする事」）。この著作は、アポリアへの耐性、アポリアへの取り組みの強度によって文明を再定義したうえで、その基準によって列強と列島の嘘をともに衝こうとする試みだった。その文明観は、次のカントの言葉にも呼応している。

われわれは芸術と科学の力のおかげで高度の文化を所有している。あらゆる種類の社交の礼儀と典雅さにかけては、繁雑なほどに文明化されている。しかしわれわれが道徳化されているかどうかを考えてみれば、まだ欠けているところは大きい。（「世界市民という視点から見た普遍史の理念」[55]）

殺し合いがもたらす悲惨の実例について、この著作で福沢はくりかえし言及しているが、そのうちの一つに、米国の南北戦争がある。「私のために門閥制度は親の敵でござる」（『福翁自伝』）とみなす福沢にとって、米国のデモクラシーは当初、一つのまばゆい準拠枠に映っていたことだろう。しかし今福沢に見えているのは、もう一つの米国である。

元とこの戦争の起る源因は、国内上流の士君子、売奴の旧悪習を悪み、天理人道を唱えて事件に及びしことにて、人間界の一美談と称すべしと雖も、その事一度び起れば、事の枝末にまた枝末を生じ、理と利と相混じ、道と欲と相乱れ、遂には本趣意の在る所を知るべからずして、その事跡に現われたるものを見れば、必竟自由国の人民、相互に権威を貪り、其の私を逞うせんと欲するより外ならず。その状恰も天上の楽園に群鬼の闘ふが如くなり。(56)

またこの著作では、幕末の水戸藩の事例も挙げられている。水戸藩では、内憂外患の危機意識を強くもつ徳川斉昭による大胆な藩政改革をめぐって、改革派と保守派のあいだに根深い対立が生じ、凄惨な殺し合いをもたらした。斉昭の死後、幕府に鎖港攘夷を促すために決起した武田耕雲斎、藤田小四郎らの天狗党が壊滅すると、市川三左衛門ら保守派の諸生党はその一族を大量処刑したが、幕府が瓦解すると、今度は耕雲斎の遺児金次郎らによる過酷な報復が開始された。この抗争過程で水戸藩は、多くの人材を喪失した。

水戸の藩中に正党姦党の事あり。［…］結局、忠義の二字を議論して徒党を分たるものにて、その事柄は宗旨論に異ならず。正と云い姦と云うもその字に意味あるべからず。自から称して正と云い他を評して姦と名るのみ。両党共に忠義の事を行い、その一人の言行に就てこれを見れば腹中甕の如き赤心を納る者多し。その偽君子に非ざるの証は、この輩が事を誤るときに当て常に従容、死に就き狼狽する者なきを見て知るべし。然るに近世議論のために無辜の人民を殺したるの多きは水戸の藩中を最とす。是亦善人の悪を為したる一例なり。(57)

いずれの事例においても、主観的信条における善が、善に帰結するとは限らないことが如実に示されている。内戦の経験は、いかなる制度であれ設計意図のみならず、その帰結においても見ようとする——プラグマティックな——思考法の深化を促す契機を、福沢に与えていたのである。

絶対正義のイデオロギーによる殺し合いにアポリアへの耐性の欠如を見る福沢は、時代の転換期を生きる人間が、その生き方のうちにアポリアを抱え込まざるをえなくなるという経験は、一つの僥倖でありうるという考え方を「緒言」で述べている。

試みに見よ、方今我が国の洋学者流、その前年は悉皆漢書生ならざるはなし、悉皆神仏者ならざるはなし。封建の士族に非ざれば封建の民なり。恰も一身にして二生を経るが如く、一人にして両身あるが如し。二生相比し両身相較し、その前生前身に得たるものを以て、之を今生今身に得たる西洋の文明に照らして、その形影の互に反射するを見ば果して何の観を為すべきや。その議論必ず確実ならざるを得ざるなり。(58)

福沢は、内務省への権力集中を遂行する過程で明六社解散の近因をつくった大久保利通と、森有礼の仲介で讒謗律制定の前に会見し、その後も二度面談している。[illegible]著作『学者安心論』を完成させたばかりの福沢は、一八七六年（明治九）二月二七日の面談で、天下流行の民権論もいいが、人民には権利の主張に伴う義務もあるではないか、と問うた大久保に対し、[illegible]そもそも自分が民権について論じるのは、政府の権利を妨害するためではない。元来国民の権利には政権と人権の二つがある。政権については、政治の専門家たるあなた方に任せてもよいが、人権についてはそうはいかない。自分が争うのは人権についてだが、今人権を尊重するならば、いずれ政権論上の争いが生じたときに、それがあなた方の役に立つ場合もあるだろう」と答えた（「福沢全集緒言」）。大久保はこの日の日記に、「種々談話有之面白ク流石有名ニ恥ス《ママ》」と記した[59]。

「福沢全集緒言」によれば、『文明論之概略』の読者に西郷隆盛もいて、少年子弟にこの本の読書をすすめていたという話を、福沢はどこからか耳にしていたようである[60]。この話を裏づける西郷側の史料は見つかっていないようだが、少なくとも西郷が、海防に関する内容をもつ福沢の著作を高く買っていたことは、一八七四年（明治七）一二月一一日付で、従弟の大山巌（弥助、一八四二―一九一六）に宛てた書簡に明らかである。陸軍に在籍していた大山は、参議辞職後鹿児島に戻っていた西郷を東京に召喚するため、留学先のジュネーヴから呼び戻され、説得を試みたのだが、これに失敗したのち、福沢の――題名の伝わっていない――著作を東京から西郷に送っていたようである。

福沢著述の書有難く御礼申し上げ候。篤と拝読仕り候処、実に目を覚まし申し候。先年より諸賢の海防策過分に御座候え共、福沢の右に出で候ものこれある間敷《まじく》と存じ奉り候。何卒珍書丈《だ》けは御恵投願い奉り候。此の旨御願い旁《かたがた》御意を得奉り候[61]。

大久保、西郷の両方が福沢に関心を寄せていた事実は、『文明論之概略』が、欧米の帝国主義とアジア的華夷秩序の衝突と、その内面化という未曾有の経験がもたらしたアポリアのなかで、後発近代社会のメンバーとしてコミットするに値する価値とは何かという問いを俎上にのせたことと、切り離して考えることはできない。

第四章　未成の第二極

［中江篤介の洞察と試行／西南戦争と立法者の消滅／「丁丑公論」］

1

一八七三年における政府の分裂は、「御一新の基」とは何かという問いの広がりに、一つの機運を与えた。翌七四年における板垣退助らによる愛国公党結成と民撰議院設立建白書提出（一月）、そして江藤新平ら佐賀士族による武装蜂起（佐賀の乱、二月）は、その一つの露頭でしかなかった。「御一新の基」とは何かという問いを、自分にとってコミットメントに値する価値の土台は何か、という問いとして受けとり直すことになったのは、むしろ政府指導者たちよりも一まわり年下で、内外の困難に対する彼らの対応のありかたを醒めた目で見るほかなかった、一八五〇年前後に生まれた青年たちだった。

一八七五年（明治八）六月、幕府瓦解後は新政府に出仕し、明治六年の政変以後は海軍卿から元老院議官に転じていた勝海舟のもとに、一年前にフランス留学より帰国していた二八歳の元老院権少書記官・中江篤介（兆民、一八四七―一九〇一）が姿を現した。勝の日記の記載から、友人の帰国旅費の算段が最初の用件だったと考えられている。その一月、大久保利通率いる内務省の専制に反対して辞職していた木戸孝允と、高知に立志社を結成して世論への影響力をつよめていた板垣退助を政府につなぎとめるため、伊藤博文、井上馨、五代友厚の周旋のもと、大久保が三者会談をもちかけた。この大阪会議を踏まえ、立憲政治の実現に向けて開設された憲法研究機関が元老院であり、中江はそこで、将来の憲法作成に必要な文献の翻訳と調査に取り組んでいたのだった。

中江の勝訪問はその後もつづいた。二人の話がどこまで広がっていたのかは定かでないが確かなのは、勝の話を通じて西郷隆盛に魅せられていたと思われる中江が、勝の紹介した海江田信義（一八三二―一九〇六）を介して島津久光に意見書を提出したことである。苛烈な政府批判者として懼れられていた――下野前の西郷とも正面から対立していた――久光は当時、政府第二の地位にあたる左大臣にまつりあげられていた。その意見書（策論）は、（一）家族の道義の確立、（二）官吏任用の基準の明確化、（三）道義教育の重視、（四）輸入品への高額関税の実施、（五）輸出振興、（六）行政改革、そして最後に、（七）制度の草創を担う立法者たりうる「英傑」による立憲制度の樹立、の七項目からなっていたが[62]、後年中江が門人の幸徳伝次郎（秋水、一八七一―一九一一）に語ったところでは、献策を一読した久光に呼び出され、足下の論ははなはだよいが、実行は難しかろう、と告げられた際に中江は、難しいことはありません、公が西郷を召して上京せしめ、近衛軍を奪って太政官を包囲させれば事は一挙になるでしょう、と応じた。そこで久光が、予が呼びだしたところで西郷は応ずまい、いかがする、と問うと、公が勝安房をお遣わしになってご説得なされば、必ず西郷は応じるでありましょう、と中江は答えた。久しく沈思した久光は、更に熟慮すべし、といったという（幸徳秋水「兆民先生」[63]）。この逸話は、分裂後の東京政府の基盤の脆さとともに、「御一新」の始動後に「御一新の基」を問うよりほかなかった「遅れてきた」世代が、西郷その人にというよりも、西郷像に託していた期待のありようをうかがわせている。

兆民中江篤介は、弘化四年（一八四七）一一月、土佐高知城下の山田町で、足軽中江元助の長男として生まれた。父を早くに亡くし、母の庇護のもとに育っていた中江は、一六歳の時、参政吉田東洋が暗殺直前に開校させた藩校文武館に入学し、洋学（当初はオランダ語と英語）と漢学の道に入った。その翌年に土佐勤王党への弾圧が起こった際、自宅近くの牢獄の塀によじ登り、目撃した平井収二郎以下三人の切腹の光景は、勤王党の活動にコミットしていたわけではなかった中江にとっても忘れがたい光景になった(64)。

とはいえ、中江の生涯にそれ以上の影響を与えた事件は、やはり慶応元年（一八六五）から二年近くにわたる藩留学生としての長崎滞在中の、坂本龍馬との出会いだった。中江のニイさん、煙草買うて来てオーセ、といわれると喜んで使いに走ったとは、幸徳が中江から直接きいた話である。坂本が牽引する「亀山社中」の、身分の序列を超えようとする関係性と、劣勢に置かれた対立者同士に共通の利害を見出して一致点を探り、強者と互角にわたり合おうとするその活動を間近で見た経験が、のちのルソーとの出会いの受け皿になったという想像は、十分に成り立つものと思われる。一八七四年の中江と勝にとっては、坂本は共通の話題の対象でありえただろう。

中江がフランス学を志したのは、長崎で平井義十郎（一八三九—九六）に師事して以来のことだった。中江の長崎留学は、フランス人神父プチジャン（一八二九—八四）が在留フランス人のために建てたばかりの大浦天主堂に、二〇〇年以上も潜伏していたキリシタンが現れて信仰を告白して以来、神父に指導を仰ぐ信徒たちがつぎつぎと出現していた時期にあたっている。中江がそこで、強権に屈することのない超越的意志に支えられた信仰の異邦性に、強い印象を受けていたかどうか。

その中江の前には、もう一つのフランスも現れていたはずだった。それは、長崎から江戸、横浜に移った中江がフランス外交団の通訳の列に抜擢されていた時期に起こった堺事件に際してである。同郷土佐の人びとに訪れた運命に対する中江の感想は伝えられていないが、後年病に倒れ堺で起臥していた中江を見舞った幸徳の筆による「夏草（泉州紀行）」には、中江の妻弥子から、せっかくきたのですから涼しいうちに妙国寺でも見てきなさい、と勧められ、中江の長男丑吉をつれて箕浦猪之吉以下の割腹の跡を訪れたようすが記されている(65)。

だが、フランスの二面性の存在を決定的な仕方で中江に刻印することになったのは、二五歳からの二年半にわたる留学体験だった。明治四年（一八七一）秋、岩倉使節団に留学生が随行する話を耳にした中江は、留学生資格の条件だった官立学校の生徒ではなかったにもかかわらず、一面識もなかった大久保利通の公正さを見込んで直接交渉し、フランス留学を許された。一一月に横浜を出航し、翌五年（一八七二）一月一一日にパリに到着した中江は、一八七四年（明治七）四月二六日にマルセイユを出航するまで、多くをリヨンおよびパリで過ごした。

中江が訪れたフランスは、普仏戦争敗北を経て、パリ・コミューンの壊滅から一年足らずの第三共和政初期にあたっていた。市議会が中央政府と激しく対立していたリヨンで、労働者たちとのつき合いを通して自由自治の気風に馴染んでいた中江は、パリで知り合った友人西園寺公望（一八四九―一九四〇）の師で急進的共和主義者のエミール・アコラス（一八二六―九一）を媒介にして、ジャン＝ジャック・ルソーの存在と、一世紀以上前のその著作『社会契約論』（一七六二年）で表明されていた「社会契約」のアイディアの重要性を知らされた。

一八世紀のはじめにジュネーヴで時計職人の子として生まれ、一六歳のとき町を出奔。ヨーロッパ各地を放浪後、ヴァランス夫人の庇護下に独学で思索を深めたルソーは、周囲との軋轢と被害妄想、起伏の激しい私生活を抱えつつ、文筆活動を通して人間と社会の根本原理を探りつづけた。中江がルソーから受けとったのは、国の根本を定める原理は力ではなく、より確かな自由と対等性を求める人びと同士の約束にほかならない、という考え方だった。

　人間は自由なものとして生まれた、しかもいたるところで鎖につながれている。自分が他人の主人であると思っているようなものも、実はその人々以上にドレイなのだ。どうしてこの変化が生じたのか？　わたしは知らない。何がそれを正当なものとしうるか？　わたしはこの問題は解きうると信じる。（桑原武夫訳[66]）

　この有名な冒頭は、『社会契約論』のルソーが、七年前の著作『人間不平等起源論』（一七五五年）よりも、さらに重要な一歩を踏み出していたことを示している。『人間不平等起源論』では、人間同士が平等な理想的自然状態を想定し、それを根拠に現実社会の不平等を批判するという論法がとられていたのだが、『社会契約論』では、人間の私欲の存在を承認するホッブズの示唆のもとに自然状態から社会状態への移行を必然と認めるところから出発し、ホッブズのモチーフをさらに一歩進め、自由の確保への顧慮をもつ一般の人間にとっての社会批判の根拠が探り出されようとしている。人間は、ルール（鎖）なしに自分を自由にする力をもたない。ルールには、正当化しうるもの（よい鎖）とそうでないものとがある。正当な権威の基礎とは、力ではなく約束であり、正当化しうるルールの源泉とは、各人が自己保存と自己への顧慮を手放すことなしに、すべての人と利益を共有しうる結社の創設への合意（convention）、すなわち「社会契約」である。そしてその「社会契約」が今度は、万人に共有可能な根拠としての「一般意志」の存在を基礎づけるとともに、そこでの「一般意志」とはどのようなものでなければならないか、という問いを起動させることになる。

マルセイユからの帰途、サイゴンに寄港した際に中江が目にしたものもまた、ルソーのいう自然状態の一つだった。中江は後年こう回顧している。

吾儕かつて印度海に航してポルトサイド、セイゴン等の諸港に碇泊し岸に上りて街衢に逍遥せしに、英法諸国の氓、此土に来るもの意気傲然として絶へて顧慮する所なく、その〔土耳古《トルコ》〕人もしくは印度人を待つの無礼なることかつて犬豚にもこれ如かず。一事心に慊《かな》はざることあれば杖を揮ふてこれを打ち、もしくは足を挙げ一蹴して過ぎ、視る者恬としてこれを怪まず。顧ふに土耳古、印度の人民の如き、その頑陋鄙屈にして丈夫の気象に乏く、自らこの侮辱を取るといへども、そもそも欧洲人の自ら文明と称してしかしてこの行あるはこれを何といはんや。（「論外交」、一八八二年[67]）

中江はさらに後年、こうも書いている。帝国主義の世の中に民権論（人権）の考え方をもちだせば、時代遅れで現実にそぐわない陳腐な理論であると人はいうかもしれない。しかし、たとえ理論としては陳腐であっても、実行としては新鮮である（「考えざる可からず」、一九〇〇年）。民権論（人権）という考え方を生んだのはヨーロッパかもしれないが、実現させうるのは非ヨーロッパであるというのが、後発近代社会に発する能動的認識であり、新しい一般意志の形であるというのが、中江の考え方だった。この価値転倒をいかにして実現に至らせるかという課題が、「遅れてきた」世代の中江によって、ルソーからの示唆のもとにはじめて明確に列島の思考の起点としてすえられたのである。それが「御一新の基」とは何かという問いに対する、中江なりの答え方だった。

2

帰国した中江篤介は、試行錯誤を伴いながら模索をつづけた。中江がまず行ったことは、東京麴町での仏蘭西学舎の開設と、『民約論』の表題のもとに漢字カタカナ交じりの文体で『社会契約論』を訳出する作業だった。この中江訳の第一篇は散逸し、第二篇の第一章「君権ハ譲ル当ラズ（主権は譲ることができない＝桑原訳）」から第六章「国法（法について＝同）」までが現存するが、訳出はおそらくここで意図的に中断されている[68]。

ルソー『社会契約論』の第二篇第七章のタイトルは、「立法者について（Du législateur）」である。この章は、自己保存と自己への顧慮を、公的なものへの顧慮という逆方向のものと結びつけるカギとしての「社会契約」が、どのような仕方で可能になるのか、という難問に関わっていた。同書の草稿（「ジュネーヴ草稿」）においてルソーは、自然状態の想定において、ホッブズが立論の前提にした私欲をどこまでも徹底し、自己本位に生きようとする人間を「独立人」と呼び、この独立人を納得させうるに足る社会契約の条件を問うていたが、この問いへの答えを『社会契約論』では十分に示しえず、「独立人」の存在も姿を消した。そのいわば代償として新たに提示されたのが、相異なる方向への十全たる顧慮を示しうる天才的で有徳な「立法者」の仮構と、それへの依存というアイディアであり、これはルソー本来の企図の挫折を意味するものだった[69]。なぜ「立法者」が必要とされるのか。第六章「法について」の結末部でルソーは述べている（以下は中江訳）。

衆庶ノ心トシテハ偏ニ己ノ利ヲ頑守シ、政府ノ務トシテハ屢々公利ヲ妄捜スルノ憂有レバ、両《ふたつなが》ラ人ノ指導ニ頼ラザル能ハズ。

個々人（les particuliers）は、一般にとっての善いこと（le bien）を見てもそれを受けつけないし、公衆（le public）は、その善いことを意欲はしても見ることができない。それゆえに、どちらも導き手（le guide）を必要とする。このルソーの理路を、中江訳は適確にとらえている。[70] 中江における「策論」の執筆は、『社会契約論』翻訳の延長線上の試みであり、その「第七策」は中江が、ルソーの挫折を「立法者（『民約論』では「立法家」）」への期待という形で強行突破しようとしていたことを物語っている。

このくだりは、それまでに述べられた六策の実現方法についての陳述であり、『社会契約論』「立法者」の章で引用されているモンテスキュー『ローマ人盛衰論』の一節の紹介とともにはじまっている。「仏蘭西ノ碩儒孟得士瓜曰ク、国ノ草創ニ在テハ英傑制度ヲ造リ、既ニ開クルニ及ンデハ制度英傑ヲ造ルト（モンテスキューは言った。社会が生まれるに際し、制度をつくるのは政府 républiques の頭目だが、その後は制度がその頭目をつくるのだと――ルソー原文より野口試訳）[71]」。さらに中江はこう述べている。

憲制ヲ立ツルハ才識有ル者ニ非レバ不可ナリ［…］縦令《たと》ヒ一旦才識超絶スル者ヲ得ルモ一人ノ宏度堅確且威望有ル者有テ之ヲ翼蔽シテ其智ヲ施スヲ得セ令《し》メズンバ、必ズ中道ニシテ退敗スルニ至ラン、故ニ臣ガ所謂第七策トハ此二人ヲ得テ而テ一定ノ憲制ヲ立テ令ムルニ在リ。[72]

中江はここで「立法者」を、「宏度堅確且威望有ル者」とそれを陰から支える「才識超絶スル者」とのいわば二人三脚的一対性からなるという、ルソーの原文には明示されていなかった理解を示したうえで、それを西郷と自分の一対に擬する見方を示している。「若し西郷南洲翁をして在らしめば、想ふに我をして其の材を伸ぶるを得さしめしならん、而して今や即ち亡し」という後年の中江の言葉を幸徳秋水は伝えているが（「兆民先生」）、一八七四年の中江は、西郷と自分の連携こそが難題《アポリア》からの価値転倒を可能にする秘法であると、信じようとしていたのである。

では、当の西郷はどうだったか。内務省主導の近代化政策に取り残され、追いつめられる人びと（士族や農民）とその動向を注視しつつ、少なくとも「御一新の基とは何か」を問う姿勢において、西郷は一貫していたと思われる。そして廃刀令、秩禄処分などの士族への厳しい政策は、一八七六年（明治九）一〇月、純化された攘夷思想を原動力とする神風連の乱を引き起こすとともに、秋月の乱、さらに翌一一月の萩の乱、思案橋事件という一連の士族暴発を誘った。これらの鎮圧にあたらされたのは、地租改正と徴兵への激しい不満を抱えていた急ごしらえの兵士たちだった。

西郷とその支持者たちは、一度は農園に退きつつも、機を得るや宗主国英国に対して独立革命戦争を挑んだジョージ・ワシントンに倣いつつ、一八七四年（明治七）六月に私学校を創設、道義的かつ軍事的に列強に抗しうる政府の形成に向けて力を蓄える方針をとり、相次ぐ士族の決起を「愉快の報」としつつも、即時の呼応は厳戒していたが、高まる緊張のなかでその初志は困難に追い込まれた。そして、政府が三菱汽船赤龍丸を派遣し、鹿児島の火薬庫の弾薬搬出を開始した事件、さらに大警視川路利良《としよし》（一八三四―七九）により東京から派遣された警部中原尚雄《なおお》（一八四五―一九一四）ら密偵が、西郷らを支援する県庁に捕縛され、拷問の末に西郷暗殺計画の調書をとられた事件は、西郷を決起に追いつめる契機となった。

事におよんで西郷がとろうとしたのは、結果から見れば、遣韓大使志願の際に主張したのと同様の二段構えの策であり、かつて旧主島津斉彬が計画しその弟久光が実行したのと同様の、率兵上京による異議申し立ての方法だった。一八七七年（明治一〇）二月七日、西郷は県令大山綱良に宛てて「今般政府へ尋問の筋これあり」とする出兵の意思と名分を伝達した。[73]同日、私学校の生徒たちによる政府火薬庫襲撃の報を受けた大久保は、伊藤博文宛の手紙に「朝廷、不幸の幸いと、竊に心中には笑を生じ候位に之有り候」と書く一方で、西郷が佐賀や萩と同じ轍を踏むはずはなく、周囲の動きと西郷とは無関係のはずという期待をもこの時点では述べていた。[74]そのなか、二月一五日から一七日にかけて、西郷を首領と仰ぐ一万六〇〇〇人ともいわれる兵士たちが、篠原国幹、村田新八（一八三六―七七）、永山弥一郎（一八三八―七七）、桐野利秋、別府晋介（一八四七―七七）らを指揮官とする七大隊に編成されたうえで、続々と鹿児島を進発した。

この時期、政情視察の任務と、西洋医学の普及活動を行っていた旧友ウィリアム・ウィリスとの再会を目的に鹿児島に滞在し、西郷軍決起への過程を目撃していたアーネスト・サトウは、決起の背景を、士族の経済的特権の剝奪（秩禄処分）、身分的特権の剝奪（廃刀令）、征韓論の棄却、江藤新平への過酷な処分の四か条に分析し、パークスに報告した（三月九日付）。[75]またサトウは日記に、西郷は自分に期待する士族たちの監視下に置かれ、行為の自由をうばわれているという観察をも記している。その報告を受けたパークスは、「いま政府に大胆な一撃を加えて政府を威圧しておかなければ、自分たちの影響力を保持する機会はまもなく失われる」という士族たちの危機感こそが決起の原因であると、ダービー外相への報告（三月一二日付）のなかで分析した。[76]

西郷らの率兵北上に脅威を感じた政府が、武力衝突によって彼らの上京を未然に阻止しようとしたことで開戦の火ぶたは切られたが、にわか仕立ての鎮台兵を主力とする政府軍は、当初苦戦を強いられた。また、西郷軍に呼応してこれに加わった九州各地の有志士族たちも総勢七〇〇〇人あまりにおよんだ。だが、異議申し立てという動機の正当性と西郷の威望とを過信し、周到な作戦準備を欠いていた西郷軍は、軍事技術や通信技術の点で政府軍の後塵を拝していたことと相まって、熊本城総攻撃の失敗を経て、挙兵の二か月後には劣勢に追い込まれていった。

最大の激戦は、三月四日から二〇日にかけての田原坂《たばるざか》攻防だった。旧式銃（エンフィールド銃）しかもたない弱点を補うために西郷軍が繰り出す斬り込み隊の脅威に対抗し、政府軍では新式銃（スナイドル銃）を手にする百姓兵とは別に、士族の警視庁巡査から抜刀隊が組織され、激烈な白兵戦が展開されたのも、この攻防戦でのことだった。戦いの五年後、シャルル・ルルーの原曲に旧幕臣の文部官僚・外山正一が作詞した「抜刀隊の歌」（一八八二年『新体詩抄』に収録）では、政府軍が西郷軍に相対した際に生じていた対敵感情――脅威と畏敬――と、勝者に抱えられた内戦の記憶の一端の表現が試みられている。

我ハ官軍我敵ハ　天地容れざる朝敵ぞ
敵の大将たる者ハ　古今無双の英雄で
之に従ふ兵《つわもの》ハ　共に剽悍決死の士
鬼神に恥ぬ勇あるも　天の許さぬ叛逆を
起しゝ者ハ昔より　栄えし例あらざるぞ
敵の亡ぶる夫迄ハ　進めや進め諸共に
玉ちる剣抜き連れて　死ぬる覚悟で進むべし(77)

この攻防を担っていた人びとのなかには、政府軍に属していた会津士族たちの姿も見られた。戊辰戦争での敗戦後は斗南に移住、その後一党を率いて警視庁に出仕し、この戦いでは警視隊小隊長を務めていた会津藩元家老・佐川官兵衛（一八三一―七七）は、奮戦の末、三月一八日、阿蘇山麓で戦死した。また若き家老として佐川同様に戊辰戦争以後の会津藩を支え、今は中佐の山川浩（一八四五―九八）は、北進する西郷軍を背後から襲う旅団参謀として四月一四日、かつて会津鶴ヶ城攻防戦で成功したのと同様に熊本城の包囲網を突破、籠城軍の救助に成功した。彼らが目指していたのは、敗戦の代償として彼らが獲得した「勝てば官軍」という認識――戊辰戦争が勝者のためだけに戦われたものではなかったこと――を、自力で証明してみせることだった。それと同様の動機から元会津藩士・永岡久茂（一八四〇―七七）の場合は政府打倒を企て、一年前の思案橋事件で囚われて獄死していたのである。

「遅れて気づくこと」の意味を問わざるをえなかった一八五〇年前後生まれの有志者たちが義勇兵として西郷軍に多く参加していたのも、「西南戦争」と呼ばれるこの内戦の重要な特徴だった。豊前中津隊を率いる増田宋太郎（一八四九―七七）、日向飫肥《おび》隊を率いる小倉処平（一八四六―七七）らとともに、そのような人びとの代表的存在だった一人が、中江の紹介したルソーから強い感化を受け、同志とともに熊本協同隊を結成して参戦していた宮崎八郎（一八五一―七七）だった。

有明海に面した肥後荒尾村の庄屋の次男として生まれた（長兄は早世したため事実上の長男だった）宮崎は、弟の民蔵（一八六五―一九二八）、弥蔵（一八六七―九六）、寅蔵（滔天、一八七一―一九二二）とともに、人民の擁護者を任じる家風のなかで育てられた。明治三年（一八七〇）、熊本藩留学生に抜擢されて上京し、国学と英学、万国公法を学び、列強ルールの習得に基づく列強への対峙という発想を知った宮崎は、列強への抵抗感情と政府への不満の捌け口を、当初は万国公法の無主地先占論を根拠にした征韓論への熱中と、征台義勇軍組織に求めるほかなかったが、中江の翻訳を介して『社会契約論』にふれたことで、自分が求める方向に新しい形が与えられるのを感じた。一八七五年（明治八）四月、白川（熊本）県令安岡良亮（一八二五—七六）との談判を経て熊本の同志と開設した植木学校では、『日本外史』、『日本政記』、『十八史略』、『史記』のほかに万国公法、モンテスキュー『法の精神』、ミル『自由論』、さらに『社会契約論』などがテキストとされ、ことに『社会契約論』はあたかも「唯一の経典」のごとき観があったという。(78) 一八七六年（明治九）六月、薩摩藩士族の社長海老原穆《ぼく》（一八三〇—一九〇一）を中心に激しい政府批判の論陣を張っていた『評論新聞』九九号に、宮崎の漢詩「読民約論」が掲載された。

天下朦朧としてみな夢魂
危言ひとり乾坤を貫かんと欲す
誰か知らん凄月悲風の底
泣いて読むルソーの民約論(79)

七六年一二月、宮崎は鹿児島に西郷の側近桐野利秋を訪問し、会見の機会をもった。翌七七年に入ると、農民の要求を背景に戸長公選を求める民権派による戸長征伐の動きが熊本北郊一帯に広がっていった。そのなかで二月二一日、宮崎は同志とともに西郷軍に参戦。その翌日、熊本協同隊の挙兵趣意書と軍律が掲げられた。「年を経し思ひの雲の晴れて今日　心つくしの月を見るかな」というのが、この時詠んだとされる歌である。なぜ君は西郷軍に加わるのか、西郷と君とでは考えが違うのではないか、と尋ねてきた植木学校以来の同志の松山守善（一八四九—一九四五）に対し、この度は西郷を助けて政府を倒し、その次に西郷を倒すのだと宮崎は答えたという。(80)親交のあった友人宮崎に西郷への期待を語っていた可能性の高い中江篤介が、真偽は不明だが、この時期熊本に来て宮崎の決起を止めようとしたという伝承も残されている。この時のものとして伝わっているのは、今度はとにかくやり損なった、という宮崎の言葉だが、この言葉はむしろ、「策論」の筆者だった中江の感慨の表現にこそふさわしかったかもしれない。三月六日、八代から上陸した衝背軍を迎え撃つ戦いのさなか、宮崎は萩原堤で戦死した。彼が陣中でつけていた日記は、死の直前にこれを託された薩軍一番小隊長・辺見十郎太（一八四九—七七）が乱戦時の渡河の際に紛失したため、後世には残らなかった。

3

哲学史家・麻生義輝（一九〇一—三八）の著作『近世日本哲学史』（一九四二年）の最終章最終節は、「西南の役と哲学思想の転換」と題されているが、そのなかで麻生は西南戦争の精神史的意義に関して、次のように述べている。

この叛乱は従来の小さな擾乱と異って、維新の元勲たる西郷南洲その人を頭首に戴き、維新の際に功績のあった多くの部下がこれに従っているのであるから、世に与えた愕きは一通りではなかった。世の中が再び維新の時の如き溷乱《こんらん》に陥るのではないかと憂えられた。(81)

西郷軍に馳せ参じた者はおびただしい数にのぼった。私学校の生徒を根幹としてはいたが、それ以外にも「旧徳川政府時代の残存分子」、「新政府に容れられざることを怨にもった不平士族」、「鎖国攘夷論時代の残党」、「急進的立憲主義者」、「神官、士豪の徒にしてこれを機会に泛《うか》び出でんとする小野心家」、その他「雑多な」人びとがこれに参加した。

これ等の者が皆一致したのは一《ひとつ》は政府に対する反抗心、敵対心が甚だ強烈であって、例い如何なる政府が新に出来るとも岩倉、大久保、木戸等を根幹とするものよりも悪いものが出来る訳がないと考えていたことと、今一つは西郷という人物の徳望と言うか、統率力というか、とにかく多くの人の心を攬《とら》えることが深かったものであろう(82)。

ここで述べられているのは、中央政府への異議申し立てのための統一戦線の生成に西南戦争の意義を見るという見方である。麻生が指摘したのは、第一に、西郷軍に参加した人びとの多くにとりその参加は、さらに高次の――それぞれの――目的を達するための次善の策だったということ、第二に、西郷という一人の人間の「徳望」や「統率力」の意義は、この時点での彼らにおける「一致」の保証にあったということである。「今般政府へ尋問の筋これあり」という、公表された西郷軍趣意書に見られる曖昧な文言は、その機微を少なくともある程度、西郷自身が自覚していた可能性を示唆している。

だが、参加を支える共通感覚が広がるより前に戦局は決した。激戦の末田原坂で敗退した後、人吉《ひとよし》、鹿児島をも失った西郷軍は、都城、さらに延岡を根拠に戦ったが利なく、兵三〇〇〇により延岡奪還を図る八月一五日の和田越決戦での敗退後、一七日夜可愛岳《えのだけ》を突破。九月一日、政府軍の意表を突く形で鹿児島に戻り、翌日、私学校の裏手の城山に籠った。西郷軍の総勢は、この時三五〇人だった。

msz

みすず 新刊案内

2017. 10

レーナの日記

レニングラード包囲戦を生きた少女

エレーナ・ムーヒナ
佐々木寛・吉原深和子訳

一九四一年九月、ナチス・ドイツ軍は二五〇万の市民が暮らすレニングラードの包囲を完了した。食料と燃料の供給が断たれ、冬が迫り、飢餓が始まる。人々は犬や猫をスープにし、革ベルトやコートの毛皮、イラクサを煮て食べた。包囲は八七二日間におよび、八〇万人以上が犠牲となった。

「日記よ、わたしの悲しみを大切にしまっておいて」。一六歳のレーナは腹いっぱい食べることを夢見ながら、日記を書きつづける。そして母の餓死によって、レーナはひとり残された。レーナは恐ろしい不安な日々に、食べ物と言葉にしがみつくことで生きのびていく。春が来ると、レーナは必死に包囲からの脱出をめざした。そして出発を目前にして、日記はとぎれる。

一九六二年、誰かの手でレニングラードの文書館に届けられた日記を、21世紀になって歴史学者が発掘、出版された。少女の日記が甦らせる、ぎりぎりの生存、歴史の記憶。

四六判　三五二頁　三四〇〇円（税別）

予期せぬ瞬間

医療の不完全さは乗り越えられるか

アトゥール・ガワンデ
古屋美登里・小田嶋由美子訳　石黒達昌監修

「テニスプレーヤー、オーボエ奏者などと同じく、医師も上達するには練習が欠かせない。ただし、医師には一つだけ違いがある。それは、練習台が人間であるという点だ」

腰痛、吐き気、肥満……私たちにとって身近な病いでも、医療にはなぜミスがつきまとい、医師にも思い通りにならないことが多いのか？　研修先の病院で医療の不完全さを知るうちに、ガワンデはあることに気づく――咳がいつまでも治まらないときに人々が頼りにするのは、完全な科学知識などではなく、熟練した医師なのだ。

医師にも、緊張で手が震える瞬間がある。そして医師にも、何が起きているかわからない瞬間がある。混乱と不安と驚きに満ちた現場で、医師はどんな瞬間に医療の不完全さに遭遇し、どう乗り越えてゆくのか。

全米で九〇万部突破のベストセラー『死すべき定め』の著者が研修医時代に著した衝撃のデビュー作、『コード・ブルー』新版。

四六判　三〇四頁　二八〇〇円（税別）

統合失調症の陥穽

中井久夫集4　1991－1994

中井久夫

精神科医・中井久夫のことばの数々を年代順に編むシリーズ第4巻。

「アジアの人とつきあうには好奇心からの質問をしないのが、最低の作法である。どのようにして日本に亡命されたのかは、四半世紀のあいだ、私はついにうかがわなかった。仮にうかがっていても、ここに書かないだろう。私は必ず「Yプイン（夫人）」と呼んで、決して「オモニ（母）」とか「ハルモニ（おばあさん）」とは呼ばなかった。そこに四半世紀のつきあいにも狎れない一線があった。実の母とは夫人とのように深い話をしたことはなかったが、そもそも親子とはそういうものかもしれない。実の子ではありえない出会いであった」（「Y夫人のこと」）。

本巻には、ある老婦人との交友を緒として自らの過去を幾層にも織りなした「Y夫人のこと」はじめ、「精神科医がものを書くとき」「ある少女」「精神病棟の設計に参与する」等32編を収録。解説・最相葉月。

四六判　三四四頁　三四〇〇円（税別）

ポチョムキン都市

アドルフ・ロース

鈴木了二・中谷礼仁監修　加藤淳訳

「これから語ろうとしている〈ポチョムキン都市〉とは、じつはわが愛すべきウィーンのことである。リングシュトラーセをぶらつくと、いつもこんな感情にとらわれる。現代のポチョムキンがこの町を歩く人々に〈じつに洗練された町に来たものだ〉と思いこませようとしているのではないかと」

「私は平面図も立面図も断面図もつくらない。空間をつくるのです」。世紀末に出現した書割都市ウィーンを痛烈に批判した表題作をはじめ、近代建築史上最大の躓きの石にしてラウムプランの提唱者がロースハウス、ミュラー邸、シカゴ・トリビューン本社ビル競技案ほか自作について、オットー・ワーグナー、ヨーゼフ・ホフマンほか同時代の建築家について、さらに家具・工芸品、絵画・映画、モード・立ち居ふるまいにいたるまでジャンルをこえ縦横無尽に語る全四十五篇（本邦初訳三十八篇）。日本独自編集によるロース「第三の書」。解題・鈴木了二。図版多数収録。

A5判　三三六頁　五八〇〇円（税別）

最近の刊行書

——2017年10月——

ヘレン・ピアソン　大田直子訳
ライフ・プロジェクト——7万人の一生からわかったこと　4600円

ソーントン・ワイルダー　志内一興訳
三月十五日 カエサルの最期　予 3700円

マイケル・W. クルーン　武藤陽生訳
ゲームライフ——ぼくは黎明期のゲームに大事なことを教わった　2600円

アレクセイ・ユルチャク 半谷史郎訳
最後のソ連世代——ブレジネフからペレストロイカまで　6200円

斎藤 眞　古矢旬・久保文明監修
アメリカを探る——自然と作為　5500円

小林英樹
先駆者ゴッホ——印象派を超えて現代へ　予 4600円

高橋憲一訳・解説
完訳 天球回転論——コペルニクス天文学集成　16000円

＊＊＊

―好評書評書籍&重版書籍―

子どもたちの階級闘争　★新潮ドキュメント賞受賞
——ブロークン・ブリテンの無料託児所から　ブレイディみかこ　2400円
日本の長い戦後——敗戦の記憶・トラウマはどう語り継がれているか　橋本明子　3600円

＊＊＊

月刊みすず　2017年10月号

「対岸からの思想的挑発——ファン・ゴイティソーロ追悼」今福龍太・「五月の「「戦後」再考」ワークショップを思い出す」加藤典洋／H. ハルトゥーニアン・山内一也／連載:「賛々語々」小沢信男・「傍観者からの手紙」外岡秀俊・「池内紀の〈いきもの〉図鑑」・「住まいの手帖」植田実・「食べたくなる本」三浦哲哉・「ヘテロトピア通信」上村忠男 ほか　300円(2017年10月1日発行)

みすず書房
http://www.msz.co.jp
東京都文京区本郷5-32-21　〒113-0033
TEL. 03-3814-0131（営業部）
FAX 03-3818-6435

表紙：Henri Matisse

※表示価格はすべて税別です

和田越決戦に際しては、「飫肥西郷」とも呼ばれ、飫肥隊の一部を率いて戦っていた小倉処平が負傷し、西郷軍との合流を断念して自刃した。一八四六年、薩摩という大藩の圧力下に置かれた飫肥藩士の家に生まれ、若い頃より藩外交の前線で活躍していた小倉は、藩公費による留学制度を進言し、小村寿太郎（一八五五―一九一一、のち外相）ら藩の青年たちを選抜して長崎に引率、一八七一年二月から七三年冬まで自らもロンドンに留学した。佐賀の乱に敗れた後、薩摩の鰻温泉で西郷に決起を促したが志を得なかった江藤新平を船で逃がし、罰せられたこともある。英国仕込みの自由主義者であり、中央政府による急進的な近代化とは異なる、もう一つの近代化の可能性を探っていた人物だった。

参軍山県有朋の鹿児島着陣は九月八日、各地に散っていた兵を糾合した六万の政府軍による城山包囲網が完成したのは同一四日のことだった。西郷軍の本営は事実上の総指揮官・桐野利秋の籠る第五洞窟に置かれ、西郷の居所は岩崎谷の第一洞窟だった。一部の側近の意向により、ひそかに西郷助命嘆願の使者二人が政府軍に派遣されたが、山県には、使者一人を捕えて助命し、残る使者に西郷への自決勧告文を託すという措置しかとりえなかった。

城山総攻撃の前夜、政府軍陣営からは花火とともに海軍軍楽隊の演奏が、最後の宴を張る西郷軍に向けて響いた。その城山では薩摩琵琶の演奏に加えて、岩倉使節団に随行して大久保利通の信頼も厚く、フロックコートを着用して参戦していた村田新八により、手風琴《てふうきん》（アコーディオン）が奏でられたとする説もある（落合弘樹『西南戦争と西郷隆盛』）。九月二四日早朝、西郷らは目前の敵に果敢に挑みかかり、西郷をはじめとする兵士の大部分が闘死をとげた。西郷は、闘死という方法をとることにより、「御一新」のアポリアの引き受けの姿勢を内外に刻印しようとしていたようである。この内戦の収束によって一つの危機を脱した列島は、廃藩置県以後の近代化の方向を確認し、国民国家への脱皮をとげていくことになる。政府軍の戦死者は六八四三人、西郷軍の戦死者はそれにほぼ匹敵する数とされている。桜島を正面に望む南洲墓地に眠っている戦死者は、二〇二三人である。[83]

ルソーは、中江篤介が訳出しなかった『社会契約論』の「立法者」の章で、次のように述べていた。

一つの人民に制度を与えようとあえてくわだてるほどの人は、いわば人間性をかえる力があり、それ自体で一つの完全で、孤立した全体であるところの各個人を、より大きな全体の部分にかえ、その個人がいわばその生命と存在とをそこから受けとるようにすることができ、人間の骨組みをかえてもっと強くすることができ、われわれみなが自然から受けとった身体的にして独立的な存在に、部分的にして精神的な存在をおきかえることができる、という確信をもつ人であるべきだ。ひとことでいえば、立法者は、人間から彼自身の固有の力を取り上げ、彼自身にとってこれまで縁のなかった力、他の人間たちの助けをかりなければ使えないところの力を与えなければならないのだ。（桑原武夫訳[84]）

西郷の死は、個々の主体にとっての善と公的な主体にとっての善の一致を、西郷という一人の「立法者」の威望を借りて実現しようとする試みが、頓挫したことを物語っていた。西郷の死と相前後して地球に大接近した火星を「西郷星」と呼ぶ、錦絵にもされたフォークロアを人びとに産出させたものは、この頓挫への痛みや喪失感だったともいえる。

その痛みや喪失感は、この内戦に対する明治天皇の反応にも現れていた。西郷は明治天皇にとって、「御一新」以来最も頼りにしていた功臣だった。戦争中の天皇は、極力動揺をみせないようにふるまったが、好きな乗馬も拒否し、高官の拝謁にもこたえず、学問所にも姿をみせずに閑居するようになった。

戦争終結翌日の歌会において「西郷隆盛」という題で和歌をつくらせた明治天皇は、「西郷の罪科を謗らないで詠ぜよ、ただ今回の暴挙のみを論ずる時は、維新の大功を蔽ふことになるから注意せよ」と要求した。[85] また天皇は、敗軍の将兵たちの口述書にいたる、西南戦争に関する全資料の収集と戦史の編纂を修史館に命じた。[86] 明治天皇の場合、西郷に期待されていた役割の一部は自分によって担われなければならないという責任感に結びつけられたようであり、岩倉、大久保が発案し、徳大寺実則《さねつね》（一八四〇—一九一九）、吉井友実、土方久元、元田永孚《ながざね》（一八一八—九一）、高崎正風（一八三六—一九一二）、佐々木高行（一八三〇—一九一〇）らの宮廷官僚たちに担われた天皇の教育制度（侍補制度）は、権力関係の均衡をはかり、内戦再発を抑止しうる公正な判断力の必要に基づくものだった。

西郷敗死の報が伝えられると、西郷を賊とみなし、貶価する論調の記事が新聞紙面を飾り立てるようになった。西郷星のフォークロアも明治天皇の言動も、こうした傾向のつよまりに対する批評的反応としての意味をもっていたが、この批評的反応をさらに自覚的な形で表現しようと試みた一文が、福沢諭吉の「丁丑《ていちゅう》公論」だった。

二年前に著した『文明論之概略』において、難題《アポリア》への耐性こそが文明の度合いを測る基準であるという考え方を提示した福沢だったが、明視に支えられたこの論が内戦の勃発をくいとめる力にはならなかったことを、どう考えるのか。そしてこの内戦の存在理由をどう考えるのか。この二つの問題を、戦後の福沢はつきつけられることになった。

福沢を「丁丑公論」執筆に駆り立てた動機には、中津隊を率いて西郷軍に加わった増田宋太郎の存在も関与していたと考えられる。[87] 福沢の又従弟にあたり、一八四九年、福沢と同様に豊前中津藩士の家に生まれた増田は、敬神党（神風連）の人びとにも影響を与えた渡辺重石丸《いかりまろ》（一八三七—一九一五）に国学を学んだが、彼が尊皇攘夷の考え方を知ったのは、すでに列島が攘夷から開国への転換をとげつつある時だった。行き場を失った理不尽の感情は、明治初年の増田に福沢暗殺を決意させた。同志朝吹英二（一八四九―一九一八）が福沢の談論に動かされて暗殺を断念した後も執拗に福沢を追跡したが、福沢との直接対決を通じ、敵を討つには敵の長所を学ぶ必要があるとする福沢の論を受け入れ、ついに慶應義塾に入塾した。福沢には、増田を説得することで攘夷党への影響力を強めようという意図があったと思われるが、理不尽の感情と福沢の明察とのあいだで激しい葛藤を抱えていた増田は、こうした葛藤がそぐわない周囲の雰囲気になじむことができず、三か月で義塾を離脱し、郷里に戻ってしまう。

だが、増田の抵抗はむしろこの時にはじまったともいえる。佐賀の乱ののちに鹿児島で桐野利秋と会見した後、政治結社「共憂社」を中津に設立した増田は、一八七六年（明治九）二月、慶應義塾に再入学、同年一一月には中津で『田舎新聞』を創刊する。これらの活動は増田にとって、内心の葛藤の受け皿を手探りで構想する作業だった。一八七七年（明治一〇）二月初旬、鹿児島の桐野を再訪。三月、田原坂での薩軍敗退の報に接し、今をのがして戦いの機はないと判断。同月三一日、同志を率いて決起し大分県中津支庁を襲撃、四月には中津隊として西郷軍に合流した。

増田への気遣いがいかに戦時の福沢をとらえていたかについては、平山洋が説得力のある事例を二つ挙げている。第一に、福沢がその緒言に五月三〇日の日付を記し、中津藩を例にして封建時代の身分差別を分析した著作『旧藩情』（生前非刊行）は、「士族と平民との間に敵意ありて、如何なる旧藩地にても、士民共に利害栄辱を与にして、公共の為を謀る者あるを聞かず」としたうえで、増田率いる中津隊の西郷軍への参加の背景に、身分差別に対する旧下士の不満があった事実を指摘している。第二に、福沢の中津出身の弟子たちが二度にわたって太政大臣・三条実美に提出した、西郷軍への政府の寛大な措置を求める建白書の内容には、福沢の意図の関与をうかがわせるに足るものがある(88)。

西郷軍とともに可愛岳を突破し、城山に入った増田の最期については、戦死説と刑死説があるが、『西南戦史』は六日捕縛、九日刑死説をとる。一〇月一一日の『東京曙新聞』の記事にも、斬首された由が記されている(「莞爾と断頭台に上る　賊徒増田の豪胆」(89))。投降を勧める中津の同志に城山の増田が告げたとされる言葉は、ルソーの「立法者」論の帰結が何だったのかをも示唆しているかもしれない。「吾此処に来り始て親しく西郷先生に接することを得たり。一日先生に接すれば一日の愛生ず。三日先生に接すれば三日の愛生ず。親愛日に加はり、去るべくもあらず。今は善も悪も死生を共にせんのみ(90)」。

福沢の「丁丑公論」は、その緒言に西郷死後一か月後、また増田の死が『東京曙新聞』に報じられた一三日後の一〇月二四日の日付を記しており、執筆後は長く筐底《きょうてい》に秘められた一文である(一九〇一年に『時事新報』に連載。その途中で福沢は死去)。その文体は、それ以外の福沢の著作、たとえば『学問のすゝめ』や『文明論之概略』のそれとは明瞭に異なり、いわば自分ならざるものに突き動かされるようにして書かれているのだが、この文章の表題に福沢は、「人の為に私するに非ず、一国の公平を保護せんが為なり」としたうえで、「公論」の名を付している。

この一文の主旨は、西郷隆盛が政府に敗れたとたんに、それまでは西郷を功臣としてほめそやしていた世の文筆家たちが西郷の評価を変え、「賊」とみなすようになったことへの異議申し立てである。

凡そ人として我が思う所を施行せんと欲せざる者なし。即ち専制の精神なり。故に専制は今の人類の性と云うも可なり。人にして然り。政府にして然らざるを得ず。政府の専制は咎むべからざるなり。政府の専制、咎むべからずと雖も、之を放頓すれば際限あることなし。又これを防がざるべからず。

今これを防ぐの術は、唯これに抵抗するの一法あるのみ。世界に専制の行わるゝ間は、これに対するに抵抗の精神を要す。その趣は天地の間に火のあらん限りは水の入用なるが如し。(91)

徳川政府の転覆を試みた西郷は勝利し、明治政府の転覆を試みた西郷は敗北した。その一点をとらえ、前者を英雄、後者を賊としたうえで、両者を別物とみなす風潮があるが、それは誤っている。西郷の姿勢は、時の専制に対して、その時々の大義名分にとらわれず、事物の秩序の保護と人民の安全幸福の促進を求めて抵抗し、実質的な社会改革を企てたという点において、むしろ一貫している。

専制への抵抗を西郷が武力で行ったことには賛成できないが、西郷が「国民抵抗の精神」を発揮してその気脈を保たせようとしたことのなかには、今の世の中に失われつつある大事な契機が宿っている。

福沢によれば、現在世に流通している官賊範疇の正体は、大義名分を隠れ蓑にした大勢順応、すなわち一〇年前の維新革命を実現させた当のものである「国民抵抗の精神」の隠蔽と忘却にほかならない。一八七三年の政府分裂は、大久保に体現される構成的理念と、西郷に体現される統整的理念の亀裂を意味していた。中江、宮崎、小倉、増田のような一八五〇年前後生まれの世代にとっては、その亀裂をどう考え、いかなる理路を新たに見出しうるかが問題であり、西郷への期待は、その試行錯誤の過程だった。彼らの賭けは敗れた。その彼らの問いかけに促されるようにして、「丁丑公論」の福沢は、勝者と敗者、構成的理念と統整的理念の関係を、後者に軸足を置きつつ、専制と抵抗の関係としてダイナミックにとらえなおそうとする方向性を打ち出しているのである。

福沢は述べている。西郷を死地に追いやった原因は、西郷下野後に専制を強め、また佐賀の江藤新平、萩の前原一誠への処断に見られるように、取り残された敗者への過酷な姿勢をいやました政府の側にある。戊辰戦争の際の西郷は、五稜郭で抗戦した榎本武揚――福沢自身がその助命嘆願に動いていた――に対しても、降伏した敗者には寛容であろうとした。今の政府、今の世の中の示すあり方は、それとは違っている。福沢はこの一文を、次の問いかけとともに結んでいる。

西郷は天下の人物なり。日本狭しと雖も、国法厳なりと雖も、豈一人を容るゝに余地なからんや。日本は一日の日本に非ず、国法は万代の国法に非ず。他日この人物を用るの時あるべきなり。是亦惜む可し。(92)

「丁丑公論」は、西南戦争が福沢にもたらした思考の深化を物語っている。『学問のすゝめ』において福沢は、「愚民の上に苛き政府あれば、良民の上には良き政府あるの理なり」と書いていたが、その眼目は、眠りのうちにある人びと(「愚民」)の覚醒にほかならなかった。そして、『文明論之概略』の緒言において「一身にして二生を経る」と述べた際に福沢の念頭にあったのは、「眠りにあること」と「眠りから覚めること」の対位であり、攘夷思想と開国思想の対位も、同じ意味連関においてとらえられていた。だが「丁丑公論」で示されているのはそうではなく、「早く目覚めること」と「遅れて目覚めること」の対位である。そして福沢はこの対位の存在に、戊辰戦争と西南戦争という二つの内戦の贈り物として、おそらくサイゴンの中江篤介よりも、城山の増田宋太郎よりも、遅れて気づいたのである。

第三部　公私

第一章　再び見出された感覚――第三のミッシングリンク

［市民宗教／『民約訳解』から『三酔人経綸問答』へ／「瘠我慢の説」］

1

幕末期の経験は、列島に二つのミッシングリンクをもたらすことになった。まず、外圧を背景に攘夷から開国へと列島共同体が集団転向する過程で、その攘夷と開国のはざまに「第一のミッシングリンク」が形成されたが、それを埋める鍵は、その二つの項を「内在」と「関係」の双方から補塡する論理をつくり出そうとする――中岡と坂本の共同作業に最良の形を看取しうる――努力だった。ところがこの努力は、中岡と坂本の暗殺に象徴される阻害要因の発現により、一時中絶した。

次に、そのような集団転向、さらに戊辰戦争を経て成立した「維新」の正統性《オーソドキシー》――権力支配について人びとへ承認を要求する条件――を支え、あるいはつくり上げる論理の欠如は、内戦の勝者と敗者を分断する「第二のミッシングリンク」の形成を促すことになったが、それを埋める鍵は、この欠如の率直な認識を通じ、新たな正統性の論理を育てあげることにあるはずだった。ところが実際には、その欠如の隠蔽の論理として顕密二元論が生まれてきた。戊辰戦争から西南戦争に至る内戦期を通じて、隠蔽の進行とそれに対する抵抗の葛藤は極点に達するかに見えたが、内戦の収束により、鍵の探索は一時中絶

読者カード

みすず書房の本をご愛読いただき，まことにありがとうございます．

お求めいただいた書籍タイトル

ご購入書店は

・新刊をご案内する「パブリッシャーズ・レビュー　みすず書房の本棚」（年
3月・6月・9月・12月刊，無料）をご希望の方にお送りいたします．

（希望する／希望しな

★ご希望の方は下の「ご住所」欄も必ず記入してくだ

・「みすず書房図書目録」最新版をご希望の方にお送りいたします．

（希望する／希望しな

★ご希望の方は下の「ご住所」欄も必ず記入してくだ

・新刊・イベントなどをご案内する「みすず書房ニュースレター」（Eメール配
月2回）をご希望の方にお送りいたします．

（配信を希望する／希望しな

★ご希望の方は下の「Eメール」欄も必ず記入してくだ

・よろしければご関心のジャンルをお知らせください．
（哲学・思想／宗教／心理／社会科学／社会ノンフィクション／
教育／歴史／文学／芸術／自然科学／医学）

（ふりがな） お名前　　　　　　　　　　　　様	〒
ご住所　　　都・道・府・県　　　　市・区	
電話　　（　　　　）	
Eメール	

ご記入いただいた個人情報は正当な目的のためにのみ使用いたし

ありがとうございました．みすず書房ウェブサイト http://www.msz.co.jp て
刊行書の詳細な書誌とともに，新刊，近刊，復刊，イベントなどさまざま
ご案内を掲載しています．ご注文・問い合わせにもぜひご利用ください．

郵便はがき

113-8790

料金受取人払郵便

本郷局承認

1258

差出有効期間
平成30年11月
1日まで

東京都文京区
本郷5丁目32番21号

みすず書房営業部
行

505

通信欄

(ご意見・ご感想などお寄せください．小社ウェブサイトでご紹介させていただく場合がございます．あらかじめご了承ください．)

を余儀なくされる。一度見失われた鍵を、誰が、いかにして見出し、手にするのか。それが、ポスト内戦期としての明治一〇年代、二〇年代の精神史的課題であり、そこで焦点化したのは、新たな正当性《レジティマシー》——権力支配に人びとが承認を与える条件——の論理の構築という課題だった[1]。

西南戦争の収束により、政府は当面の危機をのりきったが、一〇年におよぶ内戦とその収束が列島のその後におよぼした影響には、はかりしれないものがあった。その最たるものは、福沢諭吉が「丁丑公論」で指摘したように、専制（第一極）とそれに対する抵抗（第二極）という対立軸が微弱化の方向に向かうとともに、両主体間の相互了解への余地を残す「勝者と敗者」の範疇が、相互了解困難な「官と賊」という範疇に取って替えられたことだった。そのことは、第二のミッシングリンクの間隙を拡大することになるのだが、そうした動きの最初の見やすい徴候は、世代交代だった。

一八七七年（明治一〇）五月、新政府の正統性の確保に焦慮し、内戦の過程に憔悴していた木戸孝允が京都で病没した。そして城山での西郷の闘死から約八か月後の一八七八年（明治一一）五月、政府の実質的な最高指導者だった大久保利通が、東京紀尾井坂で石川県士族らの手により暗殺された。政府創設者の相次ぐ他界を受けて新たに内務卿に就任したのは、彼らより一まわり下の伊藤博文だった。

大久保は暗殺当日の朝、訪問客の福島県令・山吉盛典（一八三五—一九〇二）に対し、明治政府主導の近代化には三〇年を要し、三つの段階を経るという漸進主義的信念を語っていた。第一期の明治一〇年までは内戦のなかでの創業の時代である。それから明治二〇年までの第二期は、内治を整え民間に産業を興す建設の時代であり、その後明治三〇年までの第三期でさらなる国力の発展を図る。第三期にこそ後進に道を譲るとはいえ、第一期と第二期、創業と建設をともに担うのは、幕末以来列島の状況を引き受けて、動乱をくぐりぬけてきた自分だというのが、大久保の責任意識であり、自負だった[2]。

だがそのつなぎ目は失われる。伊藤博文、山県有朋、井上馨、大隈重信ら後継者たちの共通履歴は、その出発に際して、たとえば吉田松陰のような草莽の志士たちが既存の秩序への抵抗を通して模索したような、未成の関係性への投企に対する情熱と理念を欠落させていたことだった。すでに始動している抵抗の勢いを体制確立の力に転化することこそが、彼らの主な任務だった。彼らの役どころは設計士であり、技師だった。

政府が主導する急激な近代化は、列島の人びとに多大な負担と犠牲を強要したが、西南戦争に代表される士族の抵抗、およびその後の列島各地での自由民権運動の展開は、自らの負担と犠牲の緩和や代償としての憲法制定と国会開設を要求するものだった。一八七五年に板垣退助が創立した結社名に用いられた「愛国」の語は、自らの負担と犠牲でつくられたものをなぜ「愛する」ことが許されないのかという、理不尽の感覚に裏打ちされた参加意識の発露だったが、その感覚は、攘夷から開国への転換過程を問うものではなかった点で、幕末期の列島で抱かれていた共通感覚の変質を物語っていた。攘夷と開国という対立軸とその存在理由が見失われ、国権と民権の対立に人びとの注意が奪われはじめたのである。

一方、列島の人びとに対する政府の正統性の確保には、少なくとも人びとの負担や犠牲の緩衝材の創出と、彼らの掲げる要求との一定の妥協が不可避であるというのが、伊藤の判断だった。脆弱な基盤のなかで正統性の確立を急ぐ指導者たちは、出身藩や身分の違いなどに由来する対立を抱えつつも、富国強兵や殖産興業の推進と立憲体制の樹立を視野に置く点ではほぼ一致点を見出していた。

政府の内部には、自由民権運動の広がりに、列島内部の対立に際する公平な調停者の役割の重要性をあらためて痛感した人びとも存在した。横井小楠に感化を受け、小楠との談話録『沼山閑話』を上梓していた旧熊本藩士の儒者元田永孚ら侍補たちによる天皇親政運動も、その危機意識に絡むものだった。

この運動は、自由民権運動切り崩しの要求を含むとともに、藩閥政治の打破による正統性の確立と公正な政治の実現という意図にも支えられていた。元田らは天皇に、小楠が理想としていた堯・舜のごとき君主像を求め、儒教的徳治教育の推進を企てた。だが、天皇個人の積極的政治介入を掲げる理想主義的運動は政府主導の近代化の妨げとなる、というのが伊藤の判断だった。小楠は、松浦玲の推定によれば安政四年(一八五七)の春、詩の形で自らの考えを述べていた。

人君なんすれぞ天職なる/天に代りて百姓を治むればなり
天徳の人に非ざるよりは/何を以て天命にかなわん
堯の舜を巽ぶ所以/是れ真に大聖たり
迂儒此の理に暗く/之を以て聖人病めりとなす
嗟乎血統論/是れ豈に天理に順ならんや(3)

堯・舜の政治理念の徹底は、天皇の存在理由が治者としての資質や能力に集約され、血統にも政治的利用価値にも求めえなくなることを意味するはずだ。そして何よりもそれは、現政府の正統性への疑いに導かれることになろう。そうした帰結にも、伊藤は思いをめぐらせるべき場所にいた。一八七九年(明治一二)、発足後二年で侍補制度は廃止された。

政府とその批判勢力の対立は、薩長閥を代表し、プロイセン憲法を範とする伊藤と、非薩長閥を代表し、英国流の憲法草案を提出して国会早期開設を主張した大隈大蔵卿とのあいだでの、憲法制定をめぐる主導権争いに一つの収束点を得た。伊藤らは、福沢諭吉との提携による反政府陰謀を口実に大隈一派を罷免すると同時に、九年後の国会開設と憲法制定を約束する天皇の詔勅を引き出すことで、一八八一年（明治一四）一〇月、争いを制した。辞表を提出した大隈は、翌年立憲改進党を結成、東京専門学校（早稲田大学の前身）を開設するに至る。一方、国会開設の詔勅を受けて同月、板垣退助を初代総理とする自由党が結成され、一院制、主権在民、普通選挙の主張を掲げた。各地各層で私擬憲法がつくられ、憲法論議が勢いを増すなかで、これらの動きを制するに足る憲法像の構想が伊藤の急務になった。

伊藤は、人びとの共通利害への顧慮を忘れない漸進主義的な政治家だったが、列島の人びと自身が自分たちの共通利害に基づいてルールを構想する能力をすでに獲得しているとはみなさなかった。その限りでは、権力を正当化しうる根拠は人びとの合意——一般意志のみとするその主張にもかかわらず、「人間に法を与えるのは神々でなければならない」と述べ、「立法者」への介入要請を『社会契約論』に書き込んだルソーと、伊藤は近い場所にいたともいえる。伊藤にとって憲法は、不平等条約改正に向けて東洋最初の立憲国としての地位を国際場裏に示す手段であると同時に、列強への対峙を可能にさせる全列島的エネルギーを、体制批判の運動と切り離したうえで汲み上げ、体制に流入させる治者の統治手段だった。この考え方は、長州の足軽から身を起こし、自分の才覚と運とで立身し、新政府内での地歩を築いてきた伊藤自身の経歴の直接的反映でもあった。

長州藩秘密留学生としての英国留学、岩倉使節団副使としての米欧訪問というように、海外渡航を重大な転機にしてきたのも伊藤の経歴の特徴だった。明治一四年の政変から五か月後の一八八二年（明治一五）三月に横浜港を出港し、自己の政治生命を賭けて憲法調査のため第三の渡欧を行った伊藤は、ベルリンでルドルフ・フォン・グナイスト（一八一六—九五）、ウィーンでローレンツ・フォン・シュタイン（一八一五—九〇）に学んだ。伊藤は、近代化の推進には、国家指導者の熟慮を介して合理的に機能する官僚制度の整備が必要だと考えた。立法や司法に対する行政の主導的地位の確保、政府内対立の調停と統合、自由民権運動の牽制という課題を総合的に実現する「機軸」として、伊藤は天皇の存在をとらえた。天皇の権威と憲法を結びつける理論を探していた伊藤は、ことに、君主の権限の行使を通した労働者階級の保護と階級対立の緩和を説くシュタインの説に強い示唆を得た。同年八月一一日付の岩倉具視宛書簡に伊藤は記している。

独逸ニ而有名ナルグナイスト、スタイン之両師ニ就キ国家組織ノ大体ヲ了解スルコトヲ得テ皇室ノ基礎ヲ固定シ大権ヲ墜サザルノ大眼目ハ充分相立候間追而御報道申シ上グ可ク候、実ニ英米仏ノ自由過激論者之著述而巳《のみ》ヲ金科玉条ノ如ク誤信シ殆ント国家ヲ傾ケントスルノ勢ハ今日我国ノ現情ニ御座候へ共、之ヲ挽回スルノ道理ト手段トヲ得候は《ママ》報告《ママ》ノ赤心ヲ貫徹スルノ時機ニ於テハ其功験ヲ現ハスノ大切ナル要具と《ママ》存奉候而、心私ニ死処ヲ得ルノ心地仕将来ニ向テ相楽居候事ニ御座候。(4)

伊藤の得た目論見は、憲法草案作成を秘密裏に行う一方で、国会開設までの制限時間を使って、憲法が言外の前提としうる既成事実――システム――をつくり上げてしまうことだった。上院（貴族院）の基礎となる華族制度、東京帝国大学を頂点とする官僚養成機関としての大学制度、従来の太政官制度に代わる内閣制度の発足は、帰国後の伊藤が実行した着実な布石だった。伊藤にとってルール（憲法）とはシステムの補助手段であり、立法とはシステム設計の一部分だった。その構想によれば、天皇はシステムの頂点として君臨する権威だが、同時にルールの制限を受ける存在とみなされる。そして言論や集会結社、経済活動、私的所有、居住移転、そして信仰は、システムの作動に貢献する、もしくは抵触しない限りで認められることになる。

システム設計のこのきわどいからくりに通じる人材の育成（密教）と、システムの頂点となる権威への信仰（顕教）の二元論自体もまた、システム化されるべきものとされた。

このシステムがよく作動する条件は、幕末第一世代の危機意識がよく保たれることであり、その意味で耐用年数の限界を必然的に伴うものだった。しかも幕末の危機意識はもともと、理不尽の感覚と相まって合意への志向を促すものだったのだが、伊藤が選択したのは、危機意識から理不尽の感覚を切断し、その感覚の担い手たちをキリスト教経由で発明した一神教的天皇信仰に誘導してシステム全体の「機軸」にするという、いわば工学的方法だった。その選択はむろん、幕末の経験の重要な側面の捨象だった。幕末に現れた理不尽の感覚にせよ危機意識にせよ、列強による開国強要の産物であって、一神教的信仰それ自体に起因するものではなかったからである。

顕密二元論のシステム化というアイディアは、社会契約の第一世代の意志が共有されなくなる状況に鑑みて、ルソーが『社会契約論』の最終箇所（第四篇第八章）で「立法者」の相関項として示し、またその視点にR・N・ベラーが注目して積極的評価を試みた、社会契約および法に対する神聖性の感情に基づく「市民宗教」の創出という――一般意志のみが権力の正当性（さらには正統性）の根拠であるという主旨からすれば明らかな後退を意味する――苦肉の策にも見合う対応だった。[5]

「市民宗教」とは、ルソーによれば、全人類が関与でき、神殿も祭殿もなく至高神への純粋な内的礼拝と道徳の永遠の義務とに限られた「人間の宗教」（たとえばキリスト教）とは異なり、一国内でのみ制度化されてその国民に固有の守護神を与え、教義や儀礼、法律の定める外面的な礼拝形式を指すものであり、それは一種の擬似宗教にほかならなかった。『社会契約論』での「市民宗教」の項は、「ジュネーヴ草稿」では単独の表題を与えられず、「立法者」の項のつづきに書き込まれていたが（作田啓一の訳注による）、「市民宗教」にいう「神」とは、その「立法者」のことだった。「独立人」をどう考えるかという問題提起を削除した現行版の公刊に際して、「市民宗教」の項を残しはしたものの、その項と全体の論旨との内容上の連関が明確にされてこなかったことは、「市民宗教」の射程に関する、ルソーにおける確信の不在をこそ物語っていたといえよう。

「立法者」の存在理由の一つは「人々の社会を結びつけること」（ジュネーヴ草稿）であり、伊藤をはじめとする国家指導者たちがさしあたり担おうとしたのは、この役割にあたる。だが存在理由のもう一つ、「各個人をより大きな全体の部分にかえ、その個人がいわばその生命と存在とをそこから受けとるようにする」、すなわち「人間性を」システムの一部として「かえる」ことについては、別の権威が必要である。その必要が、天皇信仰の導入を要請する根拠というべきものだった。

この両者の結合に際して注目されたのは、会沢正志斎が『新論』で用いて以来人口に膾炙してはいたが、曖昧で共通了解が未成立の「国体」という概念だった。「国体」の核心とは皇室の血統にではなく、自国の政権の独立にこそ存するというのが、福沢諭吉による洞察だったが（『文明論之概略』）、その明察に対抗する形で「万古不易の国体」、「万世一系の皇統」というフィクションを、立憲政体を支える一種の市民宗教として構想し、帰国後の伊藤に協力したのが、井上毅《こわし》（一八四四―九五）、金子堅太郎（一八五三―一九四二）ら気鋭の法制官僚だった。

熊本藩出身で、元田と同じく小楠門下だった井上毅は、小楠との対話録『沼山対話』（一八六四年）において、列強の植民地主義への抵抗と開国の両者の不可避性を説く小楠に対し、開国への懐疑を述べていた学究だった。明治に入ると岩倉使節団に随行してフランス、ドイツに留学し、帰国後は日欧の比較法制史的研究をもとに、宗教と法律、前近代と近代を「道徳」によって止揚するという独自の国家構想を探った。大隈が提出した意見書と福沢の著作『民情一新』との類似性を見ぬき、大隈失脚の手段を講じたのも井上である。万世一系の皇統というフィクションを近代憲法の機軸にすえるという発想は、伊藤にもその対立者の元田にも思いつきがたいものだった。

また、福岡藩出身の留学生として岩倉使節団に同行し、ハーヴァードで英米の法理論を学んだ金子は、ルソーの社会契約の理念に対抗し、社会契約の拘束は当事者以外の子孫にはおよばずとし、古来相続されてきた「本源的契約」の存在とその重要性を説くエドマンド・バーク（一七二九—九七）の著書『フランス革命の省察』にも示唆を得ていた。伊藤とその助言者たちの収束点は、プロイセンに範を得た、君主制による少数精鋭の政府官僚が指導する政治構想の徹底であり、欧米思潮の周到な研究を通じて、自由民権派からの批判に対峙することだった。

システムの設計に際しては、「国体」は日本に固有のものではないとする伊藤と、これに反論する金子とのあいだに「国体」論争——橋川文三はこれを、山県太華と吉田松陰との論争（第一部第二章）の形を変えた再現と見る——と呼ばれる激論がたたかわされた。[6] だがその論争は、「市民宗教」の評価自体をめぐる議論の形をとらなかったため、普遍性の根拠に関わる山県と吉田の論争ほどの射程をもちえなかった。それでも伊藤とその助言者たちには、幕末第一世代のアンカーとしての矜持が保たれており、その危機意識を次世代の指導層に伝えることへの使命感があった。ただし、それは「密かに」であるべきだった。それができなければ、穴をふさげなくなった袋はただちに破れる。特権意識と危機意識のこの結びつきが、当座の対立を棚上げさせ、さらには隠蔽させたのである。

久野収の表現を借りれば、「天皇を無限の権威と権力をもつ絶対君主とみる解釈のシステム」としての顕教と、「天皇の権威と権力を憲法その他によって限界づけられた制限君主とみる解釈のシステム」としての密教、「通俗的と高等的」の「二様の解釈の微妙な運営的調和」こそが、伊藤の設計した近代天皇制国家のあるべき姿だった。(7) この「顕密二元論のシステム化」は、一般意志に支えられていた内在と関係、統整的理念と構成的理念の往還が、内実を喪失し、形骸化した様態をこそ示すものだった。後者の往還を支えうるのはあくまでも言葉なのだが、システム化された顕教と密教の関係は、相対的な力関係でしかありえないからである。

その形骸化がもたらした打撃の甚大さは、大正期から昭和期にかけての列島において、形骸化を克服して内実を回復する努力が、一般意志をテコにした顕密システムの弱点の克服という形をとらずに、「顕教による密教征伐」(=国体明徴運動)と「密教による顕教征伐」(=北一輝)という自食的様態を示した結果、総じて言葉(一般意志)の自己否定に向かわざるをえなかったことに現れていた。

明治一四年政変以後に伊藤らの打った一連の布石は鮮やかだった。しかしその鮮やかさは同時に、西郷ならば「御一新の基」と表現したような近代原ルールへのコミットメントの基層をなす、理不尽への抵抗とその実質的根拠を見出す努力の意味を見失わせる代償を伴うものだった。「御一新の基」は本来、後続世代による創発的継承をこそ必要としていたのだが(それこそが「御一新の基」の本義というべきである)、市民宗教をベースにした顕密システムは、優等生による縮小再生産しかもたらさないだろう。その報いはやがて、列強の圧迫に抗しつづけるうちに国家指導者たち自身さえをも、イデオロギー的統合の手段として自らが採用したフィクションの魔力にすがらせる転倒を生む、という形で訪れる。後発近代社会に通有ともいうべきこうした帰結を見通すことまでは、伊藤らシステム設計者にとっては困難だった。

市民宗教としての近代天皇制の構想は、問題の棚上げを繰り込んだものだった。棚上げは避けられないというのが伊藤博文の判断だったが、その棚上げの意味を考える作業自体は、視野の外に置かれた。

2

一八八七年（明治二〇）と考えられるある日、伊藤のもとで憲法作成に苦闘していた四三歳の井上毅のもとを、熊本出身の青年で、横井小楠の高弟徳富一敬の長男でもあった徳富猪一郎（蘇峰）が、架空鼎談の形で書かれた著述の稿本を携えた、四〇歳の兆民中江篤介とともに訪問した。徳富は当時二四歳。同志社英学校で新島襄（一八四三―一九〇）の薫陶を受け、いったん帰郷した後上京。そこで創刊した『国民之友』の第三号に、中江は「酔人之奇論」の題で、『三酔人経綸問答』となる著述の一部を寄稿していたのだった。徳富の回想によれば、中江の稿本を一読した井上は、「面白い趣向ではあるが、素人には解からない。とても『佳人之奇遇』程には売れないだろう」と評したという(8)。

徳富はこの年、二年前の著述「第十九世紀日本の青年及其教育」を『新日本之青年』と改題して上梓し、そのなかで、

我カ明治ノ青年ハ、却テ天保ノ老翁ヨリモ先進ト云ハサル可ラス。故ニ明治ノ青年ハ天保ノ老人ヨリ導カル丶モノニアラスシテ。天保ノ老人ヲ導クモノナリ。豈ニ唯タ彼ノ老人ノミナランヤ。我カ明治ノ社会モ亦タ其ノ指麾中ニ存スルモノナリ(9)。

と述べた。これは、幕末第一世代が後続世代に感じていた断絶を、後続世代の側から表現した嚆矢と

いうべき発言であるとともに、後発近代社会日本における精神史的範疇としての「世代」の概念の登場を告げるものだった。井上は天保年間の生まれ、中江は弘化年間の生まれだが井上の三歳年少であり、徳富から見れば二人とも「旧世代人」だった。

　明治初年、井上が司法省調査団の一員として、中江が岩倉使節団の司法省留学生として渡仏した際、二人は非薩長閥の学究同士としての交友を深め、留学延期を希望する中江のために井上が推薦状を認めるという間柄になっていたし、列島近代化の基礎に広義のルール感覚が必要だと考える点でも意見が一致していた。一八八一年九月に熊本で反民権派団体の紫溟会が結成された際、蘇峰によれば井上が起草した「主旨」には——中江の名こそないものの——ルソーの社会契約説との対決姿勢が明確に示される一方で、中江の最晩年の著作『一年有半』（一九〇一年）には、「近時わが邦政事家井上毅君較考ふることを知れり、今や即ち亡し」と述べられている。かつて桑原武夫は、「自由民権運動の参謀長ともいうべき地位にあった兆民が、「考える人」として最高に評価したのが、まさに民権運動の巧妙な圧殺計画者・井上毅に他ならなかったのである。こうした矛盾を罵り、または嘆いた人はあるが、深い矛盾の存在理由はまだ決して十分に説きあかされてはいない」と指摘したが（「中江兆民の洞察[10]」）、二人の思考の交叉点は、まさしくルソーの「立法者」と「市民宗教」への評価に関わるものだった。

　かつて自らが「立法者」に擬した西郷を失った中江は後に、もし西郷がこの世にあったなら、その可能性を自分は引き出さずにはいなかっただろうに、と幸徳秋水に語っていたが、「語此に到れば毎《つね》に感慨に堪へざる者の如くなりき」（「兆民先生」）。そして中江が主筆をしていた『東雲《しののめ》新聞』には、「丁丑公論」の福沢と示し合わせたかのような、無署名による次の一文もある。

> 世の西郷隆盛君を論ずる者、或ひは曰く、「前には忠臣にして、後には叛賊たり。何ぞ其人の性に於て前後相反すること甚しき哉」と。是れ君を知らざる者の言なり。〔…〕西郷隆盛君は依然たる其人にして、前後相反するに非らず。唯だ其勢の前後相反する有るのみ。蓋し、強を挫き大に敵するは、君が豪侠の天性なり。[11]

これらの言説が浮かびあがらせているのは、ルソーの「立法者」に対し、敬愛する西郷の敗北を介して生じた中江の見方の変化である。

中江にとって、「強を挫き大に敵する」西郷は、列島の幕末を象徴する人物であり、幕末の経験を受け取り直すとはどういうことかという問いを、その死はあらためて中江に差し向けたことだろう。西郷死後の中江は、自由民権運動に共感を向けたが、その共感は中江をして、直接的政治行動以上に、仏学塾の主宰や『東洋自由新聞』創刊、あるいは『自由新聞』への協力を着想源としつつ、社会契約（民約）という考え方の原理的根拠を探る作業に力を集中せしめた。

一八八二年（明治一五）三月一〇日、四日後の伊藤博文の欧州への出発に合わせるかのように、仏学塾刊行の雑誌『政理叢談』第二号において中江は、『社会契約論』の二度目の訳出の試みである『民約訳解』の連載を開始した。連載は全二六回で、一八八三年（明治一六）九月の第四六号で終わる。一八七四年の『民約論』との共通項は、訳出部分が第二篇第六章までであり、第七章「立法者」以下を意図的に訳し落としたと見受けられる点であり、違いは、年来の考究を踏まえ、漢訳の形で文意の明確化に努めたうえで、各章に自身の踏み込んだ読みを記す「訳解」の形をとることで、疑義を含め、原著への主体的解釈を示そうとした点だった。

『民約訳解』の「巻の二第六章」で中江は、自然状態からの移行を不可避とみなしたうえで、人びと同士で行われる社会契約こそが一般意志を生み、さらにそれに基づく法をつくらせるというルソーの構想の本質に照らしたとき、「立法者（législateur）」の介入要請は恣意的であることを示唆している。一般意志を導く人びとの判断力への疑いから「立法者」が導入される原著のくだりで、法をつくる前提となる約束行為としての「建立」と実際に法を制定する「造為」という、原著当該箇所には見られない区分を導入したうえで、ルソーの論なら徹底されてしかるべきだった、「造為」に対する「建立」の原理的優先性を明示するのである。中江は、"législateur"の訳語も『民約論』での「立法家」から「制作者」に変え、このくだりへの「解」——『民約訳解』そのものの最終部分——をこう結ぶ。

律例［注・法］を建立するは民の事にして、律例を造為するは制作者の事なり。蓋し制作者は民の托を受けて律例を制為し、之を民に授く。民は従いて著して邦典と為す。是知る、律例は制作者の手に為ると雖も、之を採用すると否とは独り民の任ずるところ、他人は与ることを得ざることを。熟復玩味するに、一論中絶えて矛盾の処ある無し。但だ文義きわめて糾纏《きゅうてん》するを以て、麁《そ》心《しん》に之を読まば、或は理の相い容れざるもの有りと為すを免れず。読者、請う再思を致せ。(12)

この箇所は、訳解の作業自体がここで中断されていることと合わせて、ルソーの「立法者」の直訳的紹介は、ルソーの論に潜在する可能性の枠を狭め、伊藤博文、井上毅らが推進しつつある憲法構想に道を譲ることになるという判断の存在をうかがわせている。(13)

法の前提には約束がある。では、その約束を人びとに可能にする条件とは何か。『社会契約論』はそれをホッブズに倣い、自然状態であると考えた。『民約訳解』冒頭部の「解」から引けば、「天命の自由はもと限極なし、而してその弊や、交ごも侵し互に奪うの患を免れず。是に於いて、咸《み》な自から其の天命の自由を棄て、相い約して邦国を建て制度を作り、以て自から治め、而して人義の自由うまる」。「天の世」(自然状態)から「民約」(社会契約)へ。この道筋の不可避性は疑いえない。とすれば、ルソーの挫折を受けとめる道もやはりその道筋のうちにしか見出せないはずだ。そう考え、ルソーの論が内包していた弱点に、列島の原状況をテコにして挑んだ著作が『三酔人経綸問答』だった[14]。

この著作は、身は現実界にあっても心は無何有《むかゆう》の里に遊ぶ、酒豪で奇抜な思想家として知られる「南海先生」を、民主主義者の「洋学紳士」と侵略主義者の「豪傑の客」が訪れ、「金斧」と銘打たれたブランデーを傾けつつ談論を交わす形をとっている。彼らのあいだでは、意見の違いこそあれ、列強の圧力下に遅れて近代化に出発した小国日本の状況に対する基本認識が共有されており、状況への忠誠に由来する黙契が、親愛の情の交換が絶やされることのないこの架空鼎談の成立条件になっている。

「洋学紳士」は、無制度状態の混乱から専制政治を経て立憲民主制へ、そして戦争から平和へと向かうのが人類史の「進化の理」であるとしたうえで、欧米列強の圧迫に対して小国日本がとりうる道は、全人民が一致して理に殉じ、非武装を貫くことだと語る。一方、それに異を唱える豪傑の客は、手もなく理念に殉じる前になすべきことがある、「アジアかアフリカの大国」を征伐して力を拡充することで、列強に相対しかつ国内政治の改革を実現する道を探るべきであると説く。

「豪傑の客」はいう。そもそも他国に遅れて文明の道にのぼる者は、これまでの文物、格式、風習、感情の一切の改変を余儀なくされる。その際、恋旧(昔を恋うる念)と好新(新しいものを好む念)という二つの異質な元素が発生し、対立するのは理の当然である。恋旧元素は三〇歳以上、閉鎖的な地域の出身者に多く、好新元素は三〇歳以下、開放的な地域の出身者に多い。前者は強者に屈服しないことを、後者は失敗しないことを第一義に置く。二つの元素が相争い、激突する時、一方を除去するのでなければ、国家の事業はおぼつかない。

ではどちらを除けばよいのかと尋ねる「洋学紳士」に、「豪傑の客」は、恋旧元素だと答える。好新元素は生肉であり、恋旧元素は癌腫である。純然たる好新元素の「洋学紳士」は、民主制に従い、軍備撤廃を望めばよい。自分は恋旧元素であり、軍備に頼って国を救いたい。加えて自分は、国のため癌腫の除去も求める。恋旧元素を殺すには、例の「アジアかアフリカの大国」に国じゅうの成年男子を集め、土地を奪い、癌社会をつくり、そこを拠点に列強との競争にうって出ればよい。成否いずれにせよ癌は切除できるだろうから。

一八七三年に遣韓大使を志願した西郷を容易に連想させる「豪傑の客」のこの発言は、新旧の分断それ自体に後発近代社会の特徴を見る興味深い視点の提示であると同時に、列島における「右翼」と「左翼」の分岐点の所在を示唆するものでもあった。そしてそれはむろん、「天保の老人」と「明治の青年」の二項対立性と後者の一方的優位を説く徳富蘇峰への違和感の表現でもあった。

二人の説に対し「南海先生」は、紳士君の説は全人民がただちに一致しない限り、豪傑君の説はよほどの偉人にしか実行できないという点で、いずれも列強の動きへの「過慮」がもたらした、性急で実現困難な説だと述べる。だがその先生にしても、二人の「過慮」の外部に立ちうるわけではない。立憲制度を設け、上は天皇の尊厳と栄光を高め、下は全国民の幸福と安寧を増し、上下両議院を置いて欧米諸国のルールから採用すべきを採用し、穏健な外交方針のもと、言論出版の規制を徐々に緩め、教育や商工業を徐々にさかんにするのがよいという「児童走卒も之を知れる」一般論が、「南海先生胡麻化せり」という「眉批」を付しつつ確認されるあたりで、三人の問答は閉じられる。この「眉批」は、単行本刊行に際して問答に付せられた批評的「小見出し」のことであり、見出しであると同時に欄外評でもあるような——メタレベルかつサブレベルからの——自在で興味深い機能を本編で発揮している。

ここで南海先生が「胡麻化」しているのは、「過慮」からの解放を人に可能にする条件が示せずにいることである。それを指摘する——「老人」でも「青年」でもなくいわば「児童走卒」の声を湛えさせた——眉批には、困難な状況に直面するなかで、自らの「胡麻化」しが率直に認められ、発語されるところこそが、ルソーの挫折を受けとめ、列島の思想的課題に挑むための必要条件だと見る中江の直観が現れている。眉批を交えたこの架空鼎談を通して中江は、「天保の老人」から明治の「児童走卒」までが、それぞれの歩みの固有性を失うことなく言葉を交わし合うことのできる——顕教密教システムを包囲しうるような——丸テーブル、穴ぼこだらけの宇宙を創り出そうとしているのである。

作中の眉批には、「此一段の文章は少く自慢なり」というものもある。憲法発布後の思想的課題が念頭に置かれている形で、「南海先生」がこう語る箇所である。

世の所謂民権なる者は自ら二種有り、英仏の民権は恢復的の民権なり、下より進みて之を取りし者なり、世又一種恩賜的の民権と称す可き者有り、上より恵みて之を与ふる者なり、恢復的の民権は下より進取するが故に其分量の多寡は我れの随意に定むる所なり、恩賜的の民権は上より恵与するが故に其分量の多寡は我の得て定むる所に非ざるなり、若し恩賜的の民権を得て直に変じて恢復的の民権と為さんと欲するが如きは豈事理の序《ついで》ならん哉。(15)

英仏両国では、革命への参加を通じて人びと自身が約束し、章典や憲法の「建立」を担った。だが遅れて近代化に出発した日本ではそうではなく、政府官僚が秘密裏に憲法を作成し、「上より恵与」しようとしている。人びとが約束して「下より進取」したわけではない憲法は、まだ名目にすぎない。もし法の根拠を約束という内在項に求めないのであれば、法の根拠は、対他的には世界史の趨勢（外圧＝黒船）、対自的には万世一系の皇統（大義＝錦旗）という外在項に移譲せざるをえなくなるだろう。そしてその「制作者」には、その「胡麻化」しを公共の場で認めるだけの用意も余裕も与えられないだろう。

一方、自らが「建立」したわけではない法を、人びとが自らのものとみなすとすれば、そこにも「胡麻化」しはある。もとより法の感覚は、一朝にして獲得できるものではない。三人の酔人がそうであるように、まず状況の感受と共有をもとに人びとが互いに約束を結ぶ。つぎに、「上より恵与」される法の再検証を通じて正当性《レジティマシー》の感覚を育て、そのうえで着実に新しい法を「建立」し、政府の正統性《オーソドキシー》をただすところにまで進み出なければならない。このプロセスが、中江の把握する「事理の序」だった。そして中江をしてその最晩年に、民権論は「理論としては陳腐だが実行としては新鮮」だといわしめるのも、「事理の序」に対するこうしたとらえ方だったのである。ではそのプロセスは、そもそも人びとのどのような条件を根拠にもたらされるものなのか。

3

この問い——「上からの」法から「下からの」法への移行過程の次段階を可能にするものは何かという問い——に挑むことになったのは、だが実際には中江ではなく、中江より一三年年長で真正の「天保の老人」、福沢諭吉だった。

一八八九年（明治二二）二月一一日、天皇が列島の人びとに「下しおかれる」欽定の形をとった憲法が発布された。これは、天皇主権の選択という条件下に、ともかくも国民（臣民）の義務と権利が定められた非欧米圏初の近代憲法だったが、その名称は国内では「大日本帝国憲法」、伊藤博文が起草者の一人である伊東巳代治（一八五七―一九三四）に命じてつくらせた英訳版では、"The Constitution of the Empire of Japan" とされた。英訳版において日本国民（臣民）向けの「大」にあたる字が抹消されていることは、伊藤らが依拠した顕密二元論、内外使い分けの論理の端的な現れだった。(16)

列島の人びとにとってこの憲法は、そして立憲国の構成メンバーになったことは、急速な近代化に対して自分たちが払ってきた負担と犠牲の代償であり、そのことが、いかにドイツ医師エルヴィン・フォン・ベルツがその日記で揶揄しようと、またいかに中江兆民が弟子の幸徳秋水の前で嘆いてみせようと、人びとが歓呼と祝賀に沸きかえることとの背景をなしていた。

だが、法の生命は法を生み出すものにかかっている。いかなる法であれ、その前提となる状況の共有に基づき採択されない限り、コミットメントの対象にはなりえないし、コミットメントがなければ、いかに憲法に諸自由や諸権利が規定されようとも、その空文化は避けえない。「大日本帝国ハ万世一系ノ天皇之を統治す」にはじまる憲法全文を通読し、「唯だ苦笑する耳」（幸徳秋水「兆民先生」）だった中江が、既成事実への抵抗の試みの一つとして、開設が約束されている衆議院による憲法の点閲（再検証）と天皇への上奏、そして議会の予算審議権の確保というアイディアに打ち込んだのも、それゆえだった。一八九〇年（明治二三）七月、第一次山県有朋内閣のもとで行われた第一回衆議院議員選挙において、大阪四区から強く推されて一位当選を果たした中江は、彼自身が「民党」と呼ぶ野党（与党のことは「吏党」と呼んだ）の同志と図り、憲法再検証を試みるが、翌一八九一年（明治二四）一月、予算審議をめぐって政府与党に野党が屈服すると、「アルコール中毒」を理由に辞職。点閲の試みは挫折する。

中江辞職の三か月前にあたる一八九〇年一〇月、元田永孚案をもとに井上毅が最終起草した「教育勅語（教育ニ関スル勅語）」が発布されていた。[17] 教育勅語は、「天保の老人」の退潮を見こしつつ、「国憲」「国法」の遵守と「天皇」「皇祖皇宗」の権威発揚の同時実現を図ろうとしたうえで、超世代的な権力支配の正統性の確立を目した、市民宗教の聖典というべきものだった。

朕惟フニ我カ皇祖皇宗国ヲ肇ムルコト宏遠ニ徳ヲ樹ツルコト深厚ナリ我カ臣民克ク忠ニ克ク孝ニ億兆心ヲ一ニシテ世々厥ノ美ヲ済セルハ此レ我カ国体ノ精華ニシテ教育ノ淵源亦実ニ此ニ存ス爾臣民父母ニ孝ニ兄弟ニ友ニ夫婦相和シ朋友相信シ恭倹己レヲ持シ博愛衆ニ及ホシ学ヲ修メ業ヲ習ヒ以テ智能ヲ啓発シ徳器ヲ成就シ進テ公益ヲ広メ世務ヲ開キ常ニ国憲ヲ重シ国法ニ遵ヒ一旦緩急アレハ義勇公ニ奉シ以テ天壌無窮ノ皇運ヲ扶翼スヘシ是ノ如キハ独リ朕カ忠良ノ臣民タルノミナラス又以テ爾祖先ノ遺風ヲ顕彰スルニ足ラン

斯ノ道ハ実ニ我カ皇祖皇宗ノ遺訓ニシテ子孫臣民ノ倶ニ遵守スヘキ所之ヲ古今ニ通シテ謬ラス之ヲ中外ニ施シテ悖ラス朕爾臣民ト倶ニ拳々服膺シテ咸其徳ヲ一ニセンコトヲ庶幾フ

明治二十三年十月三十日

御名　御璽[18]

この文書の特徴は、本来ならば権力支配の承認要求――正統性の論理の提示――であるはずだったものが、権力支配の黙許要求にすりかえられている点にあった。普遍的な尺度に従って、臣民が君主に異議を申し立てる可能性は、この文書からは排除された。原理的にいえば、中江の主張した憲法点閲が敗北したのは、「立法者」（天皇）と「市民宗教」（勅語と「御真影」）の組み合わせの論理と、それによって構築されつつあるシステムに対してだったのである。「御真影」とは、願い出のあった初等教育機関に対し、一八八九年（明治二二）以降に下付されるようになっていた、エドアルド・キヨッソーネの原画による天皇の肖像写真のことである。下付は強制ではなかったが、その分、その願い出がそのまま権力支配の黙許行為とみなされることになるという、巧妙な仕組みになっていた。

　教育勅語発布から約一年後、中江の辞職から約一〇か月後の一八九一年（明治二四）一一月、福沢諭吉が渾身の力をこめて執筆した一文「瘠我慢の説」が脱稿された。

　この一文は、徳川政権の滅亡の際に幕臣勝海舟のとった講和方針と、明治以後に新政府に出仕した生き方――そして五稜郭で新政府と戦い、福沢の尽力もあって助命された後は勝同様政府に仕えた榎本武揚のあり方――と、その根拠とされた考え方への批判という形をとった幕末論であり、敗者論である。福沢はこの一文をひそかに勝、榎本、および敬愛する旧幕臣の知己、木村喜毅や栗本鋤雲などに示すにとどめ、筐底に秘した。この一文が『時事新報』に公表されたのは福沢の死の直前、一九〇一年（明治三四）一月のことである。

　「瘠我慢の説」の執筆は、近代天皇制が着々と整備に向かう一方で、幕末期の列島の経験の意味が見失われつつあった時期のことである。明治期の福沢を一貫していたのは、「一身にして二生を経る」という感慨であるとともに、幕末は明治より広く、深いという直観だった。その直観は、明治の変革の原動力を「日本国民抵抗の精神」に求める「丁丑公論」にも、また『福翁自伝』中の幕末期の比重が圧倒的に高い章構成にも示されているが、「瘠我慢の説」は、その直観の根拠がさらに対自的な形で示されようとしている点で、福沢の諸著作のなかでも特異な、かつ原論的位置を占める一文である。

攘夷から開国へ。内戦から戦後へ。いずれの場合もその転換の前後には断層があり、幕末の経験が教えていたはずの重要な精神史的契機を見失わせる力として作用した。だが立法者と市民宗教の登場は、ここにさらなる深甚な忘却作用——第三のミッシングリンク——をもたらすことになる。五七歳の福沢が試みたのは、帝国憲法、教育勅語という新しい明治製論理の精華の登場を受けつつ、幕末から明治への転換に伴って生成したミッシングリンクの総体を一挙に埋める論理を提示することだったといえる。中江によるルソーへの読み、『三酔人経綸問答』の執筆、憲法点閲への試みも、この忘却作用に抗する企ての初期形だったが、挫折を余儀なくされた。あたかもこの敗北を受けるかのように執筆された「瘠我慢の説」は、勝・榎本への批判の形はとるものの、その核心部には、顕教密教システムへのもろもろの対抗の挫折に対する福沢の最深の反応が秘められていたというべきである。システム内での劣者による優者への対抗から、そこでの対抗に敗れた敗者による勝者への抵抗に、軸足がシフトされるのである。

一八七三年（明治六）一一月——西郷下野の翌月——に刊行された『学問のすゝめ』第二編「人は同等なること」において、すでに福沢は、自由民権運動に先立ち、人民（百姓町人）と政府の関係の原理を「取引」に基づく約束に求める社会契約説を説いていたし、その第七編「国民の職分を論ず」（一八七四年三月刊行）では、法に従わなければならない「客」と、その法を定めることができる「主人」の一人二役を演じる国民自身が政府を創設して国政を委任し、これと契約を結ぶという考えを示していたが、この主張が人間のどのような条件に由来しているのかについては、明確な根拠を示していなかった。だが、西南戦争から明治一四年の政変を経て、欽定憲法制定と教育勅語発布に至る試練は福沢に、自説の根拠の明確化の必要と、その際の参照項としての幕末の経験の意味を悟らせることになる。

では、幕末の経験の核心とは何だったのか。それは、一切の「公的なもの」の根源に存在するのは、優者や勝者が事後的に手にする大義名分ではなく、その対極にある「私的なもの」――劣者や敗者においてはおのずから動かしがたい形で抱かれることになる「私情」であることの発見である。その冒頭で福沢はこう述べる。

立国は私《わたくし》なり、公《おおやけ》に非ざるなり。(19)

人間は、天然の境界にあきたらず、国を設け、隣国と境界を争い、自国の首領を立ててその君主のために衆人の生命財産を犠牲とし、内部での争いを繰り返す。こうしたことは、すべて人間の私情に発することである。その意味では、「忠君愛国」にしても、もとをたどればよるべない一個の私情であるにすぎない。それがいつしか国民最上の美徳として語られるのは、考えてみれば不思議なことである。

人が国や政府を立てるのは、強者に対峙しつつ自己の自主独立を保つためである。ところが、国や政府には盛衰がある。自己の衰頽が余儀なくされてもなお弱者に自己の地位と栄誉を保たせるものがあるとすれば、瘠我慢である。かつて三河の小大名であった徳川家が諸大名に、皇室が武家に、小藩が大藩に対峙しえたのも、また現在小国が自己の重きを世界に示し、大日本帝国が文明世界に独立の体面を張りうるのも、ひとえに瘠我慢の賜物である。

瘠我慢とは、決して大義名分ではなく、まして勝算でもなく、「父母の大病に回復の望なしと知りながらも、実際の臨終に至るまで、医薬の手当を怠らざるが」如き、それ自身以外に何も支えをもたない一個の私情である。たとえそれが取るに足りないものだったとしても、その私情を措いて「公的なもの」を生み出し、支えるものを人は手にしうるだろうか。

この直観をもとに福沢は、二段構えからなる論を展開する。その第一は、「今を去ること二十余年」、一八六八年の徳川幕府瓦解時の江戸開城（解城）交渉に際して勝海舟がとった判断と、その根拠を問い直そうとする劣者論である。維新のことは朝廷が行ったとされてはいるが、その実質は二、三の強藩と徳川の、私と私の争いでしかなかった。徳川方には確かに勝算はなかったが、衰勢にあってもなおぎりぎりの抵抗を試みる姿勢がなければ、人が独立を維持することなどはできないはずである。

ところが勝はそうは考えなかった。列強の圧力に抗しうる社会の建設は、列島共同の課題である。しかし勝は、この課題が「皇国の大義」であるとしたうえで、その大義の前には徳川政権の強化維持など「一家の私論」にすぎないものとみなす。江戸に攻め寄せてきた新政府軍の参謀西郷と会見した勝は、内戦拡大による列島の混乱と疲弊を嫌う英国など列強の支持のもと、江戸を「無血」解城に導いた。勝の講和交渉が人民の犠牲を抑えた功績は決して小さくはない。だがその一方、立国の要というべき劣者の優者に対する抵抗精神――瘠我慢の気風を台無しにした事実は残る。その損失をどう考えるのか。勝の降伏交渉を支えていたのは、一切の価値の源泉であるはずの私情を、本来その産物であるにすぎない「大義」（「公的なもの」）の下位範疇と見て貶価する、転倒した考え方だったのではないか。

第二の構えは、内戦の敗者となった旧幕臣の出処進退をめぐる敗者論である。この文脈において福沢は、勝に加え、明治政府に出仕した榎本武揚のあり方をも検討対象にする。講和交渉にあたった勝と新政府に最後まで抵抗して降った榎本は、幕府瓦解の時点では異なる道をとっていた。だがその後の二人の歩みには共通点がある。それぞれが選んだ選択肢の得失の考究に従事する栄誉（＝功名）を、明治以後に彼らの得た地位（＝富貴）と引き換えに、放擲してしまったことである。福沢は、敗者としての生き方を全うすることへの要望を二人に述べて論を閉じる。

今尚《な》お晩《おそ》からず、二氏共に断然世を遁《のが》れて維新以来の非を改め、以て既得の功名を全うせんことを祈るのみ。天下後世にその名を芳にするも臭にするも、心事の決断如何に在り、力《つと》めざる可らざるなり。然りと雖も人心の微弱、或は我輩の言に従うこと能わざるの事情もあるべし。是亦止むを得ざる次第なれども、兎に角に明治年間にこの文字を記して二氏を論評したる者ありと云えば、亦以て後世士人の風を維持することもあらんか、拙筆亦徒労に非ざるなり。(20)

「瘠我慢の説」が『時事新報』に公表された一九〇一年一月、三八歳の徳富蘇峰は、「瘠我慢の説を読む」と題する一文をただちに『国民新聞』に寄せた。蘇峰の論の趣旨は、江戸「解城」を導いた勝海舟の状況判断が万世の士風を損ねたとみなす福沢への反論だった。(21)

立国の根拠は私か公かという「学者的の問題」はしばらく避けて、と蘇峰は述べる。国民が非常事態に際し、利害得失を度外視して国家と存亡をともにする精神を瘠我慢と称するのなら、その点で福沢に異論はないが、勝評価は別である。当時幕府高官・小栗忠順は、フランスと結んで新政府と戦う計画を進めていた。その計画が実行されていれば、薩長は英国と結び、そこでロシアの介入を招き、列島は危機に陥っただろう。勝が努力したのは、幕臣の立場よりも当座の危機の回避を優先することだった。その意味で勝も瘠我慢をしていたのであり、ただ勝はそれを「小処」にではなく「大処」に用いたのだ。

この蘇峰の反論には一つの筋が示されてはいるが、その理路は、福沢の論の想定のうちにすでに置かれていたものだった。というより、「瘠我慢の説」が正面の敵と見据えていたのは、まさにこの蘇峰流の考え方にほかならなかったといえる。

福沢が「瘠我慢」を語ったのは、それが急速な近代化に伴う犠牲と代償を余儀なくされた明治の人びとの共通感覚だったからでもあり、「瘠我慢」の意義を蘇峰が認めざるをえなかったのも、それゆえだった。だが福沢の論の眼目はむしろその先、すなわち「瘠我慢」の本質が決して「忠君愛国」のような大義名分——公認された価値——にではなく、「私情」という卑小なもの——当初は非公認の価値——を光源とし、それに真価を与える点に存することにこそ置かれていた。「私情」の核にあるのは、ある状況に置かれた人間が、他の誰であってもその場面に置かれたら同じように感じ、動かざるをえないという、一人の個人を主体にした普遍的な広がりである。ところが「大義名分」にはそのような広がりはなく、その主体も個人（＝つくるもの）ではなく国家（＝つくられたもの）であるにすぎない。「つくるもの」から切断された「つくられたもの」が一人歩きし、暴走することの恐ろしさをやがて列島は味わわされることになるが、その一人歩き、暴走に対する抵抗の最大の根拠もまたこの「私情」である。蘇峰においては、「私情」の孕む画期的意義への把握が微弱だったのである。

アヘン戦争以来の列強の圧力と旧秩序の動揺は、「公的なもの」（幕府）の限界を受けとめうるものは瘠我慢の「私」と、それに支えられる立国（新しい社会の創造）の試みでしかないことを、人びとに示した。大政奉還の前年、徳川主導の近代化推進の立場から長州征伐を説いていた福沢も、幕府の衰亡に際しては第三者的態度に徹した。にもかかわらず、明治も二〇余年を過ぎた時点で福沢が——第三者ではなかった実践者の勝や榎本からすれば「腐儒の弁」と聞こえたかもしれない——この一文を認めたことには、顕教密教システムの確立が、幕末以後の列島に胚胎した私情に基づくルール感覚を脅かすことへの危機感が関与していたのである。

4

瘠我慢を大義名分に帰着させるプロセスは、「立法者」と「市民宗教」の要請と正確な対応をなしていたが、「瘠我慢の説」が勝の出処進退を問題にしたことは、憲法や勅語に対する勝と福沢の反応の違いとも深い関係をもっていた。先行する一八八八年（明治二一）、枢密院顧問官に就任し憲法制定審議に加わった勝海舟は、伊藤らの憲法構想への予断に基づく疑念から、めぼしい発言を控えていたが、公布された憲法を実見するにおよび、伊藤の方針を高く評価するに至った。また勝は、一八九三年（明治二六）、祝祭日の学校行事のための文部省による歌曲制定に際して、「あやにかしこき／すめらぎの」にはじまる教育勅語讃歌「勅語奉答」を作詞した（作曲小山作之助）[22]。

一方福沢は、西南戦争の二年後の一八七九年（明治一二）に『国会論』を執筆。その翌年の交詢社結成に際しては同社の私擬憲法草案作成に関与、私権の重視を根本にすえた立憲君主制と議院内閣制（政権交代の保障）を主張し、これを時期尚早とみなす伊藤や、福沢を最大の仮想敵とみなす井上毅らと正面から対立した。一八八七年（明治二〇）夏には、議院内閣制導入を伊藤に直接訴え、退けられたこともある。明治の福沢は、実際には敗北の連続だったといえる。

憲法発布直前の一八八九年（明治二二）一月二二日付で駐仏公使・田中不二麿（一八四五―一九〇九）に宛てた書簡に福沢は、「聞く所ニ拠れバ、憲法は中々寛大なるもの丶由」としながらも、「何卒書生代言流之おもちゃニ不相成様致度」（未熟者のおもちゃにならないようにいたしたく）と述べ、「無骨なる武士流」（野党）と「利口なる才子事務家流」（与党）の権力闘争の構図に収斂するという観測と、この構図そのものへの距離感を表現している。[23]『福翁自伝』には、一二、三歳の頃のこととして、「神様の名のある御札」を一度は「人の見ぬ所で」、もう一度は「便所で」踏んでみたが何ともなく、溜飲を下げるものの、一人でそっと黙っていることにする、というくだりが記されているが、ここには、勅語と御真影に対する福沢の態度が換喩的に示されているともいえるだろう。加えて慶應義塾は、福沢の生前も没後も長く教育勅語謄本と御真影の下付を願い出ず、その両者が事務局の奉安室に安置されたのは一九三八年（昭和一三）以降のことだった。[24]

勝者による大義名分の固定に対し、福沢は冷淡な態度をつらぬいた。「私的なもの」の真価に光をあてる一文を福沢に書かせた直接の契機は、さきの危機意識に加え、顕教密教システムの確立に対する敗北感から立ち上がろうとするひそかな闘志だったのである。

敗者論としての「瘠我慢の説」は、内戦の敗北経験の意味を追尋し、勝者の掲げる「公的なもの」の基底と、その価値体系に組み込まれた敗者のあり方を問い直す論だったが、それは同時に、開国強要に対する普遍的抵抗としての、攘夷の敗北経験をめぐる論として受けとり可能な内実も備えていた。「立国は私なり、公に非ざるなり」という一文には、「夫レ攘夷ト云フハ、皇国ノ私言ニ非ス。其ノ止ムヲ得サルニ至ツテハ、宇内各国、皆之ヲ行フモノ也」という中岡慎太郎の声がこだましている。「瘠我慢の説」を書く福沢が——福沢の『西洋事情』の読者でもあった——中岡の言葉にふれたなら、中岡のいう「攘夷」を私情、「私言」を大義名分、イデオロギーとして受けとって、明治が今まさに見失いつつあるものを、そこに見出そうとしたことだろう。

そして「瘠我慢の説」は、幕末の経験の意味を、後続世代が自身のイニシアティヴのもとに受けとり直すための手がかりを内蔵する論でもあった。「私」以外に何一つ支えがない場所の存在を端的に人に告げ知らせる幕末の経験は、時と場所を問わず、人が生きることの基底でありつづけてきた。「瘠我慢の説」には、敗者の「私」によるもう一つの「公」の探求のうちに既存の力関係の再定義の可能性を見る、価値転倒の回路が内蔵されていた。

この一文を福沢が篋底に秘めたことは、幕末と明治の断絶が福沢にどれほど深く感じられていたかを物語っているが、同時に、ともに幕末をくぐり、幕臣として幕府の滅亡を見届けもした勝と榎本への人知れぬ私情の表現でもある。「瘠我慢の説」を受けての福沢宛私信のなかで、「行蔵は我に存す、毀誉は他人の主張」と勝が答え、「昨今別して多忙につき、いずれそのうち愚見申し述ぶべく候」と榎本が応じたことはよく知られている。旧幕臣の窮状救済に従事した勝や、実直な能吏として出仕しつつ賊軍の汚名回復を試みた榎本が、福沢の批判によく服していたとは考えにくい。にもかかわらず一つの謎として残るのは、「瘠我慢の説」に対する勝および榎本からの異論や批判が――勝の他界が「瘠我慢の説」の公表前だったとはいえ――現在まで伝えられていないことである。

勝や榎本の明治にも、それぞれの「瘠我慢」があったはずである。勝や榎本は敗者側の人間として、幕末と明治の差異を思い知らざるをえない場所にいた。もしその差異への認識に二人の瘠我慢が支えられていたなら、二人は、明治のそれぞれの生き方を支えた「私」と福沢の再定義した「私情」とのあいだで、綱引きを強いられることになっただろう。

自らの手でつくったわけではない法が、より高次の大義名分のもとに既成事実化することへの抵抗の存在は、幕末と明治のミッシングリンクを埋める鍵である。遅れてきた幕末世代の一人として、中江はルソー『社会契約論』の示唆のもと、法の前には約束があり、その約束を必然にするものが強者と弱者の不均衡としての自然状態だと考えた。これに対し、『学問のすゝめ』のなかですでに、人民同士の約束こそが政府を成立させるのだと説いていた幕末世代の福沢が、中江の思考に補助線を差し出すようにして、外圧と内戦という自然状態を契機に生きられることになった私情を光源に、列島が見失いつつあるルール感覚を再び見出そうとした一文が、「瘠我慢の説」だったのである。

第二章　滅びる者と生き残る者

［離陸する顕教密教システム／北村透谷／夏目漱石］

1

福沢諭吉が「瘠我慢の説」を執筆し、筐底に秘めてから三年後、日清戦争が勃発した。憲法発布、国会開設から教育勅語の発布を経て日清戦争に至る明治二〇年代は、列島の精神史にとっての重大な転換期にあたっている。この時期に列島のとげた変質がどれほど深甚なものであったかについては、一八八二年（明治一五）に群馬県沼田で生まれた生方敏郎の著作『明治大正見聞史』（一九二六年）が、一同時代人としての鮮やかな証言を伝えている。

生方の「子供心」に映じた印象によれば、憲法発布前のみならず、その後両三年くらいまでも、「私の地方民」は明治政府に心から服従してはいなかった。

私の地方民はその頃まだ明治新政府に反感を持っていた。そして西郷隆盛に同情し、西郷はまだどこかの山の中に生きている、と人びとはしばしば語っていた。私たち子供は、夕暮なぞ大勢よると、よくいろいろの唄を唄って囃し立てたものだが、その中には、いっちこ、たっちこ、高崎の、黄色いチャッポの兵隊が、西郷に追われて、トッテケテー。

という唄があった。子供同士戦ごっこをするには、是非二タ組に分れるのだが、その分け方はちいり、こ（東京のジャンケン）〔注・傍点原文〕できめ、

ちいりこさいよ。合こでさいよ。

と手を振り、鋏や石や風呂敷（東京の児童のいう紙）の形を出して決める。そして勝った方が源平の時なら源氏になり、官軍と賊軍の時なら賊軍になるのだ。私の地方の子供は、平家と官軍とにされることを大変屈辱と考えていた。

子供のこうした心持は、皆親の心を受け継いだものであろう。まして西南戦争の最中には、地方民は皆西郷方に同情し、大声ではいわれぬので指なぞで「レコは負けたか」とか「勝ったか」とか談《はな》し合ったものだそう(25)だ。

その気分が、日清戦争とともに様相を変える。数え年一三歳だった生方には、元来「支那」への憎悪などはなく、開戦の経緯も不明だった。戦がはじまると、一国の存亡を賭けた勝負に思われたが、戦勝が報じられ、当初の不安を脱するにおよび、勇む心、敵への軽蔑心が「誰の胸にも」湧いてきた。そして開戦とともに、西郷への同情も「大声ではいわれぬ」ものから「公然」たるものに変質し、上野にも銅像が立つ。「日清談判破壊せば、品川乗り出すあづま艦、つづいて八重山浪速かん〔…〕西郷死する

も彼がため、大久保殺すも彼奴がため、怨み重なるチャンチャン糞坊主」などという俗謡が、踊りの振りまでつけられて流行する。

私等が尋常科の時分、先生から教えられた「我は官軍、我敵は天地容れざる朝敵ぞ、これに従う強者は、古今無双の英雄で」というような大久保政府のプロパガンダは、この戦争を一期として、全く絶滅してしまった。そして、今度の戦争を西郷大久保の追弔合戦としてやろうというのだ。かくて西郷贔屓の人民と大久保の乾児たる伊藤系統の官僚とは、ここに握手して共同の敵に当たろうという趣向だ。これは芸者などの唄った俗謡的軍歌だけれども、この意味で国民に敵愾心を鼓舞したことは少くなかろう。また、いまだ薩長氏の新政府にまつろわなかった東北の民草を統一するには、またこの位効果の挙ったものはなかろう。(26)

生方の証言は、明治二〇年代に入って本格的に整備された顕教密教システムが、日清戦争を契機に一応の離陸をとげるとともに、日本近代における第二極の生成過程に深い損傷が与えられたことを物語っている。異質な原理同士のせめぎあいを特徴とする幕末＝内戦期の経験を――もしくは幕末＝内戦期とポスト内戦期の不連続性を――不可視の領域に追いやろうとする力が、ここにきて実効性を手にするに至ったのである。

システムの離陸過程には、その設計者の意図に加えて、顕教、密教それぞれの領域に関する護教的正当化が与っていた。顕教領域の護教的正当化の試みの代表格は、教育勅語の公定解釈書『勅語衍義』(一八九一年)であり、著者は大宰府出身で、官費でのドイツ留学より帰朝してまもない帝国大学(東京帝国大学の前身）教授の井上哲次郎（一八五五―一九四四）だった（中村正直閲）。ここで井上は、「物理世界」においていかに「事物ノ現象」が変わろうともその「理法」が変わらないのと同様に、「倫理世界」にあっても、「人類ノ行為」が時と所によりいかに多様であろうと「人類相互ノ関係ヲ規定」する「古今不変」の主義として、「孝悌忠信」と「共同愛国」を挙げ、それこそが教育勅語のエッセンスであるとする。「共同愛国」とは、いくらかの開明性がとどめられている過渡期的表現だが、イデオロギーとしての「忠君愛国」の席巻に対する防波堤たることを意図したものとはいえなかった。[27]

井上によれば、「我ガ邦人」は「太古ヨリ以来、未ダ曾テ一日モ孝悌忠信、及ビ共同愛国ノ精神ヲ放棄シタルコト」がない。しかるに「近時社会ノ変遷極メテ急激ニシテ、且ツ西洋諸国ノ学説教義等東漸スルニ従ヒ、世人多岐亡羊」、これらの主義の是非までも疑うにおよんだ。ついには畏くも、

今上天皇陛下ヲ煩ハシ、茲ニ勅語ヲ下ダシ、以テ其ノ一日モ国家ニ欠クベカラザル所以ヲ明カニスルノ必要ヲ生ズルニ至レルハ、下臣民タル者ノ深ク慚愧反省セザルベカラザル所ナリ。（「勅語衍義叙」）

井上哲次郎のイデオロギー性は、システムの母胎でもあったはずの幕末から明治中期にかけて（「近時」）の経験と、そこでの試行錯誤と信念対立（「多岐亡羊」）を貶価し、天皇の名を引き合いに出しながら、「深ク慚愧反省セザルベカラザル」ものとして提示している点に明瞭だった。

イデオローグとしての井上のあり方は、同年、教育勅語の奉読式において、キリスト者としての信念に基づき勅語への最敬礼を行わなかった第一高等中学校講師・内村鑑三（一八六一―一九三〇）が「不敬」とされ、免職された後の態度において、さらに如実に示された。翌年一一月、井上は『教育時論』

誌に内村非難の談話を発表、「耶蘇教」(キリスト教)批判の火の手をあげる。これが反論を招くと、その翌一八九三年(明治二六)四月、自説擁護の著書『教育ト宗教ノ衝突』を上梓し、「耶蘇教」による「非国家主義」の「輸入」を難じた。そもそも市民宗教としての近代天皇制は、一神教=キリスト教の「密輸入」(鶴見俊輔)と改作を通じて整備に向けられたものだったのだが、井上の「耶蘇教」批判は、当人の意図はどうであれ、この密輸ルートの隠匿と履歴の消去によって、勅語の聖典化への道を開くものだった。

一方、密教領域の護教的正当化を担った代表的人物は、一八九〇年(明治二三)に帝国大学二代総長に就任した加藤弘之だった。旧出石藩の兵学師範の家に生まれ、江戸で佐久間象山に洋学を学んだ加藤は、蕃書調所教授手伝に召し抱えられた後は、徳川政権に忠実に仕えた。新政府軍東下の際には主戦論者の急先鋒だったが、福沢諭吉の『福翁自伝』には、その加藤と江戸城中で出くわした福沢が「僕は(戦争が)始まると即刻逃げて行く」と告げた際、「プリプリ怒って居た」加藤の姿が、揶揄的な筆致で書きとめられている。その後新政府による召命に応じたのは、傍観に徹した福沢ではなく、主戦派の加藤だったのである。

幕臣加藤と明治政府の官僚加藤は、政府主導による近代化の擁護者という点では一貫していた。立場が変わっても知識人としての自己の地位は変わるべきではないというのが加藤の信念だっただろう。西欧からの立憲政体導入の必要を説く『立憲政体略』(一八六八年)、立憲政体の根拠としての「天賦人権論」を展開する『真政大意』(一八六九年)、近代化推進に際しての「国家臣民ノ真理」を論じ、民撰議院設立尚早論の根拠をも示した『国体新論』(一八七四年)には、「上からの」啓蒙思想家としての加藤の一貫性がよく現れている。

一八八一年（明治一四）一一月——政変に敗れた大隈重信が下野した翌月——、加藤は新聞広告を出して、『真政大意』『国体新論』を絶版に付した旨を公表した。その翌年、加藤は新著『人権新説』を公刊し、近年欧米で進化論が説くと自身のみなす「優勝劣敗」の「実理」を根拠に、それまでの自説だった天賦人権論の形而上学性を否定した。そのなかで加藤は、「古今未曾有の妄想論者」としてルソーの名をあげ、その思想の「最大結果」としてフランス革命以後の共和政府の「暴政」に言及した。

この著作は、自由民権的な天賦人権説から帝国主義的な社会進化論への「転向」の記念碑としばしば目されている。だがここでひそかに行われているのは、自由と権利の根拠を「天賦」にではなく、既存の力関係にでもなく、人間同士の約束に求めたルソーの社会契約説を天賦人権説と同一視し、加藤の意図はともかく——天賦人権論の抹殺という見かけのもとに社会契約というアイディア自体を葬り去ることによる、指導者層の「申し合わせ」のイデオロギー的正当化だった。約束ではなく「申し合わせ」。朱子学的色彩を湛える「天賦」の観念も、環境の変化に対する不適応者への貶価を内包する加藤版の「進化」の観念も、形而上学的観念である点では同工異曲というべきものだった。

『人権新説』ではさらに、天賦人権説（と社会契約説）の否定の根拠として、権利とは元来、優勝劣敗の世界を制した勝者（専制治者）が、各個人の安全を求めて設け、与えたものであるという権利発生論が提示されていた。この論は、「勝てば官軍」という——内戦の劣者や敗者に抱かれた——考え方の引き写しにも見えるが、その内実は異なっている。「勝てば官軍」は本来、勝ったから官軍であるという、勝者と敗者の関係の可侵性の感覚に支えられた命題だったが、加藤の「優勝劣敗」は、その関係の不可侵性の感覚へのシフトだった。旧幕臣の加藤に「転向」があったとすれば、天賦人権説の放棄というよりも、この可侵性の感覚から不可侵性の感覚への変質——勝者本位の価値体系への敗者の組み込まれ

――だった。

吾人人類の権利なるものは、もとひたすら優勝劣敗のみの行わるるを制して、社会および各個人の安全を求むるがために専制治者がはじめてこれを設けたるものなることはすでに明瞭なり。はたしてしからば優勝劣敗より生ずるところの患害を除去するの術もまたけっして他術にあらず、ひとしく優勝劣敗の作用に出ずるものなり。(28)

このくだりは、「夷の術をもって夷を制す」という佐久間象山の発想を容易に連想させるが、象山が科学技術の問題に限定して説こうとしていたことが(「東洋道徳、西洋芸術」)、弟子の加藤においては「権利」の根拠づけという哲学思想の問題に内面化されていた点に、三〇年以上を隔てた両者の違いがあった。その一二年後の一八九三年(明治二六)五月、帝大総長を辞した五八歳の加藤は、自説の集大成ともいうべき『強者の権利の競争』を日本語とドイツ語で公刊する。そこで加藤は、「吾人ノ権利」の根拠を、ルソーや中江が想定した約束にではなく、また福沢が想定した瘠我慢(私情)にでもなく、彼我の力の差を思い知らされ、抵抗を断念した弱者による「認許(黙許)」に帰着させた。

蓋シ強者ノ権利カ最初其敵手ヨリ抵抗ヲ受クルコトアリシモ其強大ナルカ為メニ最早遂ニ抵抗ヲ受クルコトアラサルニ至ルトキハ已ムヲ得サルノ勢ヒヨリ結局認許セラル丶コト丶ナルカ故ニ此認許ニヨリテ従来唯天然力タリシ強者ノ権利カ遂ニ変シテ制度上正当ノ権利トナルコトヲ得ルナリ(29)

弱者が力を得て強者に相対するに至ることには理があるという感覚と、強者の確立したシステムを覆す試みは理に反するという感覚を天秤にかけて、結局加藤は後者に投企する。この投企は、明治二〇年代の列島そのものが経験していた「転向」の象徴でもあった。

2

顕教密教システムの整備過程のなかで設立された帝国大学の総長加藤弘之、同じく教授井上哲次郎が担った任務は、システムの護持を善、その転覆を悪とするイデオロギーの体系化だったが、加藤の場合には科学用語によって勝者に対する敗者の不可侵性が、井上の場合には道徳用語によって天皇に対する臣民の不可侵性が、それぞれ規定に向けられた。

一五年戦争に日本が敗れた翌一九四六年（昭和二一）、鶴見俊輔は、「人がその住んでいる社会の権力者によって正統と認められている価値体系を代表する言葉を、特に自分の社会的・政治的立場を守るために、自分の上にかぶせたり、自分のする仕事の上にかぶせたりする」言葉のあり方を「お守り言葉」と名づけたが（「言葉のお守り的使用法について」『思想の科学』創刊号）、それ自体が「お守り言葉」を駆使して行われた――加藤なら「進化」「優勝劣敗」、井上なら「孝悌忠信」「共同愛国」――二人のイデオローグの企ては、「お守り言葉」の体系の露頭をうかがわせる重要な指標にもなっている。

加藤が貶価した「劣者」「敗者」も、井上が貶価した「国民（臣民）」も、本来はその規定を超える射程をもつ言葉なのではないか。そのような直観が幕末世代によって表現される機会は、福沢の「瘠我慢の説」を掉尾に影をひそめる。イデオローグによる貶価にどう向き合うかという課題に――福沢の「私情」が棲息可能な場所をどう確保するかという課題に――直面せざるをえなかったのは、明治零年前後に生まれた、一世代下の人びとだった。

『強者の権利の競争』を加藤が上梓したのと同じ一八九三年、山路弥吉（愛山、一八六四―一九一七）と北村門太郎（透谷、一八六八―九四）という二人の青年のあいだで――「人生相渉論争」の名で知られる――論争が繰り広げられた。(30)

幕府天文方の旗本の子息であり、明治以後は静岡に無禄移住して辛酸をなめた一家に育った愛山と、新政府への加担が遅れたため、明治以後没落を余儀なくされた小田原藩の藩医の子息だった透谷は、明治新政府に対する敗者側の人間であり、かつキリスト教入信者であるという共通点をもっていた。のみならず、二人の履歴にはもう一つ興味深い共通点が存在した。それは、加藤の「優勝劣敗」に深甚な影響を受けたことである。とはいえ、その影響のあり方には違いがあり、その違いは、二人の論争の背景にも深く関わっていた。

上野から五稜郭まで転戦した愛山の父一郎は、幕府瓦解後は失意のなかで酒癖にひたって一家の経済を顧みず、愛山は、敗者の子弟としての悲惨と屈辱、さらに父との不和を抱えながら、幼少期より家計を支えなければならなかった。そのなかで、スコットランド出身のサミュエル・スマイルズ（一八一二―一九〇四）の著書『西国立志編』（中村正直訳、原題『自助論』）を読み、人は生まれ落ちた身分や境遇にかかわらず、忍耐と努力により自らの一生を決することができるという平等主義と業績主義に、一三歳の愛山の心は鼓舞された。

そのころ東京大学（帝国大学の前身）は、動物学者エドワード・シルヴェスター・モース（一八三八―一九二五）による進化論の導入、加藤による天賦人権説否定、外山正一によるスペンサー哲学の唱道などにより、若い世代への知的影響源になっていた。愛山は後年、その著述「現代日本教会史論」（一九〇四年）の一節に書きこんでいる。

余は当時を回想して大学の此活動が日本の思想界に与へたる影響の甚だ大なりしものありしことを想像せざるを得ず。何となれば此の如き思想の波動は当時静岡に住したる余が小さき友人の一群にも及び青年会の討論会に於てすら時として不可思議論の起りたることあるを記憶すればなり。余が一たび有神論に傾きたる後、再び大なる懐疑に陥りたるは即ち此感化を受けたるが為にして余も亦当時に於ては人権新説［注・傍点愛山］の愛読者にして、且其信者なりき。［…］斯くて余等は天を恐れず、神を信ぜず、人生の約束を以て便宜の仮定に過ぎざるものなりとする危険なる状態に陥りき。(31)

愛山にとって優勝劣敗の教説は、自らが育んできた素朴な信仰心を練磨する砥石だった。冒頭からコペルニクス、ケプラー、ガリレイ、ニュートン以下錚々たる科学者の名を延々と列挙する『人権新説』の叙述も、あるいは天文方の子息愛山を刺激したかもしれない。とはいえ、その教説が心の「最奥の根底」まで満足させたわけではなかった。一八八四年（明治一七）、メソジスト派牧師の導きで愛山は受洗する。「逆境の神」と「此世に抵抗して出た処の新しい精神界の王たる国を建てる教」（「予と基督教」）への要請は、優勝劣敗の教説の枠には回収しえなかった。「現代日本教会史論」は語る。新政府は必要上人才の収攬《しゅうらん》に宏量であり、人材登用を惜しまなかったが、たとえ戦勝者が宏量を示そうとも、戦敗者がその自負まで棄て去ることはない。

戦争は既に過去の物語となりたれども戦敗者の心に負へる創痍は未だ全く癒へず。かくて時代を謳歌し、時代と共に進まんとする現世主義の青年が多く戦勝者及び其同趣味の間に出で、時代を批評し、時代と戦はんとする新信仰を懐抱する青年が多く戦敗者の内より出でたるは与に自然の数なりきと云はざるべからず。総ての精神的革命は時代の陰影より出づ[32]。

一方、愛山より四歳年下で、病気がちで小心の父と神経質で抑圧的な母のもとに育った透谷は、小学校時代、没落士族の子弟の多くと同様に自由民権運動に惹きつけられるとともに、歴史小説を愛読した。環境と自己の資質に由来する「気鬱」を抱えつつ東京専門学校に入った透谷は、一八八四年には、憐れむべき東洋の衰運を回復すべき大政治家となって、宗教におけるキリスト同様、政治的に万民に尽す志望を抱くようになった。

此目的を成し遂げんには一個の大哲学家となりて、欧洲に流行する優勝劣敗の新哲派を破砕す可しと考えたり。其考へは実に殆んど一年の長き、一分時間も生の脳中を離れざりし、嗚呼何者の狂痴ぞ、斯かる妄想を斯かる長き月日の間、包有する者あらんや。（石坂ミナ宛書簡、一八八七年八月一八日[33]）

この回想は、透谷が「優勝劣敗」を——愛山のように——抗しがたい事実ととらえるのではなく、一個の「哲派」、すなわちあくまでも一個の世界像としてとらえようとしていたことを物語っている。言い換えればそれは透谷にとって、事実認識の見かけをとった価値判断の提示（鶴見俊輔の用語にしたがえば「ニセ主張的命題」の一種）にほかならなかったのである。そして、そのような即自的価値判断に抵抗し、それを転倒するに足るだけの内在的な根拠を探りあてる努力こそが、透谷の「文学」だった。言い換えれば透谷は、福沢の「瘠我慢の説」が出していた問題を、福沢の世代の幕末の記憶をもつがゆえの「健康さ」から見放された場所で受けとめなければならなかった人間の、嚆矢というべき存在だったのである。

一八八五年（明治一八）、国内改革への刺激材として朝鮮独立運動への関与を図る自由党指導部の動きに呼応し、軍資金獲得目的の強盗決行に誘った同志大矢正夫（一八六三―一九二八）に対し、剃髪姿となって現れた透谷は、運動からの離脱を告げる。透谷において自由民権運動への参加は、敗者側の一員として生まれた者に通有の条件に由来する、いわば「共同的な」抵抗の所産ともいうべきものだったが、そこからの離脱は、「優勝劣敗」の哲学への抵抗という普遍理念への投企であり、同時にそれは「個的な」抵抗――福沢ならば「私情」と呼んだもの――の産物だった。「戦勝者」はもとより「戦敗者」にも理解されない抵抗は、透谷にさらなる無力感と孤独をもたらした。透谷は二度の敗北を味わった。一度目は共同的な個として、二度目は孤独な個として。透谷が短い生涯において希求したのは、この二重の敗北に耐えうる根拠だった。

二人の論争の発端は、雑誌『国民之友』一七八号に愛山が発表した「頼襄を論ず」（一八九三年一月一三日）だった。当時愛山は二八歳。受洗の翌年、『国民之友』に感銘を受け、人の心を鼓舞し、世界に影響を及ぼす文章――愛山の考える「文学」――の可能性を看取した愛山は、徳富蘇峰の民友社に入社。逆境に耐え困難に抗う英雄的事業の永遠性に迫る、史論家の道を志していた。「頼襄を論ず」は、自分の先行者というべき頼山陽（一七八〇―一八三二）の史論の核心を、「尊皇攘夷」という名目よりも「時勢と事情」に立論の根拠を求めた点に見ようとする一文だったが、その冒頭部にはこう書かれていた。

文章即ち事業なり。文士筆を揮ふ猶英雄剣を揮ふが如し。共に空を撃つが為に非ず為す所あるが為也。萬の弾丸、千の剣芒、若し世を益せずんば空の空なるのみ。華麗の辞、美妙の文、幾百巻を遺して天地間に止るも、人生に相渉らずんば是も亦空の空なるのみ。文章は事業なるがゆゑに崇むべし、吾人が頼襄を論ずる即ち渠の事情を論ずる也。(34)

これに対し透谷は、島崎藤村（一八七二―一九四三）、星野天知（一八六二―一九五〇）、戸川秋骨（一八七〇―一九三九）ら同人と刊行していた『文学界』の第二号（同年二月二二日）に「人生に相渉るとは何の謂ぞ」を発表し、「頼襄を論ず」の冒頭に自らが感取した語調《トーン》への強い反発を表明した。

繊巧細弱なる文学は端なく江湖の嫌厭を招きて、異しきまでに反動の勢力を現はし来りぬ。愛山生が徳川時代の文豪の遺風を襲ひて、「史論」と名くる鉄槌を揮ふことになりたるも、其一現象と見るべし。民友社をして愛山生を起たしめたるも、江湖をして愛山生を迎へしめたるも、この反動の勢力の鬱勃したる余りなるべし。(35)

このとき透谷は二四歳。すでに一八八八年（明治二一）、受洗と結婚――多摩の豪農民権家の娘石坂美那（一八六五―一九四二）との恋愛結婚――を通して、二度の敗北に耐える根拠を恋愛と信仰のもたらす「想世界」への信憑に見出した透谷は、幻滅を強いる「実世界」と、「想世界」との往還を支える理路を、自身および列島の精神史に探る作業に挑みはじめていた（「厭世詩家と女性」「徳川時代の平民的理想」一八九二年ほか）。前例を見出しがたいこの作業に挑むなかでいっそう孤独を深めた透谷は、その状況を「囚人」「牢獄」のメタファーによって表現するほかなかった（「楚囚之詩」一八八九年、「我牢獄」一八九二年）。

一八九一年夏にキリスト教を介して知り合い、激しい応酬を重ねながらも交流を保ちつづけた愛山と透谷は、文学を「人生に相渉る」ものとする点に変わりはなかった。透谷が愛山に問うたのは、「人生に相渉る」ということ自体の意味であり、その問いに自らも答えようとすることで、透谷は自身の思考の深化を試みた。透谷は二人における「人生」の語義の違いを、愛山のそれが、「空の空なるもの」と「人間現存の有様」の二項対立を前提としつつそのうちの後者に求めるのに対し、自分のそれが、その二項対立によってはいかにしても回収することのできないある病的で、孤絶した場所に淵源する、未成の力動性としての「生命」に求めている点にあると考えた。

透谷との論争は、愛山にも傷手を残したようである。透谷の死の九年後の一九〇二年に書いた「透谷全集を読む」のなかで愛山は、透谷が自分に寄せた駁論を、文人の業は「事業」や「功績」にはなく「人の内心《インナーハート》」に関するものである、と要約したうえで、もとより「心霊が心霊に及ぼす影響」を「事業」とみなすのが自分の考えである以上、その駁論は的外れだったとしている。だが、透谷が明治文学史論の形で愛山に相対そうとしていた未完の試論「明治文学管見（日本文学史骨）」（『評論』一八九三年二月）では、文学の目的は「精神の自由」の実現にあると述べたうえで、その必要条件としての「快楽と実用」を——愛山よりの示唆も与って——認めている。透谷の否定が向けられていたのは「快楽と実用」それ自体ではなく、愛山の論が準拠する二項対立がもっている肌理《きめ》のない排他性に対してだった。そうした透谷のモチーフの力点を、愛山は受けとりそこねていたのである。(36)

顕教密教システムの確立過程と、それを支えた政府官僚と御用学者に対して、愛山は民間学の立場から攻撃を試みつづけた。その活動は、『信濃毎日新聞』主筆（一八九九―一九〇三年）を経ての雑誌『独立評論』の創刊（一九〇三年）、および『現代金権史』（一九〇八年）、『足利尊氏』（一九〇九年）、未完となった『日本人民史』などの著述を実らせたが、その史論を支える関心は、「精神の自由」というよりは、いきおい「適者生存」という「事業」に向けられていた。そしてその語り口は、自戒のニュアンスをもこめつつも、決然としたある強いトーンを伴っていた。大国ロシアの南下という脅威を前にした一九〇三年、『独立評論』に発表された「余は何故に帝国主義の信者たる乎」には、愛山における「事業」の用法の典型例というべきものが顔をみせている。

吾人は［…］不健全なるもの、不正直なるもの、貪欲なるもの、懶惰なるものゝ失敗を庇護すべき理由を見ず。国民をして身体に於て健康ならしめ、事業に於て活動せしめ而して統一整頓したる社会的組織に依りて世界に向って公道《フェイアプレイ》を要求せしむるは是帝国主義の理想なり。［…］余は不適者の失敗を庇護すべき宗教あるを信ぜず。(37)

一方、透谷の「明治文学管見」では、「日本文学と国体との関係」への関心にも素描が与えられている。

今は唯だ、日本の政治的組織は、一人の自由を許すと雖《いえども》、衆人の自由を認めず、而して日本の宗教的組織は主観的に精神の自由を許すと雖、社界とは関係なき人生に於て此自由を享有するを得るのみにして、公共の自由なるものは、此上に成立することなかりしといふ事を断り置くのみ。(38)

このくだりは、大日本帝国憲法について伊藤博文の名で井上毅が注釈した『憲法義解』が、憲法の保障する「信教の自由」に関して述べている内容に正確に対応していた。

信仰帰依は専ら内部の心識に属すと雖《いえども》、其の更に外部に向ひて礼拝・儀式・布教・演説及結社・集会を為すに至ては固《もと》より法律又は警察上安寧秩序を維持する為の一般の制限に遵《したが》はざることを得ず。(39)

「専ら内部」でしか認められない「信教の自由」とは、果して「自由」の名に値するものなのか？　そこでいう「内部」とは、自由の不在を隠蔽する巧妙なカムフラージュにすぎないのではないだろうか？　透谷が戦っていた敵は、顕教密教システムを生み出さしめる当の「心」そのものだった。

3

透谷にとって愛山との論争は、その生命をすり減らすことになる最後の戦いに火をつけるものだった。「明治文学管見」において透谷は、幕末の列島が置かれた対外的な状況は、「国民精神」を覚醒させ、その結果として「尊王攘夷論」を天下に瀰漫《びまん》させたという見方を述べている。「吾人が読者に確かめ置きたき事は、斯の如く覚醒したる国民の精神は、啻《ただ》に徳川氏を仆したるのみならず、従来の組織を砕折し、従来の制度を撃破し尽くすにあらざれば、満足すること能はざること之なり」。透谷のなかで、幕末期への関心が絶やされることはなかったが、その関心は透谷にとって、現前しつつある世界への私的、内的違和感の根拠に供されるべきものだった。

「明治文学管見」発表の三か月後の一八九三年(明治二六)五月、『文学界』に――別に執筆していた論考三篇とともに――掲載された「内部生命論」は、『憲法義解』での用法を根底から覆すに足る「内部」の用法を提示する試みだった。(40)「瘠我慢の説」を秘匿した福沢とも、『三酔人経綸問答』に「胡麻化」しを記した中江とも分断された場所で、透谷は正面から状況と衝突せざるをえなかったのである。

この試論で透谷が論じるのは、「文芸上に於ける生命の動機」である。「徳川氏の時代」にあって最も人間の生命に近かったモラルが「儒教道徳」だったことは疑うべくもないが、人間の生命を教え尽くすものとはいえなかった。徳川氏時代の美文学は忠孝を説いたが、それは忠孝の教理あるがゆえに説いたにすぎず、人間の根本の生命から説いたわけではなかった。それは、「今日の僻論家が勅語あるが故に忠孝を説かんとすると大差なきなり」。真正のモラルは、心の経験、すなわち「内部生命」に根拠をもつものでなければならない。そして、その「内部生命」を自覚し、再創造するものは、宗教や哲学でもなく、文芸上の理想(アイディア)ですらなく、一個の感応、すなわち瞬間の瞑契(インスピレーション)である。この「内部生命」を自覚し、その顕現を「万有」のなかに見出していく終わりなき過程こそが、透谷の考える精神史である。

その過程は、「徳川氏時代」においてさえ見出すことができる、というよりも、「徳川氏時代」だからこそ見出されなければならないはずだ、というのが透谷の直観であり、その直観を透谷は、愛山との論争に先立って、前年五月に三回にわたって『女学雑誌』に発表した「徳川氏時代の平民的理想」のなかですでに述べていた。

自由は人間天賦の霊性の一なり。極めて自然なる願欲の一なり。然るに彼等[注・徳川時代の戯作者」は呱々の声の中より既にこの霊性を喪へるを自識せざる可らざる運命に抱かれてありたり、自然たる願欲は抑へて、不自然なる屈従を学ばざる可からざるタイムの籠に投げられてありたり。人誰れか全くタイムの籠に控縛《こうばく》せらるゝを心地よしとするものあらむ、人誰れか天賦の霊性を自殺せしむべき運命を幸福なりとするものあらん。(41)

この、ルソーの『社会契約論』の冒頭をも髣髴とさせる一節を書き記した透谷は、人間をつなぐ「鎖」の善用法を考えたルソー同様に、人間が強いられた「屈従」の再定義への試みへと向かっていく。(42)徳川氏時代の「末世」における「平民社界に行はるゝ音楽の調子」の低さを、民友子（徳富蘇峰）は嘆慨する。だが私は、そこに「平民的虚無思想」の広さの露頭を見る。「我国平民の歴史」が、支配階級による抑圧のもとに「凄惻暗澹たる」様態を強いられてきたなかで、徳川時代の「平民社界」は、完成された封建制度ゆえの抑圧に対する「不平の黒雲」を根拠に、ささやかな理想を育んできた。

わが徳川時代平民の理想を査察せんとするは、我邦の生命を知らんとの切望あればなり。山沢を漫渉して、渓澗の炎暑の候にも涸れざるを見る時に、我は地底の水脈の苟且《ゆるかせ》にすべからざるを思ふ、社界の外面に顕はれたる思想上の現象に注ぐ眼光は、須らく地下に鑿下《さくか》して幾多の土層以下に流るゝ大江を徹視せん事を要す、徳川氏の興亡は甚しく留意すべきにあらず、然も徳川氏三百年を流るゝ地底の大江我が眼前に横たはる時、我は是を観察するを楽しむ、誰れか知らむ、徳川氏時代に流れたる地下の大江は、明治の政治的革新にてしがらみ留まるものにあらざるを。(43)

徳川氏時代の平民は、戦場の武勇に原形をもつ「俠」と、遊郭の艶美に原形をもつ「粋」という二筋の末流に、自らの理想を仮託してきた。考えてみれば「俠」は、平民の抑圧者である武士たちによって抱かれてきた「シバルリー（武俠、士道）」の「模擬」である。そして、迷妄のなかでの自己制御を重んじる「粋」は――試論「粋を論じて「伽羅枕」に及ぶ」によれば――武士たちの儒教的道徳と仏教倫理にやはり「近し」。こう指摘することで透谷は、劣者による優者の「模擬」によって――北川透の言葉を借りれば――「逆に〈遊び〉が肯定され、〈遊び〉の倫理として昇華された」美が創造される道筋の可能性を示唆するとともに、教育勅語にまで流れ込む「朱子学的イデオロギー」との「乖離と緊張」を産み出そうとした(44)。のちに折口信夫（一八八七―一九五三）は、列島の精神史・文化史において産み出された、神の劣位に置かれた人間が神の所作を面白おかしく演じる「もどき」の批評性・創造性に注目しているが、透谷の「模擬」への着眼は、この折口の指摘の先行形態だったともいえる(45)。

徳川時代の平民に対して自分（透谷）のなかに生じる反応は、慨嘆でもまたその裏返しの称揚でもない。徳川時代の平民の理想は、優者の威権に敵し、これを嘲笑するに足る不羈磊落《ふきらいらく》な気賓を備えていた一方で、当の平民自身によってさえ「偏固」で「矮小」で「卑下」なる理想として貶価されてもきた。彼らが、自己犠牲を先にし、深い自愛を育てることができなかったのも、そのことと関わりがある。自分（透谷）の心中深くに生じるのは、そのような人びとに対する、一個の私情――痛惻（同情と痛み）――である。この私情からはじめるほかに、幕末と明治のミッシングリンクを埋めるどのような方法があるのだろうか。幕末世代の福沢の「瘠我慢の説」ではまだ行われていなかった「模擬」の可能性の示唆と、「痛惻」への言及とを湛えたこの試論によって問われていたのは、まさにその問い――徳川時代の生の経験のうちに今につながる「理想」の淵源をいかに求めることができるか、という問いだったのである。

「人生に相渉るとは何の謂ぞ」「明治文学管見」「内部生命論」などの濃密な試論を、その後一年ほどのあいだに次々と書きついでいった透谷は、一八九三年（明治二六）一〇月末に『評論』に発表した、実質的遺稿ともいいうる短文「漫罵」にこう記した。

今の時代は物質的の革命によりて、その精神を奪はれつゝあるなり。その革命は内部に於て相容れざる分子の撞突より来りしにあらず。外部の刺激に動かされて来りしものなり。革命にあらず、移動なり。人心自ら持重するところある能はず、知らず識らずこの移動の激浪に投じて、自から殺ろさゞるもの稀なり。(46)

さらに透谷は記す。今の時代に創造的思想が欠乏しているのは、思想家の罪ではなく、時代の罪である。そのような時代にあって、詩人たらんとする者は不幸である。汝は、汝を罵倒する者と同様に、自らを罵倒すべきである。汝を囲んでいる現実は汝を「幽遠」に迷わせることになるが、汝は「幽遠」について語るべきではない。今の汝が語ったとしても、「湯屋の番頭」の裸体談義に対するほどの関心をも、人に払わせることはできないのだから。

自分の精神に刻みつけた刺青を二もなく見せつけずにはいられない文体。その鮮やかな痛みを、日清開戦直前に自殺した透谷よりも二〇年あまり長く生きた、同世代人の夏目漱石（金之助、一八六七―一九一六）は受けついでいた。透谷と漱石には、顕教密教システムの成立過程が自己形成期と一致するとともに、システムの総体に対する違和感をそれぞれの場所で抱えつづけていたという共通項が存在した。

そして経済的条件の違いを抱えつつ、いずれも内戦の敗者側で生まれ育っていた。一九一一年（明治四四）八月に漱石が関西で行った講演「現代日本の開化」には、透谷の「漫罵」のこだまを聴きとることができる。

「西洋の開化（即ち一般の開化）は内発的であって、日本の現代の開化は外発的である」。「御維新後」の外国との交渉開始以来日本は、「急劇に曲折」せざるをえないほどの「衝動」を受けた。花が開くようにおのずから蕾が破れて花弁が外に向かうがごとき発展ではなく、外圧による不自然な発展、「皮相上滑りの開化」を余儀なくされたのである。とはいえ、だからどうという名案があるわけでもない。実に困ったと嘆息し、苦い真実を告げたうえで、できるだけ神経衰弱にかからない程度に内発的に変化していくのがいいなどとお体裁を述べるほかない[47]。――この発言は、『三酔人経綸問答』における「恩賜の民権」と「恢復の民権」の対質と、終段の南海先生の「胡麻化」しの反響でもある。

それとともに漱石には、「一面に於て俳諧的文学に出入すると同時に一面に於て死ぬか生きるか、命のやりとりをする様な維新の志士の如き烈しい精神で文学をやって見たい[48]」と鈴木三重吉宛の書簡（一九〇六年一〇月二六日付）に書き記していたような矜持がある。一九一四年（大正三）四月二〇日から八月一一日まで『朝日新聞』に連載された小説『心』（漱石自らが装丁を行い刊行された単行本では『こゝろ』に改表記）では、滅びゆく理念に殉じて自らを滅ぼそうとする者と生き残る者の対照が、明確に機軸にすえられることになる。

この小説において、語り手の「私」、「私」が出会う「先生」、その友人「K」をはじめ、作中人物の実名がほとんど記されないことは、作品の抽象的骨格を際立たせる効果を生んでいる。唯一の例外は、「先生」の「奥さん」が「静」とされていることだが、それは陸軍大将・乃木希典（一八四九―一九一二）

の夫人静子（一八五九―一九一二）の名と一致している。この小説の作中時間が明治天皇の発病から崩御、乃木夫妻の殉死に至る実在の時間（一九一二年）に対応をもつこと、「K」を欺く形で「奥さん」と結婚した過去をもつ「先生」が「私」への遺書で、乃木夫妻の最期に示唆された「明治の精神への殉死」を自殺理由にあげていることは、この一致が単なる偶然ではないことを示唆している。「私」の郷里で重篤な病の床にある「父」の病名は腎臓病であり（「奥さん」の母の死因も同じ）、これは明治天皇の死因と一致するし、「父」の病と天皇の病とは同時進行していく形がとられている。『こゝろ』の世界は、明治の終焉の風景からその骨格のみを抽象したうえで、これを意図的になぞって――「模擬」（北村透谷＝北川透）して――いるのである。

この「なぞり」の痕跡は、「明治の精神への殉死」という理由が語られるにもかかわらず、また「K」の死に対する良心の呵責が語られるにもかかわらず、「貴方にも私の自殺する訳が明らかに呑み込めないかもしれませんが」という当の「先生」の言葉通り、「先生」の自殺がどこか不可解な印象を読者に残す点に現れている。この印象は、ではそもそもなぜ『こゝろ』ではそういう書き方がなされているのか、という問いを惹起しうる。事実、何人かの評者がこの問いの前に立ちどまっているが、そこに作者の意図の介在を看取する森谷篁一郎は、「先生」の「自殺」は特定の理由が見出されるべき何かなのではなく、一人の人間の内部に生じる「意識相克」を照らし出すための作品上の「仕掛け」であるとする。(49)

「先生」は、日清戦争のやや後に大学近くの小石川に下宿したという記述から推すと、作者漱石よりも一〇歳ほど年下。実在の乃木が自殺の理由の一つにあげている、西南戦争従軍の際に西郷軍に連隊旗を奪取された事件と相前後しての生まれであり、「先生」の人生は、作中で「刀を腹へ突き立てた一刹那」とどちらが苦しいか、と語られている事件後の乃木の「三十五年」と重なっていることになる。漱石とは異なり、教育勅語の支配的影響下に教育歴を重ねた世代という設定である。そして、明治天皇の第三皇子である大正天皇（嘉仁《よしひと》、一八七九―一九二六）とも生年が近い。一方、「大学」卒業後に明治天皇崩御に遭う「私」は、その一〇歳ほど年下と目される。憲法および教育勅語発布前後生まれの設定であり、漱石門人の久米正雄（一八九一―一九五二）、芥川龍之介（一八九二―一九二七）のほぼ同世代にあたる。『こゝろ』という小説において看過できない謎に、「先生」によって「自殺」の理由に「明治の精神への殉死」があげられるのはなぜなのか、そしてそれがなぜ「私」への遺書のなかで語られることになるのかという、二つのことがある。

「私」が「先生」と鎌倉の海岸で出会って間もなく、雑司ヶ谷墓地に「K」の墓参に赴いた「先生」に声をかけた「私」に対し、「先生」は虚をつかれたという体で、「何うして……、何うして……」と異様な調子で繰り返す。「不得要領」のやりとりを重ねた後、「私」は「先生」に、あなたは何かを隠していらつしやるのではないですか、と問いつめる。「私は死ぬ前にたつた一人で好いから他を信用して死にたいと思つてゐる。あなたは其たつた一人になれますか。なつて呉れますか。あなたは腹の底から真面目ですか」と問い返す「先生」に「私」は、そうだと答える。松元寛は、「先生」に自殺の決意を促した重要な作用者として、「先生」に本心の開示を求めた「私」その人の存在を指摘しているが、この松元説は、さきの二つの問いをここに置くならばそれに応えるものとして、さきの森谷説と両立可能な内実をもそなえている(50)。

「先生」が語るのは、ある黙契に対する信憑である。黙契の内容は、公正無私を最高善とするモラルであり（「先生」のいう「明治の精神」）、恋に際して発露された自らの利己性に対して罪悪感を抱かなければならなかったのはそれゆえだった。その信憑の破壊者として出現した「私」に、「先生」は語る。

私は倫理的に生れた男です。又倫理的に育てられた男です。其倫理上の考は、今の若い人と大分違つたところがあるかも知れません。然し何ぅ間違つても、私自身のものです。（五十六――「下　先生と遺書」二、章番号は『心』――『こゝろ』に対応）

やがて「先生」は、自らの黙契の相手が明治天皇だったことに、あらためて思いあたったと語る。

すると夏の暑い盛りに明治天皇が崩御になりました。其時私は明治の精神が天皇に始まつて天皇に終つたやうな気がしました。最も強く明治の影響を受けた私どもが其後に生き残つてゐるのは必竟時勢遅れだといふ感じが烈しく私の胸を打ちました。（百九――「下　先生と遺書」五十五）

「私」は「先生」にとっては「私はあなたの意見を軽蔑までしなかったけれども、決して尊敬を払い得る程度にはなれなかった。あなたの考えには何等の背景もなかったし、あなたは自分の過去を有つには余りに若過ぎたからです」（「下」二）と語られる存在だが、同時にそのナイーブさによってかえって、個人の抱える自己中心性の上位に立つ超世代的倫理を要請する、「明治の精神」（市民宗教）の難題《アポリア》の開示者としての姿を「先生」に対して現前させる存在にもなっている。森谷箟一郎は「先生」の「自殺」に、「倫理意識」と「利己心」のあいだでの「意識相克」の存在を照らし出す仕掛けを見ているが、その示唆を受け入れるならば、「先生」の「自殺」は、「市民宗教への帰依」と「市民宗教からの自由」の「意識相克」を照らし出す仕掛けであると受けとることも可能である。

私は殉死といふ言葉を殆んど忘れてゐました。平生使ふ必要のない字だから、記憶の底に沈んだ儘、腐れかけていたものと見えます。妻の笑談を聞いて始めてそれを思い出した時、私は妻に向つてもし自分が殉死するならば、明治の精神に殉死する積だと答へました。私の答も無論笑談に過ぎなかつたのですが、私は其時何だか古い不要な言葉に新らしい意義を盛り得たやうな心持がしたのです。

（百十――「下」五十六）[51]

森谷篁一郎は、ここで「殉死」が語られることに、独裁者カエサルによって滅ぼされる運命にあるローマ共和制と自由の理念に殉じ、自死をとげた小カトーの事例を重ね合わせながら、「先生」の殉死が、乃木の場合とは異なり、人（明治天皇）ではなく理念（明治の精神）に対するものである点に注意を促すと同時に、「明治の精神への殉死」という発想そのものに感じられる支えのなさ、自律性の乏しさ、「受け売り」の印象こそが、「自殺」がまさしく「仕掛け」（＝何者かへの「模擬」の意識の所産）であることの証左ではないかと述べている。「先生」による「明治の精神」への「殉死」は、その「模擬」的相貌が醸しだされることによって、かえって市民宗教に対する「乖離と緊張」（北川透）を作中に漲らせるものになっているのである。

ではその一方で、市民宗教に殉じる「先生」の遺書を、自らはそのことに気づかないままそのアポリアをつくことになる「私」は、どう受けとるのか。『こゝろ』においてそのことは、作中に示されていない。作品は、「私」が読む「先生」の遺書が語り終えられるところで終わっているからである。そのことは、この作品の構成自体が、作者と読者の関係を前提にした、「利己心」を否定することのない社会契約の可能性への投企の表現にもなっていることを示すものとして、受けとることができる。

私は今自分で自分の心臓を破つて、其血をあなたの顔に浴せかけやうとしているのです。私の鼓動が停つた時、あなたの胸に新らしい命が宿る事が出来るなら満足です。

（五十六――「下　先生と遺書」二）[52]

遺書で「先生」が「私」に告げるこの言葉が、読み手の宙に浮かぶ。すると、「先生」の造型は、「内部生命」を掲げつつ市民宗教への抵抗に殉じるに至った、北村透谷というもうひとりの「K」の「模擬」（なぞり、もどき）のようにも見えてくる。透谷と漱石をつなぐものは、「模擬」という卑小なものを抵抗の座に置き、かつその普遍的な広がりを問うていた点だったかもしれない。透谷がそれにぶつかって自らを滅ぼした相手が、何でなければならなかったのかという問いに、『こゝろ』はぶつかっていた。「明治の精神」は、「公正無私」から「弱肉強食」イデオロギーまでを包摂するヌエだったのだが、問いの答えとして『こゝろ』が示したそれは、自らの「生命」の限界を自覚するヌエだったのである。

第三章　敗者における大義と理念

［分岐点としての日露戦争／敗者たちの歴史像／山川健次郎／朝河貫一の場合］

1

明治二〇年代の列島に成立した市民宗教は、幕末期以後の自然状態の露顕を背景に、急速な近代化に対する「緩衝材」の役割を目されて設計されたものだった。だが列強の圧力と不平等条約への面従腹背的対抗が継続されるなか、対抗に必要な統合の手段として国家指導者が採用したはずの市民宗教が、しだいにイデオロギーとして自己目的化し、列島全体を呑み込みはじめるようになる。その契機となったのが、朝鮮半島の支配権をめぐり遂行された日清戦争（一八九四―九五）であり、またその一〇年後、中国東北部（満洲）および韓国の利権をめぐり遂行された日露戦争（一九〇四―〇五）だった。

日清戦争の勝利は、東アジアにおける華夷秩序の終焉とともに、新生近代国家日本を含めた東アジア全体の、帝国主義秩序への編入を画する出来事だった。自然状態に見出される私情にルール感覚の源泉を見ようとした福沢諭吉は、日清戦争の勝利に東アジア的華夷秩序からの脱皮と、日本の国際的地位の向上を見て喜びを隠さなかった一方で（『福翁自伝』）、戦争を支えた求心的統合が人びとの独立精神を衰弱させることへの危惧を抱き、戦後はもっぱら「一身独立」への関心を語るようになる。「瘠我慢の説」を筐底に秘匿した筆者は、最後まで精神に人知れぬ亀裂を抱えつづけざるをえなかったのである。

その福沢の死の三年後に勃発した日露戦争は、列強からの自立という課題の不可避性とその世界史的意義を列島の人びとに意識させる出来事だったが、人びとの犠牲は甚大だった。日清戦争の日本側死者一万七〇〇〇人、戦費約二億円に対し、日露戦争の日本側死者は九万人近く、戦費総額は一年の国家予算の約八倍にあたる二〇億円にものぼり、しかもその多くを外債に依存していた。機関銃と近代要塞を登場させ大量の死傷者を生んだこの戦争は、二〇世紀の世界戦争の前哨戦だった。

この戦争に辛勝した日本は、欧米列強の白色人種国からは警戒心――「黄禍論」の普及はその端的な表現だった[53]――を、列強の植民地支配下に置かれた非欧米の有色人種国からは共感と希望を伴う注目を寄せられることになるが、そのことは同時に、対外的にも国内的にも重要な課題をもたらすことになった。「列強に追いつけ、追い越せ」の掛け声のもと、多大な犠牲を払って殖産興業と富国強兵に邁進してきた明治日本が、では追いついた後はどうするのか、という未知の問いの前に、密教的指導者層も顕教的国民も等しく立たされることになったのである。

最大の対外的課題は、力で覇権を競い合うハードな帝国主義から、列強間の協調を旨とするソフトな帝国主義への世界史的転換が徐々に進行するなかで、国際社会との関係――ことに対米関係と対アジア関係をいかに構想し、構築するかだった。

一九一〇年（明治四三）の日韓併合から一九一五年（大正四）の対華二十一か条要求に至る対アジア政策の主傾向は、この課題に対して、日本において少なくとも一つの選択肢が選ばれていた事実を意味していた。すなわち、弱小国の希望の星となるのではなく、遅れてきた列強の一員として、かつて自分がされてきたのと同様の仕方で弱小国に相対する道である。ポーツマス会議の斡旋に尽力した米国は、清国の領土保全と機会均等という理念を開戦理由に掲げながら、戦後はそのことを忘れたかのように近隣諸国への野心を示しはじめた日本に対し、強い警戒心を抱くようになった。その日本が選んだのは、近隣諸国と米国いずれとの友好にも重きを置かず、国際的孤立に向かう道にほかならなかった。

一方、国内的課題の最たるものは、国家指導者と国民のあいだで戦後顕在化しはじめた分裂をどう受けとめ、これにどう対するかだった。分裂の端的な現れは、ポーツマス講和条約締結直後の一九〇五年(明治三八)九月に起こった日比谷焼打事件だった。

ポーツマス会議は、外相小村寿太郎を全権とする日本側の賠償金と領地割譲要求を、セルゲイ・ヴィッテ(一八四九―一九一五)を首席全権とするロシア側が拒絶したことで、一時決裂の危機を迎えた。だが、賠償金要求を撤回した日本側と樺太南半分の割譲を認めたロシア側とに妥協が成立し、韓国に対する日本の指導、保護、監理権の承認の明記に始まる講和条約が締結された。これに対し、その結果は自分たちの多大な犠牲に見合わないという人びとの感情が、負傷者二〇〇〇人、死者一七人、被検束者二〇〇〇人におよぶ――軍隊が出動し戒厳令まで布かれた――暴動を引き起こした。首相桂太郎(一八四七―一九一三)と親しい徳富蘇峰が率いる政府系の国民新聞社をはじめ、内相官邸、外務省、米国公使館、警察署、交番、派出所などを次々と襲った暴動参加者は、生活の困難を背景に、正確な情報から遠ざけられ、戦勝報道が加速させた過大な講和条件への期待によって自らの犠牲を納得しようとしていた人びとであり、その行動は、期待に応じえなかった国家指導者への不信表明だった。一方、国家指導者たちにとっても、辛勝のうちに戦争を終結させた努力を理解しえない国民は、やはり度しがたい存在だった。

この暴動は、長きにわたって抑圧されていた攘夷感情の再燃、暴発という性格を伴っていたが、それが「国家指導者と国民」の対立という鋳型にはめられた形で生じることになったのは、顕密二元論に立脚する市民宗教の必然的帰結というべきものだった。言い換えれば、指導者と国民のこのような相互不信は、まさしく顕教密教システムの耐用年数の限界の露頭を物語るものだったのである。

これまでのところ、国家指導者と国民をつなぎとめる役割を期待されていたのは、立憲君主と信仰対象という二重の役割を一身に担っていた明治天皇だった。だが一九一〇年、天皇暗殺未遂容疑の名目で幸徳秋水をはじめとする無政府主義者、社会主義者たちが検挙され、しかもその翌年、国際的抗議にもかかわらず、天皇の名のもとに一二人が、しかもその大部分がフレームアップで処刑される。この「大逆事件」、さらにその翌年に訪れた一九一二年の天皇の死は、一つの時代の終焉——市民宗教の綻び——を人びとに感じさせずにはいられなかった。「明治」という元号は、社会変革の決意の産物である点で、日本列島史上稀有な画期性を帯びた元号でもあったが(54)、その元号と一体化した天皇の死が差し出していた課題は、市民宗教の綻びを綻びとして感知すること、言い換えれば、一五歳の新天皇のもとで社会変革への決意を育ませた幕末期の経験の想起もしくは再解釈であるはずだった。

だが、市民宗教の綻びを——顕密システムの限界を——それとして感知しうる基体は、それ自体がすでに微弱化ないしは劣化しつつあった。その基体を辛うじて備えていた制度設計者・伊藤博文は、一九〇九年（明治四二）一〇月二六日、日露戦争後の日本の韓国政策に抵抗する——若き日の伊藤の師吉田松陰を髣髴とさせる——独立運動家・安重根《アンジュングン》（一八七九—一九一〇）によってハルビン駅頭で暗殺されていたし、山県有朋、井上馨など明治の終焉を生き残った他の制度設計者たちにとっても、システムの限界を感知しうる基体の維持が困難に感じられるようになる。彼らに与えられた呼称「元老」は、この困難の表象でもあった。すると、制度設計者の後退の空隙をつく形で、「万世一系の国体」の神話が比喩であることをやめ、一人歩きをはじめる。その動きの嚆矢は、初等教育の領域で国定教科書制度が採用され、影響を発揮しはじめた明治末期に求めることができよう。本来「部分」だった顕教が、限界を露呈しはじめた顕密システムを外部から遮断する論理に自己を「全体」化しはじめるのである。

2

市民宗教の綻びを綻びとして感知する理由をもつ人びとがいたとすれば、それはむしろ内戦の敗者たちだった。なぜなら、尊皇攘夷思想を根拠に自分たちを朝敵視した新政府による天皇の政治的利用、攘夷から開国への転向を目撃してきた彼らは、綻びが今にはじまったことではなく、当初の出発点に起因していることを、知悉せざるをえない状況にいたからである。だが、基体の劣化は敗者たちの問題でもあった。その劣化の波に、敗者たちがどう向き合ったか。それを知る手がかりは、憲法発布から日清、日露戦争の遂行と並行して公刊された、敗者による史論もしくは歴史叙述に見出すことができる。

市民宗教としての近代天皇制の成立には、内戦再発への恐れが深く関与していたが、明治天皇の生前の事績の一つに、明治政府樹立への貢献を認めうる内戦の死者に対する位階贈与があった。[55] 一八八九年の憲法発布の際には吉田松陰、佐久間象山、藤田東湖が、教育勅語発布の翌九〇年には橋本左内、梅田雲浜、真木和泉、高杉晋作、武市半平太、吉村寅太郎、坂本龍馬、中岡慎太郎らが贈位の対象とされる一方で、明治以後の反乱者については、まず西郷隆盛が憲法発布の際に、さらにだいぶ遅れてではあるが江藤新平、島義勇《よしたけ》（以上佐賀の乱）、前原一誠（萩の乱）、桐野利秋、篠原国幹、大山綱良（以上西南戦争）が一九一六年に、それぞれ贈位の対象となった。ちなみに、西郷とともに「維新の三傑」と称された大久保利通、木戸孝允への贈位は、一九〇一年（明治三四）になってのことだった。

天皇には、内戦の死者に対して可能な限り公正であることが期待され、天皇もこれに応えようとしたが、天皇の特旨に基づく贈位が「官賊」の序列を崩すことはなかった。価値の源泉は外圧と内戦の経験に見出しうるものではなく、ア・プリオリに天皇（現政府）に帰せられる何かであるという前提が推し進められたのである。こうした前提に基づく贈位や叙位には当然遺漏がつきまとっていたし[56]、またその基準をめぐる不満の抑え込みが不可能だったことは、叙勲対象にならなかった旧幕臣高橋泥舟（精一郎、一八三五―一九〇三）をめぐる、その義弟で叙勲を拒絶した旧幕臣山岡鉄舟（鉄太郎、一八三六―八八）と、叙勲者名簿の作成にあたった勝海舟とに生じた不和が一例を示している[57]。こうした事例は、内戦の挫折者や敗者たちの生きた明治が、価値の源泉を天皇（現政府）に求める市民宗教の基準に回収されない要素を抱えていた機微を物語っている。言い換えれば、近代天皇制が考案した叙勲や贈位の制度は、明治を生み出した当のもの――幕末期の経験――までは包括できなかったのである。

叙勲や贈位と並び、価値の源泉を天皇（現政府）とみなす前提の補強に供せられた手段は、修史事業だった。一八七二年以来、戊辰戦争に関する編年体史料集『復古記』の編纂が進められていたが、明治の変革の目的――方法ではなく――として「王政復古」を見たうえで、朝廷に対する戦功の判断に用いるという事後的な意図に支えられたこの史料集（一五〇巻および各地の戦記である外記一四八巻）の完成もまた、憲法発布と同年の一八八九年だった（刊行は一九三〇―三一年）[58]。その二年後、シュタインから憲法制定と歴史編纂の不可分性を説かれていた金子堅太郎は、「国史編纂局を設くるの議」において「維新史」編纂の提議を行うが、伊藤博文の反対により断念を余儀なくされた。内戦期の歴史の検証は、現政府の運営に必要な薩長藩閥間の提携に軋みを生じさせ、政局に重大な影響をおよぼしかねないというのが、伊藤の危惧であり、伊藤と金子のあいだに成立した「申し合わせ」だった。

内戦の記憶は、それを経験した状況により、ましてその勝者と敗者とでは異なる。内戦期の歴史叙述に果敢な姿勢を見せたのは、敗者側の、しかも個人だった。『復古記』完成とほぼ並行して、戊辰戦争に際して新政府軍と戦った旧桑名藩士・岡本武雄（一八四七―九三）による著作『王政復古 戊辰始末』（巻三まで、一八八八―八九年）が刊行された。著者岡本は、その執筆意図を「序」（一八八七年一一月）においてこう述べている。

唯だ余が此書を記したるの意旨は以為《おもえ》らく日本の建国古しと雖ども歴史の事実多しと雖ども、其歴史中の大歴史ともいふべきは戊辰の事に過ぐるものあるべからず。何となれば、日本の一大政変を成したるも、此戦争なり。旧来の門閥政治を破りたるも、此戦争なり。廃藩置県の挙を行ひ得たるも武士の常職を解きたるも皆此戦争に因したるものにして、これを概言すれば、日本の文明を促がして今日あるに至らしめしものは、此戦争の賜なり。而してこれを記するもの未だ全たからざるは、当時の事を知らざるものに取ては遺憾なき能はざるべしと思惟するが故なり[59]。

「日本の文明」にとってもつ意味に関しては、外圧を背景にした内戦の経験、すなわち「万人の万人に対する戦い」としての自然状態の経験は「王政復古」のスローガンに先立つという――大久保、西郷、岩倉といった面々には知悉されていた――歴史像の提示を試みたこの書物は、だが未完に終わる。この著作の刊行開始と同じ一八八八年、徳川御家人出身で、幕府瓦解後は『横浜毎日新聞』主筆となる一方、立憲改進党創立に参加していた島田三郎（一八五二―一九二三）が、勅命に背いて安政条約を結んだ極悪人とされていた井伊直弼の弁護を試みた『開国始末 井伊掃部頭直弼伝』を上梓した。この本は、井伊家の秘蔵文書を駆使しつつ、状況判断を勅命に優先させた政治家としての井伊像を提示してみせたものだったが、その「緒言」において島田は、「成敗と是非は判然別事に属せり」[60]と述べ、事後的な官製歴史像に異議を申し立てた。

一八九二年（明治二五）、福地源一郎（桜痴）の著書『幕府衰亡論』が上梓された。長崎の医家に生まれた福地は、蘭学通辞として認められたのち江戸で儒学と英語を学び、情報通の幕府吏僚として二度渡欧した。慶応四年（一八六八）二月、旧幕臣の洋学者柳河春三《しゅんさん》（一八三二―七〇）により『中外新聞』が発行されると、これに触発されて福地は、同年閏四月に『江湖新聞』を発行した。同月に岸田吟香《ぎんこう》（一八三三―一九〇五）が米国人ヴァン・リード（一八三五―七三）と横浜居留地で共同発行した『横浜新報もしほ草』なども含めて、内戦の最新情報を伝える役割をもってはじめられた旧幕臣によるこれらの動きは、日本における新聞発行の草分けとなった[61]。福地は『江湖新聞』一六号に、新政府の実体とは徳川に代わる薩長幕府であるとする「強弱論」を執筆、発禁逮捕処分を受け、屈服する。その後伊藤、山県ら長州系政治家の知遇を得たことから、『東京日日新聞』での言論活動、「軍人勅諭」起草、立憲帝政党設立などを通じて政府との提携を目論むものの、見返りは結局得られず、演劇改良運動や歴史・政治小説にむしろ本領を発揮する。『幕府衰亡論』は、その境遇と豊富すぎた才知を徳富蘇峰に注目された福地――彼も「天保の老人」だった――が、『国民之友』に寄稿した文章を出版したものである[62]。

福地によれば、政権創始者・徳川家康にはある「秘計」があり、それは徳川政権自体の漸進的「廃絶」だったという。家康は、戦国期の経験から得た――「万人の万人に対する戦い」としての――世界像を決して忘れなかった。この世界では、子弟親族であれ功臣良相であれいつ敵になるかわからない。そこで「親を以て疎に代わらしめ」る法的統制を、諸侯諸大名、さらに旗本御家人にまでおよぼし、さらにはその統制の前提に朝廷の権威を置いて勤王の学問を奨励した。法的統制の拡大と勤王精神の結合こそは幕府「衰亡」の因であり、それは家康の計画の一部だったというのである。

福地は、こうした幕府の「衰亡」過程を指して「幕末史」と呼ぶ。家康の意図のいかんは括弧に入れたとしても、これはおそらく、歴史叙述もしくは史論における「幕末」の語の——概念としては未展開ながら——最初期の用例であり、敗れる側、滅びる側の実存の次元を切開する意図がこめられていたことの意味は大きい。制度創設者はその制度を超えた境位を見はるかしている。この命題は、現政府への福地流の最大級の抵抗だった。[63] その後福地は、自伝『懐往事談』（一八九四年）、徳川の吏僚岩瀬忠震、水野忠徳（一八一〇—六八）、小栗忠順を「維新の三傑」ならぬ「幕末の三傑」として評価する『幕末政治家』（一九〇〇年）を通じて、徳川政府と現政府とを比較計量する天秤の製作を試みていく。

日清戦争終結から二年後の一八九七年（明治三〇）、旗本出身の文人戸川残花（安宅、一八五五—一九二四）が、旧幕臣生存者の助力のもとに、雑誌『旧幕府』を刊行した（—一九〇一、計三九冊）[64]。戸川家は瓦解の際、新政府の「朝臣」となることで生き残る道を選んだが、築地にあった広大な屋敷は新政府に接収、大隈重信に下賜されて、伊藤博文、井上馨、中井弘（一八三九—九四）、五代友厚ら新進官僚が集う談義の場（築地梁山泊）になった。明治の戸川はキリスト教に入信し、伝道活動に献身していたが、やがて北村透谷らによる『文学界』の準常連寄稿者として——他の二〇代の同人たちに交じってひとり四〇近くの書き手として——評伝や随筆、そしてわずかだが詩作を発表するようになる。一八九三年（明治二六）六月に発表した新体詩「桂川（情死を吊［注・弔］ふ歌）」は、夢うつつの境を彷徨していた詩人が、情死ののち幽鬼となって桂川をさまよう男女と遭遇し、その語りに耳を傾けるという構成をもつが、その詩は詩人のつぎの独白で結ばれている。

降り来《く》る雨の音、吹き来《く》る風の音、月も星も雲も沈みぬ。きこえし声は主観的《われ》よりなるか、客観的《かれ》よりなるか、蛍火の、またもや二ツ、あとやさき、わがゆくさきに、しらべ顔なる。あはれ〳〵。(65)

この詩を読んだ透谷は、翌七月の『文学界』にすぐさま一文「桂川（吊歌）を評して情死に及ぶ」を寄せ、「明治の韻文壇、斯かる作品を出すもの果して幾個かあらむ」と賞賛した（戸川は透谷の自殺後、心のこもった悼詩や談話を残している）。ここに描かれる男女と詩人の一対は、徳川の運命に殉じた死者と、内戦を生き残った敗者の換喩ともみなしうる。そしてこの詩は、旧幕時代の証言や史料の蒐集を思い立ち、『旧幕府』の創刊と刊行に全力を注いだ戸川自身の自画像の趣をも湛えている。

『旧幕府』の特徴は、目次も編集後記も一切なく、往時に関する手記や証言、小伝、談話、詞藻、挿図、世相風俗の記録のみから紙面が構成されていることである。発刊にあたって戸川は、軍艦奉行として咸臨丸で米国に渡り、その時の従者福沢諭吉と生涯にわたる親交を結んだ――そして明治政府には出仕しなかった――木村喜毅の助言をまず仰いだうえで、ついで明治政府に仕えた勝海舟、榎本武揚、大鳥圭介、田辺蓮舟（太一、一八三一―一九一五）、さらに木村同様に「徳川遺臣」としての生き方を貫いた栗本鋤雲ら旧幕臣に協力を要請し、それぞれ諾を得た。家康の画像を巻頭に置く第一巻第一号には、大鳥圭介「南柯紀行」、木村芥舟「旧幕監察の勤向」、田辺蓮舟「蓮翁往事談」、勝海舟「氷川茶話」、榎本武与（武揚の兄）「榎本武揚子のおひたち」などの記事が現れた。

この雑誌への協力を惜しまなかった勝海舟が一八九九年（明治三二）に死去した後、海舟の父小吉（一八〇二―五〇）がべらんめえの口語体で残していた破格の自伝『夢酔独言』がここで最初に活字化されたことは、『旧幕府』を支える気分を象徴している。この雑誌の中心に置かれていたのは、滅び去る時代への愛惜——私情——だったのだが、「おれほとの馬鹿な者は世の中にもあんまり有まいと思ふ故に孫やひこのためにはなしてきかせるか能々《よくよく》不法もの馬鹿者のいましめにするがいいせ」と書き出されるこの自伝ほど、私情とは何かを直截に伝える文章は見出しがたいだろう。戸川との交友が『夢酔独言』の活字化に帰結したとすれば、そのような形で勝は、福沢の基準につらなっていたという見方も成立しうる。

『旧幕府』に戸川自身が残した文章としては、贈位の人心に対する悪影響を説いた「贈位贈官弁」（第二巻第十号）が重要である。『旧幕府』の刊行を通して戸川は、対抗イデオロギーの提示を試みたのではなかった。敗者による抵抗と、その断念とのあいだに広がる私情の地平を広げることで、贈位のイデオロギー性に相対しようとしていたのである。

3

だが、基体劣化に対する敗者による抵抗が直面した困難を象徴する事例がある。日露開戦二年前の一九〇二年（明治三五）、旧会津藩士・山川浩の遺稿の形をとった『京都守護職始末』が脱稿された。この本は、文久二年（一八六二）に会津藩主・松平容保が京都守護職に任じられて上洛して以来、王政復古のクーデターとともに解任され、鳥羽伏見の開戦に至る慶応四年（一八六八）一月までの会津藩の動きを叙述した記録であり、その意図は、明治の世では逆賊とされている会津が、実際には孝明天皇の厚い信任のもとに職務を遂行していた事実を明らかにして、その汚名を雪ぐことにあった。

会津藩家老の家格に生まれた山川浩（大蔵）は、容保の側近として京都に赴いた後、幕府外国奉行の従者としてロシアに随行し、フランス、ドイツ、ロシアで見聞を広めた。戊辰戦争に際しては幕府フランス人士官から洋式練兵の伝習を受けた後、大鳥圭介と合流して土佐藩兵を主力とする新政府軍と交戦。降伏した会津藩が二三万石から下北半島斗南藩三万石（実高七千石）に移封されると、事実上の最高責任者である権大参事に就任し、困難な藩政を担った。廃藩置県ののち、戦場での敵だった谷干城の推薦を受けて陸軍に出仕しつつ、旧藩士の扶助にあたったが、「朝敵」藩出身ゆえに陸軍では不遇だった。そのなかで、会津藩の汚名を雪ぐべく弟の健次郎とともに史書執筆を構想するようになったが、一八九八年（明治三一）二月に病没。その志は健次郎が引き継いだ。

山川健次郎は浩の九歳年下で、藩校日新館では秀才とうたわれた少年だった。会津戦争に際して士中白虎二番隊に編入されたが、年齢不足のため除籍され生き残った経験が、その生涯に重大な影響をおよぼした。敗戦後、諸藩の人士に顔が広く、京都では公用方も務めていた秋月悌次郎（一八二四―一九〇〇、のち第五高等学校教授）の手引きで、北越を転戦していた長州藩士・奥平謙輔（一八四一―七六、萩の乱で斬首）に預けられ、その庇護下で学問の道を志していたが、明治四年（一八七一）、開拓使留学生に選ばれてイェール大学に留学した。そこで物理学を選択的に学んだ動機について、健次郎はのちに語っている。

時に我輩の胸中に浮んだことは、我が国は富国強兵を以て第一とせんければならん。而して之が為めには富国強兵の基礎は科学に在るから、先づ科学の発達を期せざるべからずとの考であつた。因つて我輩は自らの専攻学科を物理学に定め、他の同志は他の科学を修むることに各自手別けして一念唯日本をして列強と同等若くは夫れ以上の国家たらしめんと欲して勉学研究にこれ努めたものであつた。(66)

健次郎の生涯を貫く主張の柱の一つとなる富国強兵主義は、会津の敗北が新政府勢に対する軍事力、技術力の差に基づくという理解と同時に、新政府に対する会津の位置関係が列強に対する日本のそれに重なり合うという認識に支えられていた。富国強兵の必要を自分ほど痛感しうる人間は少なく、その任に自分があたることは会津の復権に帰結しうるというのが健次郎の希望だった。もう一つの柱は、忠君愛国主義だった。健次郎の渡米と同時期に米欧を回覧した岩倉使節団一行——健次郎の妹山川捨松《すてまつ》（一八六〇—一九一九、のち大山巌と結婚）も一女子留学生として加わっていた——は、列強の科学技術文明を機軸として支える一神教的信念の存在に注目したが、健次郎は、忠君愛国主義——まさに会津藩の勤王の志の昇華形態——こそがそれにあたるのだと考えた。この一組の主張は健次郎にとって、会津藩の名誉回復と日本の近代化を同時に可能にするよすがだった。

一八七五年（明治八）に帰国した健次郎は、東京開成学校教授補、さらにその後身の帝国大学教授となり、日本物理学の草分けになった。そして、旧松前藩士の歴史学者・池田晃淵（一八四七—一九二〇）の調査執筆協力を得て『京都守護職始末』を脱稿した前後には、東京帝国大学総長に就任していた。この時期健次郎は、旧主松平家の家政顧問としてその困難な経済を支えるため、下賜金獲得にも尽力していたが、その際に兄浩と親交のあった長州閥の軍人で有力者の三浦梧楼（一八四七—一九二六）に相談し、これまで門外不出だった孝明天皇の容保宛宸翰——会津藩が「朝敵」ではなかったことの証明——を三浦および土佐出身で元宮内大臣の土方久元に示したうえで、宸翰の存在を記した『京都守護職始末』の筆写二部を三浦に贈った。これは、政府筋の反応を事前に確かめるための周到な実験だった。驚いた三浦は、松平家の援助は了承したものの、本の出版には難色を示した。そのため実際に——非売品の形で——刊行できたのは、九年後の一九一一年（明治四四）一一月のことだった。(67)

『京都守護職始末』は、その意図を括弧に入れたとしても、次の二点において明治政府の正統性に関わる問題を提起していた。その第一は、会津への朝敵視と処罰が、明治政府自身の事実誤認であることを示したことだった。その根拠は、三条実美ら長州系攘夷派公家たちが真木和泉らと提携して発した、容保に関東下向を命じる「勅命」が偽勅だったことを告げる宸翰（文久三年六月二九日）と、八月一八日の政変で長州派の追放成功後に与えた、感謝状と和歌からなる宸翰だった（同年一〇月九日）[68]。また第二は、会津を朝敵とみなした長州が、禁門の変において天皇の意にそむき、御所に発砲した事実を明確に述べたうえで、薩摩勢、一橋勢などとともに会津が御所防御に努めた経緯を書き記したことだった。そしてのちにその長州と提携したのが薩摩である。官賊という基準が、明治政府の正統性にとっても両刃の剣であることを、この本は実物教示することになったのである[69]。

健次郎は、この年の五月における文部省維新史料編纂会の設立が、『京都守護職始末』の刊行への動きを契機とするものだったという伝聞を日記に書き留めている。この伝聞は、三浦梧楼からの直話を大隈重信から伝えられた池田晃淵のもたらしたもので、その際大隈は、「山川（浩）という男は死後迄面白い芝居を打った」と語ったということだった。「果して然らば実に愉快に存候」と、その感想を健次郎は記した。この書物が明治政府の正統性を問い直す射程をもつものだったということを、健次郎が知らなかったとは考えにくい[70]。

この書物に関連して、二つの問いが現れてくる。その第一は、会津藩が「朝敵」ではなかった証左であるはずの宸翰の存在を松平容保が、一八九三年（明治二六）に五九歳で死去するまで秘しつづけていた事実をどう見るかである。

宸翰の公表は、孝明天皇その人による守秘要請、それに故人への思いを考慮しても、事情の重大性を勘案すれば越えることが不可能とはいえなかった壁である。ここに顔を出しているのはやはり、内戦の傷の深さである。宸翰の公表は、勅の奪い合いの様相を現出させた内戦の論理に屈服することだと、容保は考えたのかもしれない。そしてその場合、徹底抗戦と多大な犠牲が何のためにあったのかわからなくなる、とも考えたかもしれない。しかし、実際に行われたのはやはり内戦だったのである。[71]

第二は、『京都守護職始末』刊行の時点で——実際にはどれほど困難だったにせよ——健次郎が明治政府に謝罪要求をしなかった事実をどう見るかである。

本書刊行を支える健次郎の論理は、「国事に奔走した者はみな勤王の士であって、佐幕勤王と排幕勤王の違いがあるだけである」（北原雅長『七年史』序文、一九〇四年）という一文に現れていた。だが、勝者の「勤王」と敗者の「勤王」の相同性を根拠とするこの論理は、敗者の復権と引き換えに勝者への依存を深めざるをえなくなるというディレンマを招く。健次郎は、勝者の土俵の内部で敗者の復権を図るに際し、「勤王」については——勝者と敗者とを問わず——その主観的意図の側面を強調し、その結果から切断した。そうすれば「朝敵」は、そもそも存在しなかったことになるからである。だがそうなると、内戦とは何だったのか、そして会津の敗戦とは何だったのかという問いを、視野から排除しなければならなくなる。

健次郎の二六歳年上の旧会津藩士で、新島襄の同志社創立を支えた山本覚馬は、人を導く「教」と人を治める「政」は区別されなければならず、「教」は「政」との、「政」は「教」との関係において、つねに誤りうるものとして理解される必要があるという考え方を、内戦の経験から学んでいた。だが、主観的意図として純化された「教」（＝大義）は、誤ることができない。大義をそのような形でとらえようとする限り、他者に対する謝罪要求や他者への謝罪主体の構想は、そもそも背理になるのである。

その後健次郎のたどった軌跡は、彼自身はそのディレンマに、市民宗教の敬虔な信徒として耐えぬべく努めたことを示唆している。『男爵山川先生遺稿』の編者により一九一一年から一二年頃の起稿と推定されている草稿「我慢論」では、「福沢先生」の「瘠我慢論」から語り起こしつつ、「福沢氏の立論が至当であるか、どうかは別問題として」、「普通の人間には此の我慢と云うことが甚だ大事なことと思われる」と述べられている。健次郎の「我慢」とは、「正義真理によって判断し」、「非理の欲望の誘惑に打ち勝つこと」であり、「生命を保ちたいという欲望の誘惑に打ち勝って我慢をする」と、「遂に合戦は勝利となる」という機微を指し示す概念であるが、これは立国の源泉を私情という「非理の欲望」に見る福沢の「瘠我慢」と正反対の発想だった。[72]

山川健次郎が九州帝国大学初代総長だった一九一一年（明治四四）一一月、明治天皇の九州行幸の際、門司駅構内でお召し列車が脱線し、天皇は乗車していなかったのだが、世間の非難を浴びた駅員が自殺する事件が起きた。健次郎は『福岡日日新聞』で、今回の事件には天皇の御真影を火災から守るために校長が命を落とすのと同じ問題がはらまれているとしたうえで、御真影も大事だが、人命を生かして国家のために用いることはそれ以上に貴いと語り、右翼からの非難にも屈しなかった。[73] これは、健次郎の「我慢」の一つの現れである。

一九一四年（大正三）、総力戦としての第一次世界大戦が勃発すると、それは健次郎に会津戦争と会津藩の敗北を想起させ、挙国一致の国防体制の必要をさらに熱心に説かしめた。大正期の文化に顕密システムの危機と道徳的弛緩を見た健次郎は、大正末年以後は平沼騏一郎（一八六七―一九五二）の組織した国本社の副会長として、教育勅語を讃え、「一朝君国の危急」に際して戦った白虎隊士たちの「忠死」や女たちの「殉節」を語りつつ、全国各地で国家主義的教化運動に挺身することになる。[74] このこともまた「我慢」の現れだったが、その「我慢」の抑えがきかない場所に追い込まれていったのが、一九三〇年代から四〇年代にかけての列島だったのである。

4

日露講和条約締結から四年後の一九〇九年（明治四二）六月、『日本の禍機』と題された書物が実業乃日本社より刊行された。著者は、戊辰戦争で奥羽越列藩同盟に与した――会津に隣接する――二本松の士族出身で、東京専門学校卒業後渡米し、ダートマス大学、イェール大学大学院をおえて、イェール大学で日本文化史を講じていた講師朝河貫一（一八七三―一九四八）。この本は、日露戦争後の日本に対する欧米世論の悪化について外在的視点から述べる前篇（「日本に関する世情の変遷」）と、欧米世論の変化を軽視することの危険を内在的視点から説く後篇（「日本国運の危機」）、さらに反省的愛国心の必要を説く結論（「日本国民の愛国心」）からなる、朝河にとって生涯唯一の日本語の著作である。表題の考案者は、東京専門学校で朝河を教えた坪内逍遥（一八五九―一九三五）だった。

これに先立ち朝河は、日露戦争のさなか――乃木希典率いる第三軍による旅順総攻撃遂行のさなか――の一九〇四年（明治三七）一一月、英文の著作『日露衝突――その諸原因と諸争点（*The Russo-Japanese Conflict――Its Causes and Issues*）』を刊行し、膨大な注と統計資料をもとにしつつ、日露両国の衝突の原因はロシアの東アジア侵攻政策にあることを述べ、日本にとってはこの戦争が自国の存亡を賭けた戦いであること、日本の戦争目的は領土の拡張にあるのではなく、清国の独立と領土保全、および機会均等（＝二大原則）の実現にあることを、国際世論に向けて訴えていた。これは、強者と弱者の力の均衡の実現を善とする国際的正義の観点から帝国主義を検証する視点の提示でもあった[75]。また、伊藤博文の要請のもとに政府特使として米国に派遣され、日本への支持獲得のため広報外交に尽力していた金子堅太郎――小村寿太郎とともにハーヴァードでのセオドア・ルーズヴェルト大統領の同窓生だった――の諮問を受け、講和会議における賠償金要求と領土割譲要求の取り下げを示唆したイェール大学教員グループの意見形成に影響力を行使するとともに、講演活動を通じた個人としての広報外交を精力的に行っていた。

だが、朝河の主張は、韓国と中国への領土的野心を明確にした日露戦争後の日本の対外政策によって、裏切られた形になる[76]。そして、その政策の帰結として生じた米国での日本評の悪化を目の当たりにした朝河は、それが日本の国際的孤立を招来することへの危惧の念と、かつての自分の見込み違いへの忸怩たる思いを抱えつつ、日本の政府人民への警告の書の執筆を思い立ったのである。朝河は述べる。

我が戦勝の原因は、ただ武人兵器の精鋭のみにあらず、武士道の発揮のみにあらず、はた全国一致の忠君愛国心のみにもあらず、これ皆重大の原因なりといえども、これと同時に実に絶体絶命止むを得ずして燃え上りたる挙国の義心がそのままに東洋における天下の正義と運命を同じゅうすという霊妙なる観念が、五千万同胞を心底より感動せることを忘るべからず。たといかくのごとく意識せざるまでも、暗にこの無形の勢力に動かされざりし人は、おそらくは一人もあらざりしならん。されば露国の同盟なる仏国にてすらも、世の文明の進歩を希《ねが》うがために、日本の勝利を祈りし識者多かりき。況《いわ》んや英国においてをや。また況んや二大原則の成立を望むこと最も切なる米国においてをや。惟《おも》うに日本に対する世界正義の士の同情が、日本の勝利に貢献することの浅かりざりしを忘却するは、公正の見解にあらざるもののごとし。[77]

朝河によれば、日本がロシアと戦ったことの意義は、一方的に弱国を苦しめて自己の利のみを図る「旧外交」を非とし、弱国の主権を尊重しつつ、諸国民の経済競争の機会均等の実現を図る「新外交」の存在理由を明らかにしたことにあり、それは、人類史がめざしつつある方向を適切にとらえたものだった。だが日本は、自身の行為を支える人類史的意義を自身の手で葬り去り、自身が多大な犠牲を払って戦った相手である「旧外交」の轍を踏むことで、今度は世界そのものを敵とし、国際的孤立と破滅への道を歩みはじめようとしている。[78]日本国民にとってこれから必要とされる愛国心は、武士道が潜在させた最良の要素を新しい形でよみがえらせたもの――義勇心、堅固な意力に加え、「公平なる態度と沈重の省慮」を具備するものでなければならない。

日露戦争後の日本が取り組むべき課題として朝河が思い描いていたものは、一言でいえば大義と大義の衝突を超える相互主観的理念の探求だったのだが[79]、そのような課題を朝河に想定させる背景には、生まれ育ちがあった。

朝河貫一が、二本松士族・朝河正澄（一八四四―一九〇六）の子として生まれたのは、新政府軍の攻撃による二本松藩敗戦から五年後の、一八七三年（明治六）一二月のことだった。「貫一」の名は、「我が道一をもって之を貫く」という『論語』の一節からとられた。幼少時より父正澄は、二本松少年隊の悲劇や、自らの姉の夫の大叔父でペリー来航時に米国大統領の国書翻訳に携わった儒学者安積艮斎について貫一に語るのをつねとした。父の厳格な教育のもと、開明性に支えられた強い自制心と向学心を育てた朝河は、福島県尋常中学校を首席で卒業した。同校で朝河の英語教師だったT・E・ハリファックス

（一八四三―一九〇八）は、旧幕臣中村正直の開設した同人社英学校での教育経験をもつ人で、語学を学ぶうえで最も大切なのは、言葉の使用を支える「コモンセンス」の理解だということを朝河に示唆した。[80]一八九二年（明治二五）、東京専門学校に編入学した朝河は、横井小楠の長男で同志社英学校に学び、妻（山本覚馬の娘みね）と死別して間もないキリスト者横井時雄（一八五七―一九二七）や、カントの示唆のもとに倫理説の自由討議の必要を主張し、論文「忠孝と道徳と基本」「教育勅語と倫理説」を通じ教育勅語の強要を批判した――やはり同志社出身の――哲学者大西祝《はじめ》（一八六四―一九〇〇）らと出会い、自分の責任で選び直すことのできる関係性の実在に対する確信を獲得した。横井を介してキリスト教の洗礼を受けたことは、忠誠の対象は自分で選び直すべきものであるという信念の現れだった。東京専門学校を首席卒業後、大隈重信、徳富蘇峰、勝海舟、大西らに渡航費用の援助を受けて朝河が米国留学に旅立ったのは、一八九五年（明治二八）一二月のことだった。

ダートマスで歴史学を学んでいた朝河に、人類史における――近代創成にとっての――封建制の意義を示唆し、封建制度の比較法制史的研究という主題を摑ませるきっかけとなったのは、一八九八年（明治三一）に、父正澄から送られた手記を読んだことだった。その手記は、もとの名を宗形幸八郎昌武といった正澄の武芸や学問の修行歴、職歴を記したのち、戊辰戦争で一兵卒として戦い、降伏後は朝河家の養子となって立子山小学校の教師となるまでの経験を記したものだった。[81]

慶応四年（一八六八）閏四月に開始された白河口の戦いは、戊辰戦争の局面を左右する戦いだった。これに従軍した正澄は、列藩同盟の諸隊とともに、新政府軍に占拠された白河城の奪還戦に加わっていたが、棚倉、三春、相馬藩が同盟を離脱して降伏恭順し、二本松城が孤立する。正澄は、二本松藩総督・丹羽丹波《にわたんば》に、援軍の会津隊を二本松まで案内するよう命じられたが、山道を介しての案内は幼少期より江戸住まいの自分には無理だと固辞し、土地の地理に詳しい人夫が代わりの先導として雇われた。その道中、会津隊の隊長辰野に、「貴藩は敵軍に降り、敵を城内に入れたときく、そのことを君は知っているか」と問われる。正澄には初耳だった。辰野はさらに、「伝令から早馬でそれを聞くや貴藩の総督丹羽丹波はわれらに何も告げず自分だけ城に急いでしまったが、それは義とはいえない」といった。そもそも、大藩会津の救解運動に隣国の小藩二本松が与しないのは困難だったという背景もあった。辰野の要請を受けた正澄は、二本松に向かって先発していた会津藩三小隊の帰還を約束し、辰野のもとに人質を残したうえで丹波に追いつき、会津への不義を指摘しつつ、辰野の伝言を述べた。ついで二本松城に入り、二本松藩としては孤立無援の状況で最後まで戦うことに方針が決したことを家老丹羽一学《いちがく》から新たに聞かされた正澄は、事態の展開を急使で辰野に伝えた。総攻撃は七月二九日だったが、「衆寡敵セズ」、重臣一同火を放ち自刃して落城。この日の戦死者は二百余名で、そこには、指示を得られぬまま最前線に放置された二本松少年隊の隊士たちのほか、正澄の父と兄が含まれていた。それは同盟の信義の代償だった。

朝河は、「一九〇五」と手書きの文字が記されている英文草稿のなかで、武士たちが忍耐、自制、平常心を養う訓練について「年老いたサムライ」からきいたという話を——そのサムライが自分の父であることを断ったうえで——挿入している。(82) 朝河の理解によれば、訓練の要諦は、サムライの刀はどうしても必要な時以外には鞘から抜いてはならないという教えの体得だった。義はその動機における誠実さのみならず、帰結への責務を伴うものであり、その真は状況との関わりのなかでつねに試されつづける必要があるというのが、朝河が父から受けとった教えだった。

「私は日本の封建制度の産物だと感じており、しかも同時に、自らも封建時代後の日本の第一世代の一員だと見なしている」というのが朝河の自己規定だった（卒業論文の一節）。朝河の生涯を「貫いた」関心は、列藩同盟の信義に基づき戦い敗れた二本松藩と、困難のなかで個としての信義を「貫いた」父のあり方を、明治が実現した価値との関わりにおいて、さらには人類史的な視野のもとに定位すること──滅びゆくもの（明治以前・封建）のなかに含まれる価値が、自分を滅ぼすもの（明治・近代）を支えるものとして再生する条件を探ることだった。

一九一二年、明治天皇の死をうけて執筆した論文「新旧の日本──近代日本が封建制の日本に負うもの」のなかで朝河は、「武人間の行動の規制」と「高度の名誉の感覚」を基本とする道徳的・倫理的綱領として「武士道」を規定したうえで、武士道は武士だけのものではなく、日本の近代化に必要な権力集中を可能にする日本のくにおよび天皇への忠誠として、すべての国民に共有されうる精神に生まれ変わろうとしているのだと説いている。朝河によればこの精神に基づいて、かつての武士階級は封建制度を自らの手で埋葬したのである[83]。

親への孝行も主君への忠誠も、人類史のなかで形を変えつつもより豊かな内容を獲得していくものであると見る朝河は、忠孝に対する固定観念を強要する教育勅語には反対だった。朝河は、「新旧の日本」に付した試論「憲政君主としての明治天皇」において、忠誠対象の変容という歴史的主題の意味を受けとめ、立憲政体の推進に貢献した君主としての明治天皇を高く評価していたが、同時に本編では、明治天皇の死去による忠誠対象の喪失が、武士道を劣化させ、その欠点をむきだしにさせることへの危惧の念の表明をも忘れていなかった。

朝河はさきの一九〇五年の草稿で、武士道の基本的欠点は、名誉ある戦死を理想化すること、契約よりも身分を重んじることであり、そのことに由来する経済観念の欠如であると述べていた。その欠点への反省を欠けば、実質と分離された武士の美徳は濫用される危険をもつのである。朝河によれば、転換期日本の最大の国内問題は、内閣と国会の直接的責任関係が未確立なことである。確立の鍵は市民大衆の自覚にあるが、確立に必要な義務感覚と名誉感覚、信託の感覚を、人びとはどのような形で手にすることができるのか。そして最大の対外問題——日本にとっての最重要問題——は、韓国との関係である。列強の圧力下での韓国の独立と発展の保護という役割は、前例のない微妙で、巨大な誘惑と困難に悩まされる責任を伴っている。その責任は、「最大の自制と完全な機転」によってのみよく果たしうるのであるが、その責任に日本は耐えうるのか。[84]『日本の禍機』は、これらの自問の産物だったのである。

一九一〇年の日韓併合から一九一五年の対華二十一か条要求提出に至る日本の対外姿勢は、先発近代国家間のルールが「旧外交」から「新外交」へと転換しつつある事態の過小評価に基づいていた。二十一か条要求は、旅順と大連の租借期間延長、山東半島でのドイツ利権の継承を核とする一方的な権益拡大要求であり、これが将来の対米、対支那関係にもたらす影響を懸念した朝河は、恩人でもある首相大隈重信に再三私信を発し、世界の誤解を取り除くための最善の外交政策として膠州還付を訴えたが、受けとめられず、朝河を失望させた。[85]日露戦争後の日本が参入したのは、これまで列強が合法的として行ってきたことを繰り返すことが、当の列強によりルール違反とみなされ、国際的孤立を深めることになる——理不尽な——世界であり、後発国への防御戦術としての「オフサイド・トラップ」（加藤典洋『増補 日本人の自画像』）がはたらく場所だった。後れの奪回を図る人びとを待ち構える罠の存在を、朝河は知っていた。それを教えたのは、戊辰戦争で西日本勢に後れをとり、孤立無援の状況で義とは何かを問うていた、父の敗北経験だった。

エピローグ――明治がこない世界のほうへ

1

列島の幕末期の経験は、彼我の圧倒的な力の差を背景にした開国被強要を端緒としていたが、その経験はいかなる意味をもちうるのか。この問いこそが、一九世紀中葉にはじまる近現代の列島精神史を支える核心である。この試論で追尋してきたのは、その問いへの答えを、徒手空拳で探る試みの一系譜である。

開国被強要の経験は、理不尽の感覚と危機意識とを喚起した。幕末から明治への転換は、そのうちの前者を抑圧したまま後者にのみ軸足を置く形で進められた過程であり、その意味で一つの重大な転向だった。攘夷と開国、内戦の勝者と敗者、公教（教育勅語と御真影）と私情という、この試論でとりあげてきた三つのミッシングリンク（不連続の契機）の生成は、いずれもこの転向経験の産物にほかならなかった。

転向は必ずしも悪ではなく、また必ずしも善ではない。問題は、転向事実への関心が視野の外に置かれることと、それに伴うルール感覚――あるいはその基底をなす生きた批評感覚の摩滅や劣化である。世界への顧慮と自己への顧慮との往還という形でミッシングリンクの補塡に関わっていた一連の探求者たちは、批評感覚の衰微が人間と社会にもたらす帰結に対する感度を保ち、その感度を探求の基軸にすえつづけてきた人びとだといいうる。

「明治維新」を禁じ手にするという本書での方法は、事後的な観点から見ていくと見えないものがあることへの照射を意図している。そのなかで浮かび上がってくるのが、三つのミッシングリンクと、その間隙を埋めようとして現れる抵抗の諸相の存在である。

第一の、黒船に象徴される武力によるミッシングリンク（一八四〇―五〇年代）は、渡辺崋山、高野長英とそれ以後の人びとを隔て、構成的理念と統整的理念の分裂を生み出すとともに、両者のはざまを生きるという課題を、吉田松陰以後の人びとに与えた。そこで問われたのは、開国強要への抵抗としての攘夷の行く先だった。次に第二の、錦旗に象徴される威力によるミッシングリンク（一八六〇―七〇年代）は、尊皇攘夷から尊皇開国への転向過程に生成し、内在と関係、統整的理念と構成的理念の分裂に錯綜をもたらすことになった。その分裂は、転向の目撃者たちによる憤激や抵抗を呼び起こすとともに、新政府成立後、戊辰戦争から西南戦争に至る内戦期において、西郷隆盛らのような引き取り手をもちつつも、やがて隠蔽される。薩長を主軸とする明治政府によるこの隠蔽は、明治国家の創成に伴う第三のミッシングリンク（一八七〇年代後半―九〇年代前半）をもたらした。そこでは、急激な近代化に対する緩衝材として、人びとのあいだでのありうべき「契約」の代わりに指導者層内部での「申し合わせ」が力をもつとともに、「申し合わせ」（密教）と「タテマエ（天皇信仰）」（顕教）の二分法の形成が促される。そして二分法自体のシステム化を支えるイデオロギー装置として、市民宗教としての近代天皇制が考案される。

「立法者」と「市民宗教」の二本立てに支えられた顕密システムの離陸過程に対する抵抗は、中江兆民、さらには福沢諭吉の仕事の原動力となる。とりわけ福沢の「瘠我慢の説」における「私情」の価値の発見は、幕末的思考の表現の達成点として、画期的な意味をもつものだったが、同時にそれは、幕末経験世代の最後の絶唱ともいうべき響きを帯びる。

その後のシステムの整備と世代的断絶は、抵抗の卑小化、零落を余儀なくさせる。その零落は、ある意味で『三酔人経綸問答』における「胡麻化」しや、「瘠我慢の説」における「草稿秘匿」のなかにも顔を出していたのだが、零落した抵抗は、例えば国内では北村透谷と夏目漱石による深化された内在性の産物としての「模擬」、国外では朝河貫一による外在的な「警告」といった形象をとることになる。

幕末期の経験が育んだ力学を備えた抵抗の系譜は、こうして地下水脈を形成し、いったん地表から途絶する様相を示すに至るのだが、同時にその系譜は、現在に至るまで不可視の部分で生きつづけている。戦間期から一五年戦争末期まで書きつがれ、盲目の剣士を主軸に行き場のない状況（無明）を抱えた人びとに定位しながら「明治のこない世界」を描き、皇国主義イデオロギーへの抵抗の根拠を掘りさげることになった中里介山の小説『大菩薩峠』が私たちに見てとらせるのは、その可能性の一つの究極の姿である。その姿を駆け足で一瞥することにより、この試論をひとまず閉じることにしたい。

2

中里介山（弥之助、一八八五—一九四四）による未完の長編小説『大菩薩峠』が『都新聞』紙上で連載開始されたのは、明治から大正に元号が変わってから二年後、第一次世界大戦勃発の前年の一九一三年（大正二）九月一二日のことだった。

この小説では冒頭、甲州と武州の境に位置する大菩薩峠に一人の若い剣士机龍之助が現れ、老巡礼を斬り殺す。この老巡礼殺しの理由は、その後二八年にわたって書きつがれるこの未完の長編小説において、最後まで語られることがない。この作品では、自分からは決して打ちかからずに相手が出るのをひたすら待つという、世界への受動的姿勢を核にした「音無しの構え」をたずさえた龍之助を軸にしつつ、その理由なき殺人を機縁とする多彩な作中人物たちの離合集散の相が、曼陀羅図のようにして描かれていく。(1)

この物語は当初、近世的伝奇小説の系譜を引く仇討ものとして構想されていたのだが、龍之助が自らの所業の報いを受けて仇討されて終わるという、作者介山の念頭に当初置かれていた勧善懲悪のプロットはしだいに解体され、変容をとげる。龍之助のあり方に体現されていた受動性が、仇討に象徴される善悪の理路には解消しえないほどに広く、深いものであることが、執筆過程を通じて作者自身に開示されていくのである。

物語の舞台は当初「天保末期」とされていたが、執筆開始三か月後にして「考證を抜きに、今まで書いた時代を暫らく離れて、机龍之助は卅三歳、宇津木兵馬は十七歳として、外からは黒船、内には尊王攘夷、加ふるに徳川幕府の政漸く振はず、今や天下大亂の兆が現れた時勢といふことを、これからの頭に留めて置いて戴かねばなりません」と設定修正が告げられ、それ以後は安政五年（一八五八）以後――慶応三年（一八六七）まで――の幕末史が舞台にすえられる。(2) そしてこの物語においては、既存の価値感覚が激しく動揺する時代相を背景にして、支配層から被支配層に至る各層の人物が登場し、どのような理念にも自分を託することができないままに漂泊遍歴する机龍之助を中心に、各人がそれぞれの世界像を求めて彷徨する構図が描かれていくのである。

設定の中途修正は、机龍之助による理由なき老巡礼殺しを、安政六年（一八五九）の不平等条約締結（開国被強要経験）と二重写しにする遠近法が、この作品に胚胎した事態を示唆している。机龍之助をニヒリスト、ヒーローという以前に「現実」さらには「正気」を失った「病人」であると見る橋本治は、もしそういう人物が説得的に存在していたとすれば、「安政六年からこの方」「ズーッと〃現実〃を失って」おり、「悪夢の中を漂っていたに等しい」「私達」のありかたに成立根拠をもっている、という指摘を行っている（『完本　チャンバラ時代劇講座』）。多摩から江戸へ、そこから浪士組（のちの新選組）に加わり京都へ、さらに今度は尊皇討幕を企てる天誅（忠）組に参加して十津川へと流れ、火薬の爆発で失明した机龍之助は、龍神温泉の曼陀羅の滝で修験者を前にこう述懐する。

眼は心の窓じやといふ、俺の面から窓をふさいで、心を闇にする──いや、最初から俺の心は闇であつた。(3)

「目覚めて人はどこへいくか」。これは、一九二三年の講演「ノラは家出してどうなったか」で、介山の同時代人魯迅（一八八一―一九三六）が提示した問いの形だが、(4)開国被強要による不条理な覚醒と、それにつづく急激な近代化は、列島の人びとにとっては──龍之助の歩みと同様──先の見えない不可視の経験だった。透谷や漱石の抵抗が「模擬」の形をとったのも、朝河の抵抗が外部からの「警告」の形をとったのも、その不可視性の露頭だったのだが、『大菩薩峠』に表現されようとしていたのは、その不可視性こそが抵抗の究極の根拠でありうるという、一つの精神史的な可能性だったのである。

3

介山における抵抗の特質は、それが「自分の責任では選ぶことのできなかった苦しみ」という、ある動かしがたさのなかに根拠づけられていたことである。『大菩薩峠』で幕末期が舞台に選ばれたことも、そのことに由来する事態だった。貧困と一家離散、早くからの勤労生活は、介山を幸徳秋水らの社会主義運動に近づける一方、その不条理への憤激は、彼をキリスト教、仏教にも接近させる。だが介山の真骨頂は、そのいずれにも回収されない強靭なエゴの存在にこそあった。日露戦争に際しての非戦詩の発表も（「乱調激韵」）、日比谷焼打事件に際して民衆の暴動に恐怖を抱いたのも（「送年の辞」）、そのエゴのなせる業だったのだが、私生活における恋愛の挫折をも経て、結局介山が歩むことになったのは、社会運動家でも宗教者でもない、物語作者への道だった。

『大菩薩峠』の執筆期間は、執筆事実が推定されるものの現存しない続篇の存在を括弧に入れるなら、一九一三年（大正二）から一五年戦争のさなかの一九四一年（昭和一六）までの二八年間。介山の個人史でいえば、大逆事件（一九一〇―一一年）による甚大な衝撃と、日本文学報国会への入会拒否（一九四二年）という二つの重大な事件に架橋される形になっている。

『大菩薩峠』の連載開始から一年二か月後、介山は自家製パンフレット「親様」を刊行し、同名の一文を掲載した。介山がここで「親様」と呼ぶのは、人間に、自分の責任では選ぶことのできなかった諸条件を授けたものとして仮構した、超越的存在である。介山にとって人間の歴史とは、人間と「親様」

とが繰り広げる対話の過程にほかならない。介山は問う。

親様、この人間の社會に悲慘といふことの多いのをあなたはとくに覵《みそなは》し［注・ご覧になり］給へる事と存じます。御覧なつた以上是をお見捨てなさる筈がない。あなたは我々に機械や醫術を發明さして肉體の勞苦を輕くさせて下さるのでせうか。それ等のことが進歩すればする程人間の悲慘を忍べと仰有るのでせうか。(5)

この一文は、カントが『実践理性批判』（一七八八年）で行った、「徳福一致のアンチノミー（二律背反）」の提示にも通じている。義《ただ》しい行いや善行を積んだものが、にもかかわらず救われずに不幸になるとしたら、そのことを人はどう考えたらよいものか。旧約聖書『ヨブ記』以来のこの問いに対してカントは、純粋理性によっては証明不可能な絶対者（神）の存在を、実践理性の「要請」により根拠づけることで答えようとしている。(6)これは、ルソーにおける「市民宗教」の要請に重なり合う筋道でもある。だがこの「要請」は人を説得しうるのか。自身に苦難を強いる神にヨブは抗議するが、その抗議は最後までつづけられない。もし心底納得するまでヨブが神に抵抗したとすれば、その試みはヨブをどういう場所につれていくのか。介山にとって、机龍之助による老巡礼殺しとその後の失明と漂泊遍歴というプロットは、一人の納得しないヨブとしての「徳福一致のアンチノミー」に対する――自分自身に対する抵抗をも含む――持続的取り組みを支える根拠だったといえる。それは、後発近代社会における自己本位のあり方の探求であり、市民宗教（教育勅語と御真影）が要請する「私情」――自己中心的動機――の罪悪視に対する内側からの抵抗の根拠というべきものだった。そしてそれは、「内在」の思考と「関係」の思考の往還の途絶に対する、最深の抵抗をも意味していたのである。
この抵抗の位相が『大菩薩峠』自体のなかに像として定着されるのは、物語中盤における机龍之助の白骨温泉籠り以後だろう。失明後も辻斬りを繰り返し、心身をボロボロにしていた机龍之助も、「お雪ちゃん」という少女に導かれて信州の白骨温泉に引き籠り、炬燵に入って動かなくなってしまう。この「無明の巻」（一九二五年）以後は、物語は従前とは異質な相貌を帯びはじめる。龍之助をはじめとする作中人物の夢の場面が随所に織り込まれ、作品全体にもしだいに夢の気配がたちこめていく。そのなかで龍之助もまた一個の気配のごとく、作品世界に遍在する存在と化すのである。白骨籠りの龍之助には、次のような描写が与えられる。

存在を忘れられるということは、死に近づいたことを意味するか、そうでなければ、生に充実しって、たたいても、動かしても、音のする余地がない時でしょう。
ひとり、この男のみは、死でもなく、生でもなく、存在の間《かん》に迷溺していること、昨日も、今日も、変りがありません。(7)

白骨籠り以前の無明を生きる龍之助を「〈剣〉の龍之助」、それ以後の龍之助を「〈こたつ〉の龍之助」とみなしたのは、思想史家の鹿野政直である。(8) そしてこの画期的な区分を批判的に展開しつつ、白骨籠り以後の、無明と夢見を生きる龍之助に作品世界の根本動因と化す様態を認め、この様態を「ゼロ」化とみなしたのは折原脩三である。(9)「無明」の象徴ともいうべき存在だった龍之助は、いわば無明と夢見の往還者の象徴としての位置を得るに至る。「ゼロ」とはいわば、二つの世界の往還の根拠となる場所のことである。そしてこの定位は、「やむにやまれぬ」（松陰）、「其ノ止ムヲ得サル」（中岡）という感度に支えられた、「大勢」に対する幕末以後の抵抗を、いわば「ゼロ」をめざすものとして解釈する視点とともに、「ゼロ」を守るものとしての抵抗という新しい主題を、読み手にもたらしているのである。

4

この未完の長編小説が、徹頭徹尾幕末期を舞台とし、しかも「明治維新」の敗者たる新選組をその冒頭部と最終部のいずれにも登場させ、いわば「新選組に始まって、新選組に終わっている」（折原脩三）構成をもつことは、幕末と明治の裂け目に落ち、歴史からはみ出した人びとへの愛惜が作品の根底に置かれていたことを示唆している。そしてそのことに呼応するかのように、この小説では最後まで、明治維新がやってこないのである。

なりゆきから新選組、さらに天誅（忠）組に加わり、天誅組蜂起に巻き込まれてその壊滅に際会した机龍之助は、「拙者はまだ死にたくない」とうそぶき、忠義の心を忘れたか、と同志にたしなめられている（その直後火薬の爆発に遭い失明）。龍之介のこの表白は、いったん引き取り手を失い表面から消えた福沢の「私情」が、自分自身のへの気遣いという形でさらに深化したうえで再結晶した機微を物語っている。

その後龍之助が一個の「独立人」の化身として漂泊遍歴し、自然状態をどこまでも生きのびようとする存在と化していくなか、『大菩薩峠』では、新選組の近藤勇、土方歳三、芹沢鴨（?—一八六三）、人斬りとして知られた薩摩の田中新兵衛（一八三二―六三）、天誅（忠）組の松本奎堂（一八三一―六三）、「官軍鎮撫隊」の旗印を掲げ、公卿高松実村（一八四二―一九〇七）をかついで進軍した神楽師グループ、赤報隊の相楽総三、米沢の雲井龍雄など、時代のなかで悲運を強いられた草莽の志士たちが泡のように登場する。また、剣の達人島田虎之助（一八一四―五二）、小栗忠順（上野介）、勝海舟の父小吉などの幕臣についても愛惜をこめた言及がある。その多くは、明治を知ることがなかった人びとである。さらに、そのような武士たちの活動を地として支えるものとして、貧窮組騒動、「ええじゃないか」、トンヤレ節など、列島の人びとの不定形で無意識的な動きが活写され、深層の歴史に光があてられる。池田屋事件、第一次長州出兵、水戸天狗党処刑、薩長盟約、江戸薩摩屋敷での策謀、岩倉具視と大久保一蔵らによる倒幕密議などの幕末の政治史上の出来事については、作中人物による見聞やゴシップ（うわさ話）を通じて言及されることになる。

一九二八年（昭和三）――この年は戊辰戦争六〇年にあたっており、その前後には島崎藤村『夜明け前』など明治維新関連の書物が次々と刊行されていた――七月から九月にかけて発表された「Ocean の巻」では、小栗忠順をめぐる際立った言及が行われている。

> 歴史というものは、その当座は皆、勝利者側の歴史であります。勝利者側の宣伝によって、歴史と、人物とが、一時眩惑されてしまいます。
>
> 時勢が、小栗の英才を犠牲とし、維新前後の多少の混乱を予期しても、ここは新勢力にやらした方が、更始一新のためによろしいと贔屓したから、そうなったのかも知れないが、それはそれとして、

人物の真価を、権勢の都合と、大向うの山の神だけに任しておくのは、あぶないこと。[10]

勤王（皇）と佐幕の別なく幕末期の人びとを動かしていたモチーフにくらべれば、実現された明治社会のあり方はあくまでも一つの選択の結果にすぎず、幕末期の混沌とした状況においてはさらに多様な可能性が孕まれていたはずだというのが、介山の尺度だった。『大菩薩峠』で試みられていたのは、幕末期の経験が列島の人びとに対してもつ可能性の開示であり、最後まで明治維新がやってこないというマジック・リアリズム的な時間構造をこの物語が備えるに至ったのは、それゆえだった。

5

世界恐慌の打撃が広がった一九二〇年代の終わりから三〇年代にかけての危機感を背景に、介山は、満洲国の建設に期待し、一君万民思想への傾斜を示すようになる。[11] と同時に、介山の個的身体には、イデオロギーとしての皇国主義には回収できない要素がつきまとっていた。[12]

野にあって「聖天子」を仰ぐ「草莽」としての介山は、久野収のいう「顕教による密教征伐」（国体明徴）に惹かれ、天皇機関説を指弾することになるが（『非常時局論』[13]）、「平民」として地べたを生きる介山は、肩書つきの御奉公への要求は侮辱であると考え、一九四二年（昭和一七）における日本文学報国会（会長徳富蘇峰）への参加を拒否するに至る（「文士の報国に就て」[14]）。中国戦線に赴く兵士たちに強い感激を禁じえなかった介山は、同時にその精神の最深部からの感慨として、その兵士たちを「生き葬い！」と表現してはばからない人間だった。[15] 自己の亀裂を身体の深部に抱えながら、小説家中里介山は、小説外では「聖天子」（立法者）のために空けていた場所に「ゼロ」としての机龍之助を置き、二つの世界の往還をどこまでも描きつづけようとするのである。

この「ゼロ」とは、これ以上行き場がないこと、そして「明治維新」がやってこないことの表徴でもあり、無明と夢見の往還とは、人がその「ゼロ」の場所にとどまりつづけるための抵抗の力動を意味している。行き場がなく、明治がこない以上、そこにはもはや、戦争も皇国主義イデオロギーも立ち入ることのできる場所はない。この往還は、「其ノ止ムヲ得サルニ至ッテ」始動しながら途絶せざるをえなかった抵抗の諸相の「もどき」でもあると同時に、その受け皿にもなっている。

そう考えてみるならば、皇国主義イデオロギーとは、この「ゼロ」の抑圧、忘失、隠蔽による、往還構造そのものの喪失の一形態として再定義することができるだろう。幕末期の経験と皇国主義イデオロギーとのあいだには、ある明確な断層が存在する。そこに見えているのは、幕末期の往還と、「拙者は死にたくない」とうそぶいてやまない存在を基底にすえる卑小な『大菩薩峠』の往還とが、皇国主義イデオロギーを挟撃しようとしている図なのである。

*

その抵抗の系譜は、その後どこに向かうのか。この試論で追尋してきた吉田松陰、中岡慎太郎、坂本龍馬、福沢諭吉、中江兆民、さらに北村透谷、夏目漱石、朝河貫一、そして中里介山に至る系譜に通有の特質は、先構成的なイデオロギーではなく、不如意な状況との対峙のなかで生じる——ある動かしがたさの感覚に基づく——「受け身」の力動性を備えた思考だという点である。それは、たとえば「明治」や「明治維新」という事後的な視角を前提にする限りは決して見えてこないような、一つの地下水脈なのである。

ここで追尋してきた主題は、この列島に暮らす私たちにとっての準拠枠でありつづけている、「戦後」という視角から見ると見えなくなる抵抗の水脈は何か、という問題にも通じているだろう。私たちは今、「戦後」の価値も「明治」の価値もその基礎が脆いものだったことを学ばされつつある。幕末の経験に淵源しつつ、途絶、卑小化、零落という形姿をとりつつ、蓄積され、生きつづけている水脈に光をあてることは、眼前に露顕しつつある脆さを直視し、私たちがその先のことを考えようとする際の、一つの揺るがぬ基盤を獲得させるのではないだろうか。

一九二八年（昭和三）に青山会館で行った講演「著作心の宣伝――小説『大菩薩峠』について」のなかで中里介山は、著作というものはある意味で読者が書くものであり、自分がやっていることは読者の前に「白紙」をさしだすことなのだと述べている。「白紙」とは、この試論の文脈に重ねるなら、幕末と明治のミッシングリンクを埋めるXを、現代の関心から探索し、描き出すそのキャンバスのことである。その彼の言明は、原的に受動的な関係性のただなかに能動性の端緒を見出すことがルール感覚――もしくは生きた批評感覚――の獲得に通じていく、一つの可能性を私たちに示唆している。

注

＊史料の引用に際しては基本的に使用した刊本の表記に従ったが、読みやすさに配慮して、一部旧字を新字に改め、句読点を付し、ルビを追加した。［注　］としたのは引用者による注である。

第一部

(1)丸山眞男「幕末における視座の変革——佐久間象山の場合——」加藤典洋『日本人の自画像』。丸山論文は、『展望』一九六五年五月号初出。『忠誠と反逆——転形期日本の精神史的位相』(筑摩書房、一九九二年、現在ちくま学芸文庫に収録)所収。未知の状況に、過去のテキスト(儒教)の再解釈を武器に向き合おうとした探求者としての象山像を示す。加藤著は二〇〇〇年岩波書店刊、増補版は岩波現代文庫より二〇一六年に刊行。

(2)田中彰・宮地正人編『日本近代思想大系13　歴史認識』(岩波書店、一九九一年)四頁。

(3)『永遠平和のために／啓蒙とは何か　他3編』(中山元訳、光文社古典新訳文庫、二〇〇六年)一八六—一八七頁。傍点ママ。

(4)徳川政権の外交政策の重要な柱として、豊臣秀吉政権の行った朝鮮出兵の戦後処理の問題があった。三〇〇〇人ばかりの朝鮮人捕虜の送還、日朝の仲介を果たした宗義智の賞賛、朝鮮王領をおかした人物の逮捕の約束、さらに朝鮮通信使の招聘は、徳川家康の対外政策の一環である。田中優子『グローバリゼーションの中の江戸』(岩波ジュニア新書、二〇一二年)。

(5)「民族の危機と体制変革——開国の苦しみとはなにか」、市井三郎編『明治の群像1　開国の苦しみ』(三一書房、一九六九年)九頁。

(6)日本列島の精神史・文化史を「太夫」と「才蔵」の対話劇としてとらえる観点を最初に提示したのは、折口信夫である(「国文学の発生(第四稿)」一九二七年、「翁の発生」一九二八年ほか)。その折口の構想を戦後の文脈から再解釈し、展開した思考の系譜に、多田道太郎『遊びと日本人』(筑摩書房、一九七四年)、鶴見俊輔『太夫才蔵伝——漫才をつらぬくもの』(平凡社選書、一九七九年。平凡社ライブラリー、二〇〇〇年)、『戦時期日本の精神史』(岩波書店、一九八二年。岩波現代文庫、二〇〇一年)、『戦後日本の大衆文化史』(岩波書店、一九八四年。岩波現代文庫、二〇〇一年)。これらの論への後続世代からの踏み込んだ考察に、加藤典洋『増補改訂　日本の無思想』(平凡社ライブラリー、二〇一五年)がある。

(7)『日本思想大系53　水戸学』(岩波書店、一九七三年)九〇—九一頁。

(8)佐藤誠三郎「幕末における政治的対立の特質」『日本思想大系56　幕末政治論集』(岩波書店、一九七六年)五六六頁。

(9)E・H・ノーマン『日本における近代国家の成立』(大窪愿二訳、岩波文庫、一九九三年)七八—七九頁。

(10)岸田秀「日本近代を精神分析する」『ものぐさ精神分析』(中公文庫、一九八二年)所収。

(11)佐藤昌介「幕末洋学者の世界認識」、前掲『明治の群像1　開国の苦しみ』六八頁。佐藤の指摘のポイントは、崋山と長英には、象山には微弱だった「権力批判の根拠の探求」という原理的なモチーフが濃厚だったということである。

(12)『日本思想大系55 渡辺崋山 高野長英 佐久間象山 横井小楠 橋本左内』（岩波書店、一九七一年）二四七頁。

(13)同右三六六頁。

(14)同右四八一―四八二頁。

(15)『ペリー提督日本遠征記』上（宮崎壽子訳、角川ソフィア文庫、二〇一四年）五五二頁。

(16)田中彰『吉田松陰　変転する人物像』（中公新書、二〇〇一年）。

(17)藤田省三「松陰の精神史的意味に関する一考察――或る『吉田松陰文集』の書目選定理由」『日本思想大系54 吉田松陰』（岩波書店、一九七八年）六〇〇頁。『藤田省三著作集5 精神史的考察』（みすず書房、一九九七年）再録。

(18)前掲『日本思想大系54 吉田松陰』四〇三頁。

(19)同右四四六―四四七頁。

(20)『吉田松陰全集』第七巻（岩波書店、一九四〇年）三五九頁。

(21)安政二年九月から翌三年九月にわたる二人の問答は、存在は推定されるが未発見のものを除き、川上喜蔵編著『宇都宮黙霖　吉田松陰　往復書翰』（錦正社、一九七二年）に収録。

(22)市井三郎『思想からみた明治維新』（講談社学術文庫、二〇〇四年、『「明治維新」の哲学』一九六七年を改題）四九―五〇頁。

(23)本書では、「権力支配に人びとが承認を与える条件」に関わる「正当性」（legitimacy に対応）と、「権力支配について人びとへ承認を要求する条件」に関わる「正統性」（orthodoxy に対応）とを概念として区別して用いている。この区分（使い分け）については、第一部第五章および第三部第一章を参照。

(24)『日本思想大系38 近世政道論』（岩波書店、一九七六年）三九二頁。「柳子新論」は、正名篇ほか全一三篇からなっている。

(25)同右四〇〇頁。

(26)『吉田松陰全集』第二巻（大和書房、一九七四年）四四一―四四五頁。この問題を考える松陰のキーワードは「天朝」である。「向《さき》に八月の間、一友［注・黙霖］に啓發せられて、矍然《がくぜん》として始めて悟れり。従然天朝を憂へしは、並《みな》夷狄に憤をなして見て起せり。本末既に錯《あやま》れり、眞に天朝を憂ふるに非ざりしなり」。ここで松陰が線を引こうとしているのは、条件反射的な［注・憤激］と、いわば自己への配慮に基づく「抵抗」との間である。

(27)この時期松陰は、放伐論を支えとする山県大弐の『柳子新論』とともに、放伐論を否定して天皇に唯一の正統的権威を認める山崎闇斎学派の浅見絅斎の著作『靖献遺言』（中国の八人の忠臣および日本の忠臣の言行録）に強い影響を受けている。討幕論を根本にすえた松陰の一君万民思想は、苦衷のなかでこの両者をいわば止揚する試みだったともいえるが、その思想は、天皇の宗教的権威の絶対視に基づくものだった。この絶対視が松陰に生じた条件について、市井三郎は次のように述べている。「外圧のもとで、非常な危機意識をもって、藩権力にさえ拘束されて国事に当たらねばならなかった松陰は、権力から疎外された天皇に対して、宗教的ともいいうる信仰を強化させることによってのみ、幕府否定の思想と行動に到達しえたと見るほかありません」（『思想からみた明治維新』一三八―一三九頁）。

(28)吉田松陰『講孟箚記』下（近藤啓吾全訳注、講談社学術文庫、一九八〇年）五七六―五七八頁。

(29) 山県太華「講孟箚記評語」『吉田松陰全集』第三巻（岩波書店、一九三九年）六〇六―八頁。一九七五年の論考において松陰と大華の論争を検討した橋川文三は、この論争について、「その後明治・大正・昭和とつづいたさまざまな形の国体論争の中でも、もっとも生彩あり、情熱のこもったものとして私には敬重すべきものに見える」という判断を示している。「国体論の連想」『橋川文三著作集 2』（増補版、筑摩書房、二〇〇〇年）一三六頁。
(30) 前掲『講孟箚記』下、五七七頁。
(31) 「同」と「独」をめぐる松陰の思考法を検討した桐原健真は、「然れども彼れに在りては、亦自ら視て以て正道とす。彼れの道を改めて我が道に従はせ難きは、猶ほ吾れの万々彼れの道に従ふべからざるが如し」という一文を引きつつ、松陰が固有性としての「国体」を日本のみにではなく各々の国に認め、「固有性の相互承認のうえに立脚する具体的な普遍」を模索した点に注意を促している。『吉田松陰――「日本」を発見した思想家』（ちくま新書、二〇一四年）二二二―二二五頁。この理路は、本書第一部第四章で取り上げる、中岡慎太郎のいわば開かれた攘夷論の先駆形といえる。
(32) 『橋川文三著作集 2』所収。橋川は、松陰における「忠誠」に、福沢諭吉が「丁丑公論」（一八七七年、本書第二部第四章参照）で評価した抵抗精神に通じる要素を見出している。
(33) 前掲『日本思想大系54 吉田松陰』三三七―三三八頁。
(34) 同右三四九頁。漢文は読み下し文にした。
(35) 「先験的弁証論・付録」『純粋理性批判』中（篠田英雄訳、岩波文庫、一九六一年）。
(36) 前掲『日本思想大系53 水戸学』二九六頁。
(37) 前掲市井『思想からみた明治維新』一四一―一四二頁。
(38) B・M・ボダルト＝ベイリー『ケンペル――礼節の国に来たりて』（中直一訳、ミネルヴァ書房、二〇〇九年）二四六―二四八頁。
(39) 「国是三論」、前掲『日本思想大系55 渡辺崋山 高野長英 佐久間象山 横井小楠 橋本左内』所収。
(40) 岩瀬については、松岡英夫による評伝『岩瀬忠震――日本を開国させた外交家』（中公新書、一九八一年）がある。
(41) 村垣範正『遣米使日記』（東陽堂支店、一八九八年）四七―四八頁。
(42) 同右七〇頁。
(43) 『仙台叢書』第一七巻（仙台叢書刊行会、一九二九年）所収。
(44) 『福澤諭吉著作集』第一二巻（慶應義塾大学出版会、二〇〇三年）一四五頁。
(45) 中濱博『中濱万次郎――「アメリカ」を初めて伝えた日本人』（冨山房インターナショナル、二〇〇五年）。
(46) 前掲『福澤諭吉著作集』第一二巻、一九三頁。攘夷派を心底警戒していた福沢は、その後明治初年まで夜の外出をしなかった。
(47) 飛鳥井雅道『文明開化』（岩波新書、一九八五年）八頁。
(48) 『武市瑞山関係文書』第一（日本史籍協会、一九一六年）六〇頁。一部平仮名表記に直した。
(49) 周布公平監修『周布政之助伝』下（東京大学出版会、一九七八年）一三二頁。
(50) 鹿野政直編『日本の思想20 幕末思想集』（筑摩書房、一九六九年）所収。
(51) 文久二年（一八六二）一一月一九日の項。『勝海舟関係資料

海舟日記（一）』（江戸東京博物館都市歴史研究室編、東京都、二〇〇二年）二七頁。「攘異」はここでの勝の表記である。

(52)『定本　奇兵隊日記』下（田中彰監修、マツノ書店、一九九八年）一〇頁。

(53)留学生の派遣計画から航海、ロンドンでの生活、帰国後の足跡までをたどり、「薩摩ステューデント」の本格的研究の嚆矢となった著作が、犬塚孝明『薩摩藩英国留学生』（中公新書、一九七四年）である。

(54)中根雪江『続再夢紀事』第二（日本史籍協会、一九二一年）六二―六五頁。

(55)平尾道雄監修・宮地佐一郎編集解説『坂本龍馬全集』（光風社、増補四訂版、一九八三年）三二―三三頁。

(56)同右二二―二六頁。

(57)前掲『続再夢紀事』第二、六五頁。

(58)前掲『増補　日本人の自画像』第三部第一章「関係の発見」。

(59)加藤『人類が永遠に続くのではないとしたら』（新潮社、二〇一四年）「あとがき」四一四頁。

(60)平尾道雄『中岡慎太郎　陸援隊始末記』（中公文庫、一九七七年）一五―一六頁。

(61)青山忠正『日本近世の歴史6　明治維新』（吉川弘文館、二〇一二年）四―七頁。

(62)一九五九年の論文「開国」で丸山眞男は、各大名家が「独自の武装権と行政権とをもち、互いに鋭い警戒網をはりめぐらせながら、石高の大小にかかわらずほぼ対等の資格で相交渉し、殖産に教育に武術に自藩の名声を競う状況を、もっとダイナミックな形で想定してこれを世界に拡大すれば、あたかも大小多くの主権国家が対等に「外交」関係に立ち、しのぎを削って競争する国際社会の事態に、当らずといえども遠くないイメージがえられる」と述べ、「列強対峙のイメージの受容が比較的スムーズに」行われた原因を大名分国制からの連想に求めている。『忠誠と反逆』（ちくま学芸文庫、一九九八年）二一一頁。

(63)『西郷隆盛全集』第一巻（大和書房、一九七六年）三九六―四〇三頁。

(64)前掲『坂本龍馬全集』五七六頁。

(65)立教大学日本史研究会編『大久保利通関係文書』三（復刻版、マツノ書店、二〇〇八年）二〇八頁。

(66)宮地佐一郎編集・解説『中岡慎太郎全集　全一巻』（勁草書房、一九九一年）六五頁。

(67)慶応三年（一八六七）夏に執筆された中岡の論策「時勢論」では、同年四月に死去していた高杉の、文明は危難のなかから戦いを通してつくられるという言葉が、愛惜をこめつつ紹介されている。「時勢論」前掲『中岡慎太郎全集　全一巻』所収。

(68)『大久保利通文書』一（日本史籍協会、一九二七年）三一一頁。

(69)前掲『中岡慎太郎全集　全一巻』所収。

(70)前掲『坂本龍馬全集』五九三―五九五頁（『木戸孝允文書』より）。引用に際してレ点はよみくだした。

(71)『日本近代思想大系1　開国』（岩波書店、一九九一年）二八九―三〇五頁。同書には原文（英語）も収録されている。幕末の列島の政治過程におけるサトウの論策の影響力については、石井孝『明治維新の舞台裏』（岩波新書、一九六〇年）の先駆的分析のほか、萩原延壽『遠い崖――アーネスト・サトウ日記抄』（全一四巻、朝日新聞社）に詳しい。

(72)前掲『中岡慎太郎全集　全一巻』二〇八頁。この中岡論文については、市井三郎（『思想からみた明治維新』）、古在由重（『和魂論ノート』）がその思想的重要性に光をあてている。

(73) 前掲『坂本龍馬全集』三九〇―三九三頁。

(74) 佐々木高行家蔵「坂本龍馬傳」（高知県立図書館蔵）、前掲『坂本龍馬全集』一〇二六頁。この漢文調の詳細な伝記の筆者は不詳だが、坂本、中岡と交友があり、明治に伯爵となった元土佐藩上士佐佐木高行の委嘱により執筆されたものではないかと、『坂本龍馬全集』の編者宮地佐一郎は推測している。

(75) 刺客による近江屋襲撃は一一月一五日のことで、坂本は即死。中岡は二日後の一七日に死去した。

(76) 前掲『坂本龍馬全集』三九六―三九七頁。なお、土佐藩参政後藤象二郎とともに藩船夕顔丸で長崎から京都に向かった際に後藤に示したとされ、岩崎鏡川編『坂本龍馬関係文書』にも収録されている「船中八策」については、これを坂本の事績に共感し、これを顕彰しようとした坂崎紫瀾（一八五三―一九一三）らの伝記編者たちが明治期に想像し、創作した文書であるとする興味深い指摘が近年行われている（知野文哉『「坂本龍馬」の誕生――船中八策と坂崎紫瀾』人文書院、二〇一三年）。この指摘のもつ一つの含意は、この伝記作者（編者）たちの試みを、幕末と明治のミッシングリンクを埋める最初期の企ての一つとみなすことも可能だということだろう。

(77) 見田宗介「明治維新の社会心理学」『定本 見田宗介著作集Ⅲ』（岩波書店、二〇一二年）一二頁。

(78)『鶴見俊輔集 続2 御一新の嵐』（筑摩書房、二〇〇一年）六九―七〇頁。『御一新の嵐』の初出形は一九六四年、今井清一、橋川文三、松本三之介との共同執筆の形で筑摩書房より刊行された『日本の百年』シリーズの第十巻。なお、このシリーズは当初、戦後から始まり幕末に終わる倒叙体構成がとられていたが、現在の普及版であるちくま学芸文庫版（全一〇巻）においては、年代順構成とされている。

(79) 大久保利謙編『近代史史料』（吉川弘文館、一九六五年）四六頁。

(80)『藤田省三著作集4 維新の精神』（みすず書房、一九九七年）一二一―一二六頁。

(81)「正統性」と「正当性」の本書における用法については、第三部第一章を参照。

(82) 前掲『近代史史料』四六―四七頁。振り仮名と傍点は引用者による。引用に際してはよみくだし表記に改めている。

(83) 前掲『鶴見俊輔集 続2 御一新の嵐』二〇一―二〇六頁。

(84) 同右二一一頁。

(85)『日本思想大系50 平田篤胤 伴信友 大國隆正』（岩波書店、一九七三年）五〇四頁。

(86)『西郷隆盛全集』第二巻（大和書房、一九七七年）三七四頁。

(87)『日本近代思想大系12 対外観』（岩波書店、一九八八年）一三頁。

(88) 内山正熊『神戸事件――明治外交の出発点』（中公新書、一九八一年）一五八―一五九頁。

(89) 山崎闇斎は、湯武放伐の否定に基づく大義名分論的尊皇攘夷論――天皇に対する絶対的忠誠を説くことで、結果として幕藩体制相対化への道をも開いた思想家である。箕浦家の先祖は青年期に土佐に赴いた闇斎と交友した儒学者で山内家家老の野中兼山の与力を務めていた（大岡昇平『堺港攘夷始末』）。

(90) 石井孝『増訂 明治維新の国際的環境』分冊三（吉川弘文館、一九七三年）第七章第五節。

(91) 大岡昇平『堺港攘夷始末』(中公文庫、一九九二年)二八六―二八八頁。

(92)「江濃信日志大略写」、西澤朱美編『相楽総三・赤報隊史料集』(マツノ書店、二〇〇八年)一三五頁。この節の執筆に際しては、この画期的な史料集に加え、以下の文献も参照した。長谷川伸『相楽総三とその同志』上下(中公文庫、一九八一年)、高木俊輔『明治維新草莽運動史』(勁草書房、一九七四年)、同『それからの志士――もう一つの明治維新』(有斐閣、一九八五年)、佐々木克「赤報隊の結成と年貢半減令」(松尾正人編『幕末維新論集6 維新政権の成立』吉川弘文館、二〇〇一年、所収)、保谷徹『戦争の日本史18 戊辰戦争』(吉川弘文館、二〇〇七年)、山田風太郎『旅人国定龍次――山田風太郎幕末小説集』(上下、ちくま文庫、二〇一〇年)。

(93)「江濃信日志大略写」、前掲『相楽総三・赤報隊史料集』一三〇―一三一頁。

(94) 前掲『相楽総三とその同志』下、二四二―二四五頁。

(95) 前掲『日本の思想20 幕末思想集』三二二頁。

(96) 松浦玲『新選組』(岩波新書、二〇〇三年)四五―四七頁。

(97) 同右二一四頁。

(98) 米国の哲学者ジョサイア・ロイスは、「忠誠」の概念を、特定の対象に対する忠誠を超えうる、「忠誠に対する忠誠」という普遍理念の形成の端緒として分析している(『忠誠の哲学』一九〇八年)。この分析は、主人公鞍馬天狗の「敵ながらあっぱれ」な好敵手として近藤勇を登場させる大佛次郎『鞍馬天狗』の観点にも通じている。新撰組の掲げていた「誠」には、状況の産物としてのいい意味でのあいまいさ、野放図な理念が伴われており、その点において皇国主義イデオロギーによって掲げられた「誠」(「昭和維新の歌」)とのあいだには、一線を画されるべきものがあるといえよう。

(99) 福沢の論考「瘠我慢の説」(一八九一年)における江戸「解城」の表記に注目したのは、加藤典洋である(『もうすぐやってくる尊皇攘夷思想のために』幻戯書房、二〇一七年)。このなかで加藤は、「このときの福沢の気分は、先の戦争の終わりを「終戦」ではなく「敗戦」と呼ぶのに似ているというべきなのだ」と述べている。なお加藤は、一九九六年の試論「「瘠我慢の説」考――「民主主義とナショナリズム」の閉回路をめぐって」(『可能性としての戦後以後』岩波書店、一九九九年)以後、この論考の射程への評価と関心を保ちつづけ、幾度も言及を試みている。

(100) 前掲『新選組』一八六―一八八頁。

(101) 幕末明治の外交官・田辺太一(蓮舟)は、渋沢の直話として一八九八年に刊行した著書『幕末外交談』にこれを書きとめている(平凡社東洋文庫版下巻、一九六六年、二四九―二五〇頁)。このくだりについて高橋敏は、征韓論をめぐる政府分裂と西南戦争を予測したような発言だと評している。『小栗上野介忠順と幕末維新――「小栗日記」を読む』(岩波書店、二〇一三年)一三二―一三三頁。

(102)「匏菴十種」『明治文學全集4 成島柳北 服部撫松 栗本鋤雲集』(筑摩書房、一九六九年)三二〇頁。

(103) 井伏鱒二に、明治後栄達したものの、すでに老残の身となった原保太郎を小栗ゆかりの「普門院の和尚」が訪ねていく話を軸にした印象深い短編「普門院の和尚さん」がある。この作品の初稿発表(原題は「普門院さん」)は、敗戦から間もない一九四九年(昭和二四)のことで、井伏五一歳。その井伏が九

○歳の時、一九八八年（昭和六三）に改稿を試みたのが現行版である。『神谷宗湛の残した日記』（講談社文芸文庫、二〇一〇年）所収。なお、明治以後の日本における小栗の記憶のされ方については、マイケル・ワート『明治維新の敗者たち』（*Meiji Restoration Losers: Memory and Tokugawa Supporters in Modern Japan* by Michael Wert, Harvard University Asia Center, 2013. みすず書房より二〇一八年に野口訳で日本語版刊行予定）が踏査と考察を試みている。

第二部

（1）丸山眞男『忠誠と反逆――転形期日本の精神史的位相』（筑摩書房、一九九二年、現在ちくま学芸文庫に収録）。

（2）大佛次郎『天皇の世紀』17（朝日文庫、一九七八年）一一〇頁。大佛はその最後半部において、「東日本と西日本の戦い」、「維新の原理の自覚以前」の「異質の文化の格闘」としての戊辰戦争、ことに奥羽越列藩同盟の成立過程の叙述に精力を傾注しているが、河井継之助率いる長岡藩の抵抗の終焉を描きつつある第一七巻の場面が絶筆となっている（一九七三年）。

（3）松本健一『開国のかたち』（岩波現代文庫、二〇〇八年）三〇頁、および『日本の近代1　開国・維新――一八五三―七一』（中央公論社、一九九八年）二八六頁。

（4）大久保利謙編『近代史史料』（吉川弘文館、一九六五年）五一頁。

（5）漢文の原文を佐々木克がよみくだしたものを引いた。佐々木克『戊辰戦争――敗者の明治維新』（中公新書、一九七七年）、一一八―一一九頁。原文は、「太政類典・第一編・慶応三年～明治四年・第二百十五巻・東北征討始末五・奥羽征討一」、閏四月二二日の項に記載（国立公文書館デジタルアーカイブ）。

（6）判沢弘「非幕・非薩長派のめざしたもの――玉虫左太夫」『明治の群像1　開国の苦しみ』（三一書房、一九六九年）一七〇―一七一頁。

（7）村上一郎「北越戦線と河井継之助」『明治の群像2　戊辰戦争』（三一書房、一九六八年）。

（8）青山霞村『山本覚馬』（同志社、一九二八年）二六二頁。

（9）山本の依頼で西周とともに会津藩洋学所の顧問をしていた人物に、信州上田藩士・赤松小三郎（一八三一―六七）がいる。『英国歩兵練法』の訳者だった赤松は、英国式兵学を諸藩の人士に講じるとともに、薩摩藩邸に招聘され、中村半次郎（桐野利秋）、村田新八、東郷平八郎ら藩士に講義や練兵を行う一方、二院制議会政治の提唱を骨子とする建白書を松平春嶽、さらに島津久光に行っていたが、軍事機密の幕府方への漏洩を恐れた薩摩藩の意向のもと、中村らにより白昼の京都市街で暗殺された。山本の建白相手は、同志の暗殺者でもあったのである。井出孫六「夜明け前の生贄」『明治民衆史を歩く』（新人物往来社、一九八〇年）。

（10）住谷悦治校閲・青山霞村原著・田村敏男編集『改訂増補山本覚馬傳』（京都ライトハウス、一九七六年）二一三―二一四頁。

（11）このこととは別に、この内戦に際して新政府軍に限らず、彼我の別なく戦場で行われた残虐行為、略奪行為は、むろん忘れられるべきものではない。その仔細については、たとえば保谷徹『戦争の日本史18　戊辰戦争』の「Ⅳ　東北・越後戦争」の

3「戦場の諸相——戦争の社会史」に記載がある。

(12) 藤原相之助『仙台戊辰史』(荒井活版製造所、一九一一年) 七七六—七七九頁。

(13) 奈倉哲三「招魂——戊辰戦争から靖国を考える」(『現代思想』二〇〇五年八月号、青土社)。

(14) 吉原康和『靖国神社と幕末維新の祭神たち——明治国家の「英霊」創出』(吉川弘文館、二〇一四年)。

(15) ロバート・N・ベラー『破られた契約——アメリカ宗教思想の伝統と試練』(松本滋・中川敏子訳、未來社、一九八三年、原著刊行一九七四年)。『アメリカン・ルネサンス』の著者F・A・マシースンに捧げられた同書でベラーは、一八世紀(英国からの独立)、一九世紀(南北戦争)、二〇世紀(世界戦争)の試練に直面するごとに米国社会は、回心と契約(covenant)のイメージ(=起源神話)に支えられた「市民宗教」(ルソーの『社会契約論』の由来の概念)を呼び出し、その試練に対そうとしてきたとのべている。と同時に米国社会は、先住民虐殺、黒人差別、原爆投下とベトナム戦争という形で、当初の回心と契約を自ら破棄してもきたのであり、この破棄が自らに与えた傷からいかに回復するかという課題を抱えることになったという。この観点は、本書の構想にも一つの示唆を与えている(「市民宗教」については本書第三部第一章以下を参照)。なお、明治以後の列島において、危機的状況に際して繰り返し「明治維新」の起源神話が想起されてきた過程については、宮澤誠一『明治維新の再創造——近代日本の〈起源神話〉』(青木書店、二〇〇四年)が基礎的なデータの提示を行っている。

(16)『幕末維新史料叢書4 逸事史補 守護職小史』(人物往来社、一九六八年) 九三—九四頁。

(17)『岩倉公実記』下巻(皇后宮職、一九〇六年) 九九—一〇一頁。

(18)『西郷隆盛全集』第三巻(大和書房、一九七八年) 四二頁。

(19)「異界の人——西郷隆盛の生と死」『渡辺京二コレクション1 維新の夢』(ちくま学芸文庫、二〇一一年) 所収。

(20) 石井孝『維新の内乱』(至誠堂、一九六八年)、および『戊辰戦争論』(吉川弘文館、二〇〇八年)。

(21) 村上一郎「維新内戦の意義と結末」、前掲『明治の群像2 戊辰戦争』所収。

(22)『岩倉具視関係文書』第一(日本史籍協会、一九二七年) 三二一—三二三頁。

(23) 明治文化研究会編『明治文化全集 第十巻経済篇』(日本評論社、一九九二年) 六〇頁。

(24) 有馬純雄『維新史の片鱗』(日本警察新聞社、一九二一年) 二二一—二二二頁。「皇」と「王」の表記は原文に従った。

(25) 久野収・鶴見俊輔『現代日本の思想——その五つの渦』(岩波新書、一九五六年)。

(26) 渡辺京二「戦争と基層民」、前掲『渡辺京二コレクション1 維新の夢』所収、および加藤典洋『戦後入門』(ちくま新書、二〇一五年)。

(27) 判沢弘「宮島誠一郎と雲井竜雄——米沢藩の場合」、思想の科学研究会編『共同研究 明治維新』(徳間書店、一九六七年) 五〇六、五〇八頁。

(28) 石光真人編著『ある明治人の記録——会津人柴五郎の遺書』(中公新書、一九七一年)。

(29)『明治文學全集6 明治政治小説集(二)』(筑摩書房、二〇一三年) 所収。

（30）『福澤諭吉著作集』第一一巻（慶應義塾大学出版会、二〇〇三年）三〇五頁。
（31）しまねきよし『転向――明治維新と幕臣』（三一新書、一九六九年）。
（32）『福翁自伝』の後半にこの点に関する叙述がみられる。前掲『福澤諭吉著作集』第一二巻、二九六―三一一頁。
（33）前掲『転向――明治維新と幕臣』一六頁。
（34）北原雅長『七年史』上（啓成社、一九〇四年）一頁。
（35）山室信一・中野目徹校注『明六雑誌』下（岩波文庫、二〇〇九年）一三〇―一三五頁。原文は漢字カタカナ交じり文。
（36）前掲『山本覚馬傳』二四四―二四五頁。同書補遺編の筆者杉井六郎がよみくだしたもの。『百一新論』本文は、『日本の名著34 西周 加藤弘之』（中公バックス、一九八四年）に収録。西と山本の交友については、麻生義輝『近世日本哲学史』（書肆心水、二〇〇八年、原著一九四二年）に言及がある。
（37）竹越与三郎『新日本史』下（岩波文庫、二〇〇五年）二三頁。三種の「革命」、ことに「乱世的革命」に関する記述は、同書一九―五〇頁。
（38）「カオスとしての維新」、前掲『渡辺京二コレクション1 維新の夢』二三九頁。
（39）『遠山茂樹著作集1 明治維新』（岩波書店、一九九一年）一八八頁。
（40）三条実美宛の岩倉書簡（二月九日付）の一節。「三条家文書目録」（国立国会図書館、http://rnavi.ndl.go.jp/mokuji_html/000001595246.html）。
（41）久米邦武編・田中彰校注『特命全権大使 米欧回覧実記』三（岩波文庫、一九七九年）三二九頁。
（42）前掲『特命全権大使 米欧回覧実記』四（岩波文庫、一九八〇年）二二頁。
（43）前掲『西郷隆盛全集』第三巻、二九四頁。明治五年（一八七二）八月一二日付。
（44）橋川文三は島尾敏雄との対談「西郷隆盛と南の島々」（一九七七年）のなかで、主君島津斉彬が幕政改革を期した率兵上洛を前に急死したのち経験した二度の南島への流罪経験が、西郷に重大な回心をもたらし、「ヤマトの政治」の枠に回収しえない超越的な構想力を育んだのではないかという、興味深い仮説を開陳している。『西郷隆盛紀行』（文春学藝ライブラリー、二〇一四年）。
（45）前掲『西郷隆盛全集』第三巻。「討幕の根元、御一新の基」は八月三日付の三条宛書簡（三七六―三七七頁）、「戦いは二段に相成り居り申し候」は八月一七日付の板垣宛書簡中の表現。
（46）『西郷隆盛全集』第四巻（大和書房、一九七八年）一九八―一九九頁。
（47）『大久保利通文書』五（日本史籍協会、一九二八年）五四―六五頁。
（48）同右八五頁。
（49）前掲『西郷隆盛全集』第三巻、四七九頁。
（50）「福沢全集緒言」、前掲『福澤諭吉著作集』第一二巻、四八五―四九四頁。
（51）飛鳥井雅道『文明開化』（岩波新書、一九八五年）。
（52）「明六社制規」と「改訂制規」は、『明六雑誌』下（岩波文庫、二〇〇九年）の巻末に収録。二〇〇三年九月一二日、一九四六年以来多元主義を指針に半世紀刊行されてきた雑誌『思想の科学』と『明六雑誌』を比較するシンポジウムが、東京神楽坂で行われた。鶴見俊輔編『思想の科学』五十年史の会『「思想の科学」五十年　源流から未来へ』（思想の科学社、二〇〇五年）。

(53)『森有礼全集』第一巻（宣文堂書店、一九七二年）二九四頁（英文）。この巻は「信仰自由論」の表題で訳文も収録。

(54)精神史家のルイ・メナンドは、豊富な資料の解釈を通して、南北戦争とプラグマティズムの深い連関を照射している。『メタフィジカル・クラブ――米国一〇〇年の精神史』（野口良平・那須耕介・石井素子訳、みすず書房、二〇一一年）。

(55)前掲『永遠平和のために／啓蒙とは何か　他3編』五四頁。

(56)『福澤諭吉著作集』第四巻（慶應義塾大学出版会、二〇〇二年）七三頁。

(57)「巻之三第六章　智徳の弁」、前掲『福澤諭吉著作集』第四巻、一七八頁。水戸藩内の凄惨な抗争とその背景については、山川菊栄『覚書 幕末の水戸藩』（岩波文庫、一九九一年）が奥行きのある記録を残している。

(58)前掲『福澤諭吉著作集』第四巻、六頁。

(59)『大久保利通日記』二（日本史籍協会、一九二七年）四七五頁。

(60)前掲『福澤諭吉著作集』第一二巻、四九四―四九五頁。

(61)前掲『西郷隆盛全集』第三巻、四五八頁。

(62)『中江兆民全集』第一巻（岩波書店、一九八三年）二一―三三頁。

(63)一九〇二年刊行。『兆民先生・兆民先生行状記』（岩波文庫、一九六〇年）一四―一五頁。

(64)「平井収二郎君切腹の現状」『中江兆民全集』第一七巻（岩波書店、一九八六年）九五―九六頁。平井の妹で、明治になり自由党員西山志澄と結婚した平井（西山）加尾の求めに応じて行った回想。加尾は、坂本龍馬の恋人の一人と目されている。

(65)前掲『兆民先生・兆民先生行状記』七〇―七一頁。

(66)ルソー『社会契約論』（岩波文庫、一九九四年）一五頁。

(67)前掲『中江兆民全集』第一四巻、一三四頁。

(68)中江は、『社会契約論』を再度訳出したうえで註解を付した『民約訳解』を、一八八二年から八三年にかけて刊行しているが、そこでの訳解もやはり第二章第六章で終えられている。この問題については、本書第三部第一章で論及している。

(69)「ジュネーヴ草稿」の全訳は、『社会契約論／ジュネーヴ草稿』（中山元訳、光文社古典新訳文庫、二〇〇八年）に収録。この草稿に注目し、「立法者」概念の提示に「私利私欲」と「公共性」をつなぐ理路の構想の、西欧の文脈における頓挫例をみた加藤典洋は、この頓挫を日本の文脈から検証し克服する条件を、戦中派の経験に探っている（『戦後的思考』講談社文芸文庫、二〇一六年。原版は一九九九年刊）。第三部第一章で見る福沢諭吉の「私情」は、幕末以後の経験をこの「独立人」の問題提起に接続する独自の道を開いたものといえる。

(70)中江が八年後に挑んだ「訳解」（解読を入り混ぜた訳出）では、文意はさらに明瞭となる。「凡そ民のおのおの其の私を顧るや、目よく公益を見るも或は肯て之を取らず。而して其の意を協《かな》え事を議するや、心、実に公益を欲するも或は之を見ること能わず。是を以て、目に公益を見る者は、之をして其の智の見る所に因りて必ず之を行わしめざる可からず。心に公益を欲する者は、之をして其の益の存する所を識らしめざる可からず。夫れ是の如く、然して後ち衆智、明かにして、志、行と副う。然して後ち民あい輯和し、邦基堅固なり、此の数者は皆な、制作者を須《ま》たざる可からざる所以なり」（『中江兆民全集』第一巻、一九九頁）。
(71) ルソーによれば、républiques という言葉は貴族政、または民主政のみを意味するものではなく、一般意思（すなわち法）に導かれるすべての政体を意味するものであり、王政もその条件を満たす可能性をもつという（桑原訳『社会契約論』六〇頁）。兆民もこの理解を受け継いでいる。原文は、*Rousseau: œuvres complètes* (Editions La Bibliothèque Digitale) による。中江の訳文は、『中江兆民全集』第一巻、一七―一八頁。
(72) 前掲『中江兆民全集』第一巻、三三頁。
(73) 落合弘樹『敗者の日本史18　西南戦争と西郷隆盛』（吉川弘文館、二〇一三年）一四三―一四四頁。『西郷隆盛全集』第三巻、五二一―五二二頁。
(74) 『大久保利通文書』七（日本史籍協会、一九二八年）四八九頁。
(75) 萩原延壽『遠い崖　一三　西南戦争』（朝日新聞社、二〇〇一年）五七頁。
(76) 同右六三頁。
(77) 『新体詩抄』（出版者丸屋善七、一八八二年）。頁数表記なし。引用に際しては旧字を新字に改めた。
(78) 上村希美雄『西南記伝』上巻二（黒龍会本部、一九〇八年）五二二頁。
(79) 『宮崎兄弟伝　日本篇上』（葦書房、二〇〇〇年）一〇三頁。
(80) 「松山守善自叙伝」、『日本人の自伝2』（平凡社、一九八二年）、四三三頁。宮崎の言葉に対して「余は余り感心もしなかった。宮崎は右のごときことをいう男であった」と記す松山は、尊皇攘夷の志士への共感から熊本敬神党加盟、鹿児島私学校への関心、民権グループへの参加を経たのち、親孝行と新婚生活を満たすためとの理由から、県吏僚に転身した人物で、その自伝は、転向を自己弁護せずにその動機をはっきりと記すスタイルに貫かれた、明治精神史の興味深い一叙述になっている。
(81) 麻生義輝『近世日本哲学史』（書肆心水、二〇〇八年）三〇六頁。
(82) 同右三〇七頁。
(83) 落合弘樹『西南戦争と西郷隆盛』二五五頁。
(84) 前掲『社会契約論』六二―六三頁。
(85) 渡辺幾治郎『明治天皇の聖徳・重臣』（千倉書房、一九四一年）八七頁。
(86) ドナルド・キーン『明治天皇』上巻（角地幸男訳、新潮社、二〇〇一年）四六三頁。
(87) 福沢に対する増田の孤独な抵抗の意義については、市井三郎『思想にとっての明治維新』に示唆を受けた。
(88) 平山洋『福沢諭吉――文明の政治には六つの要決あり』（ミネルヴァ書房、二〇〇八年）三〇〇―三一二頁。「旧藩情」および「西郷隆盛の処分に関する中津士族建白書」は『福澤諭吉著作集』第九巻（慶應義塾大学出版会、二〇〇二年）に収められている。
(89) 『新聞集成　明治編年史』第三巻（本邦書籍、一九八二年）三一七頁。
(90) 『西郷南洲遺訓』（岩波文庫、一九三九年）一〇三頁。
(91) 前掲『福澤諭吉著作集』第九巻、三四頁。
(92) 同右七三頁。

第三部

(1) ここでの「正統性」と「正当性」の定義については、丸山眞男が論文「山崎闇斎と闇斎学派」で行った「O正統」と「L正統」の区分と、同じく丸山が行った「忠誠」と「反逆」をめぐるダイナミックな規定を参考にしつつ工夫した。「正統性」は上からのルール(権力)形成を、「正当性」は下からのルール(権力)形成を意味する。この規定に際しては、「人々のうちに正当な権威(autorité légitime)が成立するとすれば、それは合意(conventions)によるものだけである」という、ルソーの主張(『社会契約論』第一篇第四章)に示唆を得ている。
(2) 「済世遺言」、『大久保利通文書』九(日本史籍協会、一九二九年)一六三—一七二頁。なお、大久保暗殺をめぐる始終については遠矢浩規『利通暗殺——紀尾井町事件の基礎的研究』(行人社、一九八六年)が詳しい。
(3) 松浦玲『横井小楠 儒学的正義とは何か 増補版』(朝日選書、二〇〇〇年)一四二—一四三頁。引用に際して改行を減らした。
(4) 大久保利謙編『近代史史料』(吉川弘文館、一九六五年)二二六頁。
(5) 「アメリカの市民宗教」『社会変革と宗教倫理』(河合秀和訳、未來社、一九七三年)所収。ここでベラーは、ジョン・F・ケネディの大統領就任演説が神への言及に支えられる事実を手がかりにしつつ、ルソーの「市民宗教」の概念をむしろ積極的に援用し、その今日的可能性を考えている。ベラーが出している問題を、市民宗教という外在的な超越項に最終的な答えを求めるのとは違う形で考えてみたいというのが、野口の問題関心である。
(6) 橋川「国体論の連想——その含羞と畏怖」前掲『橋川文三著作集2』所収。
(7) 久野収/鶴見俊輔『現代日本の思想』(岩波新書、一九五六年)一三二頁。
(8) 徳富蘇峰「妄言妄聴」『国民新聞』一八九五年一二月一五日。『中江兆民全集』別巻(岩波書店、一九八六年)二〇九頁。
(9) 『新日本之青年』(民友社、一八九一年)三—四頁。
(10) 『毎日新聞』一九七五年一月七日、『桑原武夫集9』(岩波書店、一九八〇年)二八九頁。
(11) 「明治十年の内乱」『東雲新聞』一八八八年八月一〇日。桑原武夫編『中江兆民の研究』(岩波書店、一九六七年)三一九頁。
(12) 『中江兆民全集』第一巻(岩波書店、一九八三年)二〇〇頁。
(13) 『民約論』同様、『民約訳解』が第二部第六章で中断されている点については、たとえば以下の考察がある。井田進也「『民約訳解』中断の論理」(『中江兆民のフランス』)、宮村治雄「中江兆民と「立法」——『民約論』と『民約訳解』の間」(『開国経験の思想史』)、山田博雄『中江兆民 翻訳の論理』。中江の伊藤批判の理路を、大久保利通に比して「立法者」として役不足だったという観点に求める井田の論を除けば、中江による中断は、ルソーの「立法者」概念の弱点の感知によるものとする見方が共有されている。その弱点の克服こそ中江の直面していた思想的課題だったことを指摘しつつ、その克服にむけて中江がテコにしたのは、列島の置かれたホッブズ的自然状態への洞察だったというのが、これらの論に対して野口が(後段で)提示している観点である。

(14) 二〇一六年九月、『三酔人経綸問答』の草稿が国文学資料館によって発見され、中江直筆の推敲や書き込みの跡が確認された。浄書された草稿に中江が加筆したもので、国文学資料館「近代書誌・近代画像データベース」上で公開されている。

(15) 『中江兆民全集』第八巻（岩波書店、一九八四年）二六一頁。大江健三郎は一九六五年、幸徳秋水が『兆民先生・兆民先生行状記』のなかでこのくだりを引いた箇所を引用しつつ、戦後の新憲法のそれとも通じるような明治憲法の「にがい味」に対する中江のあざやかな反応が現れているとのべている。「恩賜的と恢復的」『持続する志』（講談社文芸文庫、一九九一年）。

(16) 加藤典洋『増補 日本という身体』（河出文庫、二〇〇九年）九二—九六頁。加藤は、大日本帝国憲法の審議過程を記した清水伸の著作『帝国憲法制定会議』（岩波書店、一九四〇年）への参照を行っている。

(17) 当初文部省が起草者として選んだのは、明六社の同人でもあった中村正直だった。中村案は「天」という儒教由来の原理を超越項とみなしていたが、そのことが天皇の超越性を脅かすと判断した井上による強硬な反対にあい、廃案とされた。

(18) 『日本近代思想大系6 教育の体系』（岩波書店、一九九〇年）三八二—三八三頁。

(19) 『福澤諭吉著作集』第九巻（慶応義塾大学出版会、二〇〇二年）一一〇頁。

(20) 同右一二九頁。

(21) この蘇峰文の全文は、萩原延壽・藤田省三『瘠我慢の精神——福沢諭吉「丁丑公論」「瘠我慢の説」を読む』（朝日文庫、二〇〇八年）に収録されている。同書二六五—二七七頁。

(22) 「勅語奉答」の勝直筆の写真は、お茶の水女子大学デジタルアーカイブス（所蔵書蹟資料　da1017）で見ることができる。http://archives. cf. ocha. ac. jp/exhibition/da/da1017. html

(23) 小川原正道「福沢諭吉の憲法論——明治憲法観を中心に」『法學研究』vol. 84, No. 3（慶應義塾大学法学研究会、二〇一一年）。

(24) 平山洋「明治の思想における国家と個人」。以下の web サイトにおいて閲覧。http://blechmusik. xii. jp/d/hirayama/a_state_and_an_individual_of_fukuzawa/

(25) 『明治大正見聞史』（中公文庫、一九七八年）二五—二六頁。

(26) 同右三九—四〇頁。

(27) 『勅語衍義』（敬業社・鉄眼社、一八九一年）。頁数の表示は行われていない。

(28) 『日本の名著34 西周 加藤弘之』（中公バックス、一九八四年）四四六頁。

(29) 加藤弘之『強者の権利の競争』（哲学書院、一八九三年）二三九頁。

(30) この論争については、臼井吉見『近代文学論争』下（筑摩叢書、一九七五年）に概要がある。臼井は、信州安曇野を舞台に近現代日本文化史を描くその大河小説『安曇野』のなかで、主要作中人物がこの論争に関心を寄せている場面を設けている。また近年では、橋本治『失われた近代を求めてⅢ 明治二十年代の作家達』（朝日新聞出版、二〇一四年）が、透谷の置かれた苦境とこの論争の負の関連というべきものに注目している。

(31) 山路愛山『史論集』（みすず書房、一九五八年）三五〇—三五一頁。

(32) 同右二八九—二九一頁。

(33)『透谷全集』第三巻(岩波書店、一九五五年)一六八頁。
(34)『明治文學全集35 山路愛山集』(筑摩書房、一九六五年)二九六頁。傍点ママ(冒頭の一文の傍点は白抜き)。
(35)『透谷全集』第二巻(岩波書店、一九五〇年)一一三頁。
(36)透谷と愛山のあいだに見られた亀裂は、その後、いったん時代の表面から姿を消したが、この両者間の往還の試みに踏み出していったのが、『大菩薩峠』の作者中里介山だったともいいうる。介山については、本書エピローグで扱う。
(37)前掲『明治文學全集35 山路愛山集』、三三九頁。日露開戦前夜に顕在化した内村鑑三との意見対立を踏まえて書かれた一文。
(38)前掲『透谷全集』第二巻、一六四頁。大日本帝国憲法における「信教の自由」の規定に向けられていた透谷の批評性については、加藤典洋『増補 日本という身体』での論及が重要。
(39)伊藤博文『憲法義解』(岩波文庫、一九四〇年)六〇頁。
(40)『透谷全集』第二巻三五八—三五九頁。
(41)『透谷全集』第一巻(岩波書店、一九五〇年)三五四頁。
(42)国会議員を辞職したのち、商売に関わり悪戦苦闘するようになった中江を惜しみ、批判する透谷の一文「兆民居士安くにかある」(一八九三年九月)は、ルソーの可能性を日本で問うた中江への敬愛なしには書かれえなかった。
(43)前掲『透谷全集』第一巻、三五八—三五九頁。
(44)北村透『北村透谷■試論I〈幻境〉への旅』(冬樹社、一九七四年)二六六頁。
(45)たとえば一九三八年の論文「日本文学における一つの象徴」。この一文は、『源氏物語』における優者光源氏と劣者末摘花のコミュニケーション(ディスコミュニケーション)の事例から説き起こし、沈黙を強いられた劣位者が優位者の「もどき」を通じて言語表現の獲得に至るという、列島精神史の生成過程についての仮説を鮮やかにスケッチしている。『折口信夫全集』第十七巻(中公文庫、一九七六年)所収。
(46)前掲『透谷全集』第二巻、三二四—三二五頁。
(47)『漱石全集』一六巻(岩波書店、一九九五年)所収。
(48)『漱石全集』二二巻(岩波書店、一九九六年)六〇六頁。
(49)森谷篁一郎『漱石「こゝろ」その仕掛けを読む』(今井出版、二〇一三年)。
(50)松元寛『増補改訂 漱石の実験』(朝文社、一九九七年)。松元は、「明治の精神への殉死」は、「私」に真の理由を隠し、「私」を傷つけないためのダミーの理由と考えている。
(51)前掲『漱石全集』九巻、二九七頁。
(52)『漱石全集』九巻、一五八頁。
(53)橋川文三『黄禍物語』(岩波現代文庫、二〇〇〇年)。
(54)藤田省三「或る歴史的変質の時代」、『藤田省三著作集5 精神史的考察』(みすず書房、一九九七年)一二六—一二八頁。藤田はこの指摘を「元号廃止論者」の観点から行っている。なお、列島の歴史において「明治」との比較検討を要するのは、やはり海外の文物を参照項にした中央集権体制の整備と結びつく、最初の元号「大化」であろう。
(55)田尻佐編『贈位諸賢伝』全二巻(国友社、一九二七年)。
(56)戊辰戦争で戦った敗者たちは、仙台の大槻磐渓(一八〇一—七八、開港論を主張する漢学者)、会津の山川浩をわずかな例外として、特旨贈位の対象になっていない。遺漏が実際に問題化された過程については、明治新政府の転向過程に生じた堺事件での生存者、旧土佐藩士・土居盛義(八之助)による嘆願に基づき高知県が内務省に行った、同事件の日本側死者への贈位上申に一例をみることができる（高田祐介「明治維新「志士」像の形成と歴史意識――明治二五・二六年靖国合祀・贈位・叙位遺漏者問題をめぐって」）。

(57) 子母澤寛『小説のタネ』（文藝春秋新社、一九五五年）一三六―一四一頁。

(58) 戊辰戦争研究における『復古記』の史料的価値については、箱石大編『戊辰戦争の史料学』（勉誠出版、二〇一三年）が検討作業に着手している。箱石の論考「戊辰戦争研究の史料となった『復古記』」は、『復古記』に関して「注意しなければならないのは、広く一般に公開された〈史料〉なのではなく、政府機関に限定して提供された内部資料としての〈史料〉であったということである」と指摘している。同書、一五一頁。

(59) 岡本武雄『王政復古　戊辰始末』巻一上（金港堂、一八八八年）五―六頁。『幕末維新史料叢書6』（人物往来社）は「巻一」のみを収録するが、その「解説」に「巻三」は何らかの事情で世に出なかったとあるのは誤りである。この点に関しては、米原謙『国体論はなぜ生まれたか――明治国家の知の地形図』（ミネルヴァ書房、二〇一五年）二七四―二七五頁の指摘に助けられた。戊辰戦争当時の桑名藩主は、京都所司代として将軍後見職・一橋慶喜、実兄の京都守護職・松平容保とともに京都で活動した松平定敬（一八四七―一九〇八）であり、本拠桑名城が降伏するなか箱館まで転戦した人物だった。岡本は明治になり曙新聞社に入社、社長となり、のち東京通信社を創設。その間、『東京日日新聞』の社長だった旧幕臣福地源一郎（桜痴）に主筆として招かれていた時期に刊行した『王政復古　戊辰始末』は、井伊直弼の政局登場から大政奉還、王政復古の大号令を経た鳥羽伏見前夜までの記述であり、戊辰戦争本編を記す「巻四」の執筆も目論まれていたが、その部分は現在伝わっていない。もし記されていたならば、『復古記』の方針を疑う基準が示されていたはずである。

(60) 『幕末維新史料叢書1　開国始末』（人物往来社、一九六八年）一五頁。この本には、安政の大獄を断行した井伊への論評もある。島田によれば、井伊が国事犯として処罰した橋本左内、吉田松陰は、列強の威力を認識し、海外の学問に志を懐く有志者であり、頑迷固陋な攘夷主義者ではなかった。問題は、列島の人びとの共同の運命に関わる対外関係についての情報が、徳川政権の機密事項とされていたことにあった。国事犯への極刑処分は当時の慣例ではあったが、井伊が橋本や吉田、さらには岩瀬忠震、永井尚志、土岐頼旨（一八〇五―八四）のようなすぐれた吏僚にまで処罰を及ぼしたことは惜しむべきであるという。

(61) この点に関して大佛次郎は、「「敗れた者」の仕事として新聞が起り、その後の、明治以後の有名な新聞人が、ほとんどこの中から出たのは、注意に値する現象である」と述べている（『天皇の世紀』一五巻、朝日文庫、一九七八年、五四頁）。なお、彰義隊の動向を知らせる号外（『別段中外新聞』）は、日本の新聞における号外の嚆矢と考えられている。

(62) 『幕府衰亡論』（平凡社東洋文庫、一九六七年）。同書執筆に示唆を与えたのは、英国の歴史家エドワード・ギボン（一七三七―九四）の著作『ローマ帝国衰亡史』（一七七六―八八）だった。ピーター・ゲイは、ギボンの皮肉で反語的な捉え方と、ローマ衰亡という対象の特性との合致に意味を認めている（『歴史の文体』）。福地にも同様のことが言えよう。

(63) 『幕府衰亡論』の刊行は「瘠我慢の説」執筆の翌年である。

なお、「幕末」の語を国立国会図書館の近代デジタルコレクションで検索すると、明治一〇年代より芝居関係の文献などが現れるようになるほかは、福地桜痴、栗本鋤雲、戸川残花など旧幕臣関係の著作が明治二〇年代に現れるのが最初となる。市民宗教の成立と歴史像を語る用語としての「幕末」の登場は軌を一にしているのである。

(64) 原表記は『舊幕府』。現在マツノ書店より復刊（全五巻、二〇〇三年）。戸川については、目時美穂『油うる日々――明治の文人　戸川残花の生き方』（芸術新聞社、二〇一五年）。

(65) 石橋暁夢選『新体詩集　五彩雲』（文学同志会、一九〇五年）三―一四頁。

(66)「国家興隆の基礎――国本社千葉支部設立を喜びて」、『男爵山川先生遺稿』（故山川男爵記念会、一九三七年）四八〇頁。

(67)『男爵山川浩遺稿　京都守護職始末』（発行沼沢七郎）。現在平凡社東洋文庫に収録されている『京都守護職始末――旧会津藩老臣の手記』全二巻は、金子光晴訳である。

(68) 内容は次の通り。「たやすからざる世に武士の忠誠の心を喜びてよめる　和らくも武き心も相生の松の落葉のあらす栄えん／武士と心あはしていはほをも貫きてまし世々の思ひ出」

(69)『京都守護職始末』刊行の同年には、後醍醐天皇の南朝が正統か、後醍醐に抵抗した足利尊氏の後ろ盾で建てられた（明治の皇統に連なる）北朝が正統かという南北朝正閏論争も本格化しているが、そのこともまた、正当性（一般意志）に支えられない正統性のもつアポリアと、顕密システムの綻びの存在をこそ示すものだろう。

(70) 戊辰戦争で奥羽越列藩同盟に加盟した南部藩士の子弟として毛馬内（鹿角）に生まれ、「朝敵」の汚名のなかで教育歴をつんだ東洋史家・内藤湖南（一八六六―一九三四）は、一九二二年（大正一一）の談話「維新史の資料に就て」で『京都守護職始末』をとりあげ、勝者本位の歴史観を根本的に問い直す作業にとっての意義を高く評価している。

(71) 会津藩と庄内藩が、奥羽越列藩同盟の締結に先立ち、おそらくは軍事的・経済的提携の実現を目的として蝦夷地および日本の西海岸領の売却をプロイセンに申し出たことを示す史料が近年発見された。他国との協調関係の悪化を危惧したビスマルクは、この申し出を拒絶している。箱石大「戊辰戦争に関する新たな史料の発見」、前掲『戊辰戦争の史料学』（勉誠出版、二〇一三年）。

(72)『男爵山川先生遺稿』五八六―五八八頁。

(73) 小股憲明「門司駅員の引責自殺と山川健次郎言質事件――二つの忠君愛国をめぐって」『人文學報』七二号（京都大学人文科学研究所、一九九三年）。

(74) 山川健次郎における国本社への接近に関して清水あつしは、東京帝国大学の研究・教育の自由に対する右翼の攻撃を懸念した山川が、「自ら国本社に近づき、相手の一員となった上で」「彼らの攻撃・手出しを封じてしまった」のではないかと推測している。「初期『帝大新聞』の研究――「創刊資金の謎」12」『UP』二〇一七年三月号（東京大学出版会）一二頁。

(75) 金子堅太郎にハーヴァードで法学を教え、戦時外交に従事する金子と意見交換も行っていた連邦裁判所判事オリヴァー・ウェンデル・ホウムズ・ジュニア（プラグマティズムの生みの親の一人）は、ポーツマス条約締結直後、日本の領土的野心と、賠償金要求放棄に対する日本国民の不満への危惧と念慮を金子に伝えていたようである。それに対し金子は、条約調印・日比谷焼打事件の二日後の一九〇五年九月七日付のホウムズ宛書簡に、「しかし、今は論議は避けましょう。既に平和がえられたのですから」と記し、意見交換を打ち切っている。「ホームズ=金子往復書簡」（高瀬暢彦編訳）、『法学紀要』二五号（日本大学法学部研究所、一九八三年）四六一―四六三頁。

(76)『日露衝突』の原著について細部にわたる検討を行った山内晴子は、「愛国心の余り、理想主義的に日本外交を捕えた」ことからくるその後への洞察の甘さの自覚が、のちに朝河が「この時期の足跡を消し去」ろうとしたことの「一因」だったかもしれないが、そのことは『日露衝突』で行われている分析と検証の公正さを減ずるものではないとみている。『朝河貫一論――その学問形成と実践』（早稲田大学出版部、二〇一〇年）一九八―二三一頁。本章での摘要は、山内の記述に基づいている。

(77)『日本の禍機』（講談社学術文庫、一九八七年）一三〇―一三一頁。

(78)朝河は、その政治外交姿勢において弱者、劣者としての慎重さを保つ伊藤博文に期待をつないでいた。一九〇六年（明治三九）五月の伊藤宛書簡で、憲法制定過程の資料収集を依頼していることは、その証左である。日韓併合に慎重だった伊藤がハルビンで暗殺される瞬間まで『日本の禍機』を所持していたという伝聞を、のちに朝河は書きとめている。

(79)ここに見られる朝河の思考は、自他関係の内省と再定義を通じて「一般化された他者」としての国際社会の構想にいたる道を探った同時代の米国の哲学者G・H・ミードの思考に通じ合うものがある。野口良平「架空対話」（『メタフィジカル・クラブ』の周辺（8））」は、ミードについての覚書的考察である（『みすず』二〇一三年四月号）。

(80)武田徹・佐藤博幸『T・E・ハリファックス――英語を通じて世界へ雄飛させた』（朝河貫一博士顕彰協会、二〇〇九年）。

(81)武田徹責任編集『朝河正澄――戊辰戦争、立子山、そして貫一へ』（朝河貫一博士顕彰協会、二〇〇六年）。「正澄手記」の原文、原文書き下し、現代語訳のほか、正澄の残した短い文章、正澄についての回想などを収録する。なお「正澄手記」の現代語訳の一部は、自己制御力を失った現在の日本社会に向き合う手がかりを朝河の仕事に見出そうとする武田徹・梅田秀男・佐藤博幸『一〇〇年前からの警告――福島原発事故と朝河貫一』（花伝社、二〇一四年）にも採録されている。

(82)「武士道について」『朝河貫一　比較封建制論集』（矢吹晋訳、柏書房、二〇〇七年）七七―七八頁。訳者矢吹は講演用タイプ原稿かと推測している。同書には英語の原文も収録。

(83)原題は *Japan Old and New: An Essay on What New Japan Owes to the Feudal Japan*（矢吹晋訳）。前掲『朝河貫一　比較封建制論集』二八―六八頁。

(84)前掲『朝河貫一　比較封建制論集』八四―八八頁。

(85)一九一六年（大正五）六月四日付の坪内逍遥宛書簡で朝河は、「大隈伯ハ局ニ当たつて見れバ、左程の政治家とも見へず」、「百年の好機を逸しつゝある責ハ免るまじく存せられ候」と書いている。『朝河貫一書簡集』（早稲田大学出版部、一九九一年）二四三頁。その後朝河は、アナール学派の基礎を築いた歴史家マルク・ブロック（一八八六―一九四四）らと連携しつつ、日欧の比較封建制研究を推進する一方で、日本の太平洋戦争突入に際しては、ルーズヴェルト大統領による昭和天皇宛の親書草案を執筆するなど、日米間の関係改善に尽力した。

注

(1) ここでの記述は、現行版への読みをもとにした野口著『「大菩薩峠」の世界像』(平凡社、二〇〇九年)での考察を起点としている。その後、当初の都新聞版と現行版(ちくま文庫版でいえば全二十巻のうち六巻まで)との大幅な改稿事実についてつぶさな指摘と定量分析を行った伊東祐吏の監修により、『大菩薩峠〔都新聞版〕』全九巻が論創社より刊行されている(二〇一四―一五年)。作品像の新たな検討は、他日を期したい。

(2) 時代設定の変更に関わる出来事としては、創作ノート『人情風俗』にも記載されている、幕末生き残りの古老たちに知人を介して行った事実を指摘できる。旧大村藩士渡辺昇の談話には一一月一二日、旧幕臣田辺蓮舟および加藤弘之の談話には一一月二四日の日付が付されている。『人情風俗』全頁の写真(縮刷)は、『中里介山「大菩薩峠」の世界』(図録、山梨県立文学館、二〇〇三年)所収。谷春雄「中里介山の「新選組」観」(『中里介山研究』第三号)は、聞き書きを含め、新選組を作中に登場させるに際して介山が依拠した文献について考察している。

(3)『都新聞　復刻版　大正四年七月』(柏書房、二〇〇二年)七三頁(一九一五年七月一二日)。『大菩薩峠〔都新聞版〕』第三巻(論創社、二〇一四年)一九五頁。『中里介山全集』第一巻、二五一頁。

(4)『魯迅評論集』(竹内好訳、岩波文庫、一九八一年)所収。

(5) 羽村市郷土博物館蔵。

(6)「ところで徳の格律〔徳を追求せよという〕と自分の幸福の格律〔自分の幸福を促進せよという〕とが、それぞれ最上の実践的原理としての徳と幸福とに関して、まったく種類を異にしているということ、またこの二通りの格律は、いずれも最高善を可能ならしめるに必要であるにせよ、しかし両者は一致するどころか、同一の主観においてすら互に甚だしく制限し合い阻止し合っているということは、さきに論究した〔純粋実践理性〕分析論によって明らかである。それだから最高善はどうして実践的に可能かという問題は、これまで徳と幸福を連立させようとする試みが何遍となく試みられたにも拘らず、依然として今なお未解決のままに残されているのである。」(カント『実践理性批判』波多野精一・宮本和吉・篠田英雄訳、岩波文庫、一九七九年、二二九―二三〇頁、傍点はママ)。

(7)「鈴慕の巻」、一九二八年発表。『中里介山全集』第六巻(筑摩書房、一九七一年)三〇〇―三〇一頁。

(8)『大正デモクラシーの底流』(日本放送出版協会、一九七三年)。

(9)『「大菩薩峠」曼荼羅論』(田畑書店、一九八四年)。

(10)『中里介山全集』第六巻、三七六―三七七頁。

(11) 一九三一年(昭和六)、約一か月間中国・朝鮮に旅行した介山は、「支那及び支那国民に与ふる書」(同年一二月、春陽堂)を発表し、王道の存する支那の統治は日本の軍人に任せてみなさいと説いた。これを読んだ魯迅は、日本語の一文「火・王道・監獄――二、三の支那の事について」(『改造』一九三四年三月号)を発表し、そのなかで支那にはそもそもその王道があったためしはないのだと述べ、介山の視野の外に置かれた抵抗の存在を言外に示唆している。

(12) 一九三五年(昭和一〇)一〇月、介山は自ら刊行した『純

粋箇人雑誌 峠』第二号（四―七頁）に、九連からなる詩編「わが立処」を掲げた。その詩篇には次のような一節がみえる。

只に学び
只に作りて
世に拙作を送り
世の余禄に養はる。
我は生れ得て野の子にして
遂に野の人に養はる
草莽はわが終の住処にして
平民は、その天分也。

（13）中里介山『非常時局論』（隣人之友社、一九三七年）所収の、特に「一種の機関説」と題されたくだり。この箇所は、『非常時局論』を抄録する『中里介山全集』第二十巻には収録されていない。これに限らず、現在の『中里介山全集』には不備が多い点が惜しまれる。

（14）『隣人之友』第一九六号、一九四二年一〇月一日。その一部より引く。「本来、小生は、天皇の御国の「百姓弥之助」の立場の外には何等特別の地位名分を果たしえない立場にある。この立場で十分に御奉公をしたいのである。今後共もし小生に何かの肩書をつけるものがありとすれば、それはこの立場を知らないものゝ過誤であるか、そうでなければ殊更らに小生を侮辱せんとする者の細工であると承知あり度い」。

（15）『中里介山全集』第十九巻。

一九三八年（昭和一三）より、『百姓弥之助の話』（全七冊、隣人之友社）の刊行をはじめたが、その第一冊「植民地の巻」の冒頭近くでは、中国戦線に出征する兵士たちを送る「弥之助」が、その感慨を「生き葬い！」と表現する。これは「平民」介山から発せられた語である。その一方で「弥之助」は、戦地に向う野戦砲兵の一隊が粛々と進んで来るのを見て、「心の底から力強い感激の湧き出る事を禁ずる事が出来」ない。これは「草莽」介山の言葉である。これらの箇所を照合した多田道太郎は、介山において示される亀裂を「一つにつなげることは容易ではない」が、「介山が時と場合により感慨を使い分けたということは考えられ」ず、「それぞれの場合に真剣であった」。としたうえで、しかし介山の本質ともいうべきものは「百姓」であり、「生き葬い！」というイメージが彼の最深部から湧き出た感慨であったこともまちがいないと、介山の奥深くに踏み入った地点からの判断をのべている。

介山の没年ともなる一九四四（昭和一九）年、介山の友人の子息が出征することになり、介山のもとに挨拶に行った。すると介山は、その青年にこう語ったという。「兵隊に行ったらね、絶対死んではいけない。何があっても死んではいけない。石にかじりついても生きることを考えよ。死ぬことは一切頭に浮かべるな。――捕虜になっても死ぬじゃない。捕虜になるってことは決して恥ずかしいことじゃない。第一線にいるから捕虜になるんだから」（NHKBSハイビジョン『大菩薩峠 果てなき旅の物語』二〇〇四年五月三一日放送）。この証言は、多田の判断を裏づける有力な材料の一つである。

あとがき

この本を私に書かせている動機は、今の自分がそこで暮らしている日本社会と自分とのあいだの、つながらなさの感覚である。

かつて佐久間象山は、たまたま「生を此の国に受け候もの」が幕末の列島が置かれた状況に対して抱く抱負、もしくは感慨について語った。私もまた、たまたまこの日本列島に生まれ育った人間である。その気になれば、別の場所に移り住む選択肢もなかったわけではないはずなのだが、現にそうしてはいない。だからといって、日本社会に対するコミットメントの感覚を手にしているわけでもなく、そういう煮え切らない不確かな状態を、ひどく長いこと保ちつづけてきたという実感につきまとわれてきた。

私は、現在の日本社会の状況をどのように見て、どのような関わりの意識をもてばよいのか、よくわからない。戦後七〇年余という。だがその「戦後」をどう見たらよいのか、わからない。さかのぼって「明治」ではどうか。そう自問してみても、やはりピンとこない。では「幕末」ではどうか。そう問うてみて、はじめて私のなかで、何やらカチンと音がするのがきこえた気がした。そこで私は、そのような感覚を成立させている条件があるとすればそれは何か、そう問うてみる理由を手にしたのである。

だがこのような主題について、まさか自分が実際に一冊の本を書くことになるとは思っていなかった。

足かけ三年にわたって書き下ろしの形でこの稿を書きついできて、けものみちを歩いてきたという感が強い。

三部構成からなる「幕末精神史」というアイディアをたてた時、ミッシングリンクという言葉が即座に頭に浮かんだ。幕末期を舞台にした歴史ドラマは、明治期に踏み込んだとたんに、前後のつながりが絶たれる。「ちょんまげ」と「散切り頭」のよう。私たちの近代は、その断絶を踏み越えることでつくりだされてきたのだが、そのときの感触を、私たちはほとんど忘れている。同じことが、幕末と現在のあいだにもいえるのではないか。

幕末期の人びとが抱えていた理不尽の感覚と危機意識は、全く同じ形ではなく、いくらか形を変えながら、しかし私のなかにも保たれている。幕末期の列島の経験と自分とを、そのつながらなさの自覚を抱えながらつなごうとする作業は、自分が現在の——得体の知れない——日本に向き合う一つの支えになるのではないかと、私は思うようになった。

幕末期の経験が列島精神史にもたらした遺産は、正しいもの、普遍的なものがつねに外からもたらされる、という列島精神史のあり方に対して別の石を置いたことだった。外から（上から）の正しさによる抑圧と、その屈辱に対する反発の二項対立性が列島精神史の伝統だったとすれば、自分を拘束する不如意の状況からこの二項対立性の解除をめざす、いわば「地べた」からの普遍性を対置したことが、幕末期の画期性であり、そのことに光をあてる光学を、私たちはまだ十分に手にしてはいなかったのではないだろうか。

この本の執筆に際しては、少なからぬ先達のおかげをこうむっている。その第一は、古在由重『和魂論ノート』（岩波書店）に収録された一〇〇頁あまりの同名論文（一九六七年発表）である。マルクス主義の哲学者として戦中の皇国主義イデオロギーの席巻に立ち会った古在は、目前の事態の背景について不勉強だったことを痛感し、戦後二〇年余を経て、「和魂」をキーワードにした日本哲学史の素描を試みた。古在は、伝統的な陰陽説を捨て即物的な直接観察による「古医方」を唱えた名古屋玄医（一六二八―一六九六）、書物をうのみにする態度を排し自生的に自然科学の核心を探りあてた三浦梅園（一七二三―八九）から渡辺崋山、高野長英を経て、佐久間象山、橋本左内、吉田松陰、中岡慎太郎に至る精神の鉱脈をスケッチしたうえで、こう記した。「ややもすれば「洋才」にくらべて「前近代的」な遺物とのみみられがちな「和魂」の実体のなかに、反封建的な核がひそんでいる」。

第二は、市井三郎の『「明治維新」の哲学』（講談社現代新書）（『思想からみた明治維新』講談社学術文庫）、および彼が組織者となり、イデオロギー上の「左」と「右」の分岐が成立する以前の状況に目を向けて、葦津珍彦、竹内好、鶴見俊輔、中沢護人、判沢弘らが参画して行われた一九六七年の共同研究『明治維新』（徳間書店）である。中岡慎太郎という存在の意味に眼を開かされたのは、古在、市井両哲学者の示唆によるところが大きい。

そして最後が、本書でも述べてきたように、「内在」から「関係」への「転轍」を主題化した加藤典洋『日本人の自画像』である。この問題提起を自分なりに受けとったことで、この本の土台が定まることになった。さらに加藤は、そこでの問題提起をさらに更新する意味をもつ『もうすぐやってくる尊皇攘夷思想のために』（幻戯書房）を最近上梓したが、私の今度の本と、関心において交錯するところが小さくない。また、大佛次郎、丸山眞男、久野収、大岡昇平、鶴見俊輔、司馬遼太郎、山田風太郎、橋川文三、藤田省三、飛鳥井雅道、松浦玲、渡辺京二らの仕事から示唆を受けたことを付言しておきたい。

執筆の起動に際しては、いくつもの触媒が関与している。その一つは、二〇〇〇年に京都で行われた、亡き鶴見俊輔および加藤典洋、赤坂憲雄の三氏による鼎談「歴史の遠近法」（雑誌『東北学』三号）に、オブザーバーとして臨席する機会を得たことである。

その鼎談で鶴見は、明治草創の精神が一九〇五年の日比谷焼打事件とともに消え、そこで一つの物理学的時間に支配された「国民」が誕生したのだ、と発言している。私はここに、自分が考えるべき問題があるのを感じた。本書第三部の構想は、ここに淵源している。表題の「幕末的思考」は、この日話題にされた加藤の新著『戦後的思考』に対する書評で、鶴見が用いていた言葉が、長く心に残っていたことからとられたものである。

それから九年後、二〇〇九年に出した最初の著書『「大菩薩峠」の世界像』（平凡社）で考えたことも、本書の下地になっている。机龍之助の「音無しの構え」を、デカルトの方法的懐疑にも似た、方法的受動性の徹底の表現としてとらえる着想である。

二〇一一年には、ルイ・メナンド『メタフィジカル・クラブ』（みすず書房）を、二人の仲間（那須耕介・石井素子）とともに上梓したが、その翻訳過程で、南北戦争の経験がプラグマティズムの成立に機縁を与えたとする著者メナンドの着想とその書法に、精神史という領域のもつ豊かな可能性を実感し、では、幕末期の経験は何を生み出しえたのかという問いが、自分のなかで像を結んだ。その後、『メタフィジカル・クラブ』の周辺」という文章を、ある小さなメディア（加藤典洋刊行）に発表する機会を得た。この文章は雑誌『みすず』での一〇回分の連載稿（二〇一二―一三）に育ち、その第二回「南北戦争の『発見』」で福沢諭吉の『文明論之概略』を、第九回「内戦の遺産」で「瘠我慢の説」をとりあげたことが、本書執筆へのスプリングボードになった。

この本で書けなかったことは、あまりにも多い。たとえば、政治家としての大久保、岩倉、伊藤について。あるいは、『戊辰物語』（岩波文庫）が鮮やかに記録してみせたような、転換期における人びとの風俗について。明治草創の時代をとりあげたNHK大河ドラマ『獅子の時代』のオリジナル脚本を手がけた山田太一は、その脚本集（教育史料出版会）のあとがきで、自分は当初「横浜で外人宅へ勤めはじめた婦人が、英国製の大鏡にうつった自分を、前年亡くした母親と錯覚して悲鳴をあげたとか、電信のための電線が張られたのを見て「日本もおしまいだ。唐人がここまで縄張りをした」と騒いだとか、そのような次元のエピソードをとりこめる水位の物語」を描くことで、「時代の転換期における「並の人間」の経験や日常に近づくことを意図した」ものの、「大きな水位」の出来事を見せるためにそうした部分を縮減せざるをえなかった嘆きを語っていたが、この小著にもそれと似た嘆きはつきまとっている。

今後の課題はまだ茫洋としているが、ここで素描を試みた幕末精神史像を尺度としつつ、戦中戦後精神史、さらにはその背景をなす列島の一〇〇〇年、二〇〇〇年の精神史の意味を考える作業を、自分に課したいと思っている。エピローグで瞥見した『大菩薩峠』については、いつか自分なりの『「大菩薩峠」伝』を書きあげてみたい。

この本を書く過程を支えて下さった方々への感謝の意を申しのべたい。安藤信男、石川輝吉のお二人には、幕末精神史についてのアイディアを最初に聞いていていただいたが、そのことが私にもった意味は大きい。特別研究員として在籍していた多摩美術大学芸術人類学研究所（鶴岡真弓所長）には、東北方面への調査旅行についての便宜をはかっていただいた。石井素子、今村浩太、中崎学の諸氏には私的な話の場で、加藤典洋、伊東祐吏、瀬尾育生、橋爪大三郎の諸氏には私的な勉強会の場で、草稿に対して貴重なコメントと示唆をいただいた。

みすず書房編集部の中川美佐子さんは、企画を出して以来、足かけ三年にわたる執筆過程を始終ともにし、草稿が一区切りつくごとに、真摯で細やかなご助言をくださりつづけた。本書の執筆に際しては、函館から下北、毛馬内、水沢、仙台、会津若松、二本松、長岡、水戸、東京、権田、横須賀、諏訪、松代、三河田原、福井、敦賀、京都、大阪、堺、神戸、宇和島、高知、萩、下関、中津、長崎、熊本、飫肥、鹿児島に至るまで、列島の各地に足を運んだが、その際に書き送った旅の印象記を受けとめてくださったことも、忘れがたい。校正時の原史料との照合に際しても、ひとかたならぬお世話になった。満腔の意をこめて、深くお礼を申し上げる。

二〇一七年一〇月

野口良平

索　引

ア行

カ行

サ行

タ行

ナ行

ハ行

索　引

マ行

ヤ行

ラ行

ワ行

著者略歴

（のぐち・りょうへい）

1967年生まれ．京都大学文学部卒業．立命館大学大学院文学研究科博士課程修了．京都造形芸術大学非常勤講師．哲学，精神史，言語表現論．著書『「大菩薩峠」の世界像』（平凡社，2009，第18回橋本峰雄賞）．訳書ルイ・メナンド『メタフィジカル・クラブ』（共訳，みすず書房，2011）ほか．

野口良平
幕末的思考

2017年11月15日　第1刷発行

発行所　株式会社 みすず書房
〒113-0033 東京都文京区本郷2丁目20-7
電話 03-3814-0131(営業) 03-3815-9181(編集)
www.msz.co.jp

本文印刷所　精文堂印刷
扉・表紙・カバー印刷所　リヒトプランニング
製本所　松岳社

Printed in Japan
ISBN 978-4-622-08652-9
[ばくまつてきしこう]